幼儿园安全管理策略

张春炬 李 芳 / 主编

中国轻工业出版社

图书在版编目（CIP）数据

幼儿园安全管理策略/张春炬，李芳主编．—北京：中国轻工业出版社，2017.12（2025.1重印）
ISBN 978-7-5184-1596-0

Ⅰ.①幼⋯　Ⅱ.①张⋯　②李⋯　Ⅲ.①幼儿园－安全管理　Ⅳ.①G617

中国版本图书馆CIP数据核字（2017）第219259号

保留所有权利。非经中国轻工业出版社"万千教育"书面授权，任何人不得以任何方式（包括但不限于电子、机械、手工或其他尚未被发明或应用的技术手段）复印、拍照、扫描、录音、朗读、存储、发表本书中任何部分或本书全部内容。中国轻工业出版社"万千教育"未授权任何机构提供源自本书内容的电子文件阅览、收听或下载服务。如有此类非法行为，查实必究。

责任编辑：王慧超　　　责任终审：杜文勇
策划编辑：吴　红　　　责任校对：刘志颖　　　责任监印：吴维斌

出版发行：中国轻工业出版社（北京鲁谷东街5号，邮编：100040）
印　　刷：三河市鑫金马印装有限公司
经　　销：各地新华书店
版　　次：2025年1月第1版第6次印刷
开　　本：710×1000　1/16　印张：16.25
字　　数：163千字
书　　号：ISBN 978-7-5184-1596-0　定价：42.00元
印　　数：14001—16000
读者热线：010-65181109
发行电话：010-85119832　　010-85119912
网　　址：http://www.chlip.com.cn　http://www.wqedu.com
电子信箱：1012305542@qq.com
版权所有　侵权必究
如发现图书残缺请拨打读者热线联系调换
242417Y1C106ZBW

编者名单

主　编：张春炬　李　芳

编　委：张春炬　李　芳　李海涛
　　　　胡　娟　姚志涛　徐　晶
　　　　殷晓辉　蒋　卓　韩　兴
　　　　（按姓氏笔画排序）

推 荐 序

目前我国幼儿园在园学生将近4000万人，年龄大多在3—6岁，他们年龄小，安全意识薄弱，逃生避险能力差。他们的安全关系到千家万户的幸福，关系到祖国的未来。习近平总书记说："不管是什么情况，不管是什么天灾人祸，一定不要让我们的下一代受到伤害，这是我们的责任。"做好幼儿园的安全管理工作，确保孩子的安全，是每一个幼儿教育工作者神圣的职责。

河北省保定市青年路幼儿园张春炬园长带领她的团队，始终把幼儿园的安全工作放在首位，依据孩子的身心发展规律，采取了许多行之有效的方法确保孩子在园安全，让孩子们都能安全、快乐地在幼儿园学习、成长。在工作之余，他们又把经验和做法总结、提炼，写成了《幼儿园安全管理策略》这本书。通读此书，我认为它有以下三个特点：

一是内容全面、细致。本书从教育教学安全管理、后勤安全管理、幼儿心理安全管理、幼儿园常见事故应对方法与策略等方面，全面阐述了幼儿园安全管理的主要内容。根据幼儿园的安全工作实际情况，又在每个章节做了细化，如教育教学安全管理就将幼儿一日生活环节、幼儿教育活动、教学过渡环节等逐级分解、层层细化，把幼儿园安全管理涉及的各个层面、各个环节都进行了详细的论述，读者不但可以清楚地了解每个教学环节的安全点，同时可以掌握具体的工作方法。

二是内容科学、合理。本书从幼儿园安全管理的制度、流程和预案入手，以河北省保定市青年路幼儿园的安全管理体系为例，全面介绍了科学、合理地做好幼儿园安全工作的方法。全书以河北省保定市青年路幼儿园管理者与教师的实践反思为基础，以案例呈现的方式，夹叙夹议，真实地反映了她们

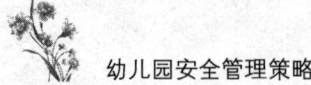

在安全工作中的所思所想。她们一直以"提升教师安全意识，规范教师安全要求，提高幼儿安全指数"为目标，制定制度和工作流程，把预防工作放在首位，事故发生时，按照流程应对，把危害减到最小。

三是可操作性强，方法真实、有效。本书中大多数案例都来自一线教师（也有部分来自媒体报道），这些案例非常真实，有很好的借鉴作用，不仅为读者提供了安全管理的实践经验，而且告诉读者如何防范、如何应对。特别是对办园经验还不丰富、管理制度还不规范的幼儿园，其帮助会更大。

本书适合幼儿园管理者与教师阅读，希望大家能够喜欢并从中受益！

郑增仪

2017年5月于北京

（郑增仪，中国陶行知研室会专家委员会副主任，中国民办教育协会副会长。）

前　言

　　细数起来，到2018年，我在园长的岗位已经工作了整整20年。细数管理生涯中经历过的大大小小的事件，在感叹时间流逝的同时，更多的还是对所从事的这份崇高的幼教事业的敬畏之心。

　　河北省保定市青年路幼儿园（以下简称"青幼"）建园于20世纪40年代，在70多年的历史中，几代青幼人继承光荣传统，牢记老领导的殷切嘱托，努力学习，大胆实践，深入研究，开拓创新。我在园长的岗位上不辱使命，这些年，由我主编、青幼教师参与的一本本有关幼儿园管理的书籍相继出版，如《幼儿园管理决策与实践》《幼儿园文化管理》《幼儿园管理创新与执行力》《规矩成方圆——园长流程管理能力的提升》等。这些都是我管理生涯的宝贵财富，也是青幼重要的文化基础。但同时，我也对一些园所发生的安全事件，如歹徒在幼儿园暴力行凶、幼儿园校车事故等，感到十分震惊。每次看到或听到这样的消息，我的心情都会无比沉重，于是，我更加关注幼儿在园的安全问题。在和园内的一线教师、熟识的家长朋友交流中，我更加体会到保护每个孩子的安全是多么重要。

　　家长朋友们满怀信任和期待，把孩子交给了我们，教师们怀着对幼儿教育事业的热爱选择了我们。他们这样做，不仅是对我这个领导者的信任，更是把家庭、个人的幸福和未来交给了"青幼"这个集体。

　　所幸我们有非常得力的后勤团队，这里有经验丰富的后勤园长，有工作踏实的主管安全的中层干部，还有做事得力的一线安全管理人员。他们在管理中运筹帷幄，在工作中积极主动，我看在眼里，感动在心里。

　　我们还有一支精明强干的教师队伍，他们不但有责任心，而且在工作中表现出极度的细心，让家长感到安心。我也看在眼中，记在心中。

几年前，我们在园内专门成立了安全管理小组，并带领全园教师开展了针对幼儿园安全管理的研究。虽然仅限于校本实践，但是参与其中的教师无比热情。在研究的过程中，我们了解了国家有关安全管理的相关条例和规定；进行了安全网格化管理，制定了"一岗双责""安全管理清单""安全管理预案""安全管理工作流程"等一系列安全制度；开展了消防等自然灾害演习；组织了"安全进课堂""安全进家庭"等家园互动活动，初步形成了适合我园的安全管理体系。

2016年冬天，我国中小学安全教育与安全管理专业委员会郑增仪理事长受教育部委托，带领相关专家到我园开展安全管理工作专项检查，他对我园的安全管理工作给予了很高的评价，也给我们提出了许多非常有价值的建议。这不仅是对我园安全实践工作的肯定，同时也是对我园安全管理研究走向纵深的深入指导。基于这一契机，我认为应该把这些年的经验与做法进行条理性的整理。我与后勤园长进行沟通，在最短的时间里组建了撰写团队，把我们认为最好的、最新的做法进行梳理，这些资料便是这本书的雏形。

本书共分为五章，主要介绍了我们对幼儿园安全管理的一些做法和思考。第一章从"什么是幼儿园安全管理"入手，重点论述了我园的安全制度、流程及预案的制定与实施；第二章比较全面地论述了幼儿园教育教学中的安全；第三章主要说明了幼儿园后勤工作中需要注意的安全内容与事项；第四章阐述了维护幼儿心理安全的重要性等；第五章主要论述了幼儿在园期间容易发生的安全事故及其处理方法，涉及很多急救小常识，希望能够给予读者一些提示和帮助。青幼很多教师参与了本书的撰写，除了部分从网络上搜集的案例外，书中大部分案例为我园教师根据工作素材和资料创作和编写。

从把我们的经验变成书的想法产生，我们的团队仅仅用了半年的时间就完成了这本书的创作。在此，我真诚地感谢所有参与的教师，感谢你们的辛勤付出！同时，我也特别感谢吴红老师给了我们又一次与"万千教育"合作的机会。

幼儿园的安全管理关系到每一个孩子的生命和健康，关系到每一个家庭的幸福和安宁。希望所有幼教工作者能够从本书中得到自己想要的,让我们携起手、肩并肩,真正把"预防为主,安全第一"落到实处,共同做呵护幼儿生命安全的守护者!

以此与读者共勉!

张春炬

2017 年 6 月

目 录
Contents

推荐序（郑增仪）·· I

前言··· III

第一章 幼儿园安全管理概述

第一节 制度规范安全行为··002
  一、安全制度制定——合理有效···003
  二、安全制度执行——齐心合力···007
  三、安全制度检查——开放民主···012

第二节 流程细化安全要求··016
  一、安全流程的重要性··016
  二、安全流程的制定方法··020
  三、安全流程的执行策略··021

第三节 预案防范应急伤害··025
  一、组建安全应急管理小组··026
  二、制定安全应急预案··027
  三、演练安全应急预案··030

第二章　幼儿园教育教学安全管理

第一节　室内活动的安全管理 ………………………………………… 034
　　一、家园协作的入园与离园 ………………………………… 034
　　二、井然有序的盥洗与如厕 ………………………………… 038
　　三、科学规范的饮水与服药 ………………………………… 042
　　四、安全独立的进餐与午睡 ………………………………… 047
　　五、开放自然的集体与区域 ………………………………… 054
　　六、形式多样的过渡环节 …………………………………… 058

第二节　室外活动的安全管理 ………………………………………… 064
　　一、户外活动的安全管理 …………………………………… 064
　　二、大型活动的安全管理 …………………………………… 071

第三节　幼儿园日常安全教育 ………………………………………… 076
　　一、幼儿园安全教育的重要性 ……………………………… 077
　　二、幼儿园安全教育的目标及内容 ………………………… 082
　　三、幼儿自我保护能力培养策略 …………………………… 094

第三章　幼儿园后勤安全管理

第一节　园所安全管理 ………………………………………………… 100
　　一、校舍安全重于建设 ……………………………………… 100
　　二、设施安全始于排查 ……………………………………… 107
　　三、门卫安全落在细节 ……………………………………… 112
　　四、校车安全强在意识 ……………………………………… 124

第二节　食品及卫生安全管理 ………………………………………… 130
　　一、把好食品安全关 ………………………………………… 130

二、用心督查卫生安全 ·· 136

第三节　财物安全管理 ·· 145
　　一、财务安全管理严规范 ·· 146
　　二、物品安全管理重流程 ·· 150

第四节　幼儿园消防管理 ·· 156
　　一、了解火灾隐患 ··· 157
　　二、完善管理体系 ··· 160
　　三、开展教育活动 ··· 162
　　四、实施消防演习 ··· 164

第四章　幼儿心理安全管理

第一节　创设温馨环境，营造安全心理氛围 ·························· 170
　　一、和谐的班级 ··· 170
　　二、友好的同伴 ··· 175
　　三、互爱的家庭 ··· 176

第二节　通过广泛观察，发现幼儿的心理问题 ······················ 180
　　一、生活中的观察 ··· 180
　　二、家庭中的观察 ··· 182
　　三、作品中的观察 ··· 185
　　四、观察中的注意事项 ·· 189

第三节　运用策略，维护幼儿的心理健康 ····························· 191
　　一、从成人入手，满足幼儿的心理安全需求 ·················· 192
　　二、提升幼儿对环境的适应能力 ··································· 193
　　三、从家长入手，支持鼓励幼儿的进步 ························· 195

第四节　特殊家庭幼儿心理问题调试······196
一、单亲家庭······197
二、隔代抚养······198
三、留守儿童······199

第五章　幼儿园常见事故应对方法与策略

第一节　班级中常见事故的预防与处理······204
一、游戏中的事故······204
二、生活中的事故······217

第二节　公共区域中常见事故的预防与处理······224
一、楼道拥挤引发的踩踏······224
二、多层楼房引发的坠落······225
三、防护不当导致的溺水······228
四、大型玩具造成的骨折······230
五、野生动物引起的蜇咬伤······232

第三节　突发事件伤害的预防与处理······234
一、火电伤害——强化"安全意识"······234
二、食物中毒——做到"预防为主"······238
三、暴力入侵——强调"临危不乱"······240

第一章

幼儿园安全管理概述

幼儿园管理指的是幼儿园管理人员和有关幼教行政人员遵照一定的教育方针和工作规律，采用科学的工作方式和管理策略，将人、财、物等各因素合理组织起来，调动各方面的积极性，完成幼儿园工作任务，优质高效地实现国家规定的培养目标所进行的各种职能活动。

幼儿园管理包括保教管理、后勤管理、安全管理等多方面的内容，其中安全管理是幼儿园管理工作中的重要组成部分，涉及园内后勤、保教、饮食、体育锻炼等各个方面。幼儿园管理者需要通过组织、指挥、协调和控制等管理职能，合理地利用幼儿园的各种资源，增强全园教职工的安全意识，提高幼儿的自我保护能力，实现促进幼儿健康成长的教育目标。

第一节　制度规范安全行为

安全管理主要是为了控制风险。安全管理制度是依据风险制定的要求大家共同遵守的办事规程或行动准则，是规范人们行为的重要依据。

2016年，教育部颁布了新修订的《幼儿园工作规程》，强化了幼儿园的安全管理，专设"幼儿园的安全"一章，并提出了对幼儿园安全管理制度的明确要求，即"幼儿园应当严格执行国家和地方幼儿园安全管理的相关规定，建立健全门卫、房屋、设备、消防、交通、食品、药物、幼儿接送交接、活动组织和幼儿就寝值守等安全防护和检查制度，建立安全责任制和应急预案"。因此，在幼儿园建立一整套安全制度体系，是幼儿园安全管理工作的重要内容，同时也是幼儿园安全管理工作的首要保障。

一般情况下，从工作类别上来区分，幼儿园所涉及的安全制度包括教学工作安全制度和后勤工作安全制度，而每一类安全制度又包括很多细则，如教学工作安全制度包括"交接班制度""幼儿接送制度""大型活动组织制度"等，后勤工作安全制度包括"设备设施排查制度""门卫制度""物品出入查验制度""值班制度""财务安全制度"等。这些制度的建立不仅能够提高相应工作人员的安全意识和责任感，而且在实行的过程中可以规范行为、明确责任，将事故消灭在萌芽状态。

一、安全制度制定——合理有效

幼儿园可以依据以下要点制定安全制度：一是考虑存在什么风险，需要从哪些方面控制风险；二是考虑各个环节之间的关系，也就是流程；三是考虑每个环节的具体要求；四是考虑法律法规的要求，将法律法规的条款转化为制度的内容；五是考虑制度中需要被追溯的内容，设置记录的表格。

另外，在制定幼儿园安全制度的时候，除了依据国家有关法律、法规以及公安部门、教育部门的相关规定和标准外，还应符合以下几方面的要求。

（一）因地制宜，切合实际

在制定安全制度时，制定者首先要考虑本园的实际情况，包括幼儿园所在地区的气候特点，幼儿园的地理位置、建筑结构、面积、财力、物力、设备设施和幼儿的体质等。制定出来的制度既要符合现状，又要具有一定的超前性，这样才能被有效利用，并能指出努力的目标和方向。

例如：在大、中型幼儿园，一个班级至少有两位教师，分别负责上午班和下午班。为了能够让下午班教师更好地了解班级上午发生的事情和幼儿的情况，幼儿园交接班制度要明确规定两个时段教师交接班时所要沟通的内容。但是在某些小型幼儿园，每个班级全天只有一位教师，班级所有的事情都需要这位教师来处理和决定，因此就没有必要制定交接班制度了。

（二）内容明确，操作具体

安全制度是幼儿园安全管理工作的准则，也是教职工开展安全工作的手段。因此，所设置的安全制度内容应该清晰，条文应该尽量简单明了，容易记忆和掌握，这样教职工才易于贯彻落实，也便于管理者检查和指导。

例如：某园针对幼儿食品安全制定的《食品留样制度》是这样规定的：

①幼儿园食堂每餐为师生提供的每样食品必须由专人负责留样；

②幼儿园每餐、每样食品留样必须按要求留足100克以上，分别盛在已消毒的餐具中；

③留样食品冷却、取样后，必须立即放入完好的食品盒内，并用保鲜膜密封好（或加盖）以免被污染，必须标明留样时间、品名、餐次和留样人；

④食品留样贴好标签后，必须立即存入专用留样冰箱；

⑤每餐必须做好留样记录，以便检查；

⑥留样食品必须保留48小时，期满后方可倒掉；

⑦留样冰箱为专用设备，严禁存放与留样食品无关的其他食品。

此项制度对幼儿园食堂食品的留样做出了详细的规定和要求，内容具体到食品的留样重量、分类、标记和记录要求，这样的制度很容易被相关人员掌握，也更方便在工作中实施与检查。

（三）相对稳定，与时俱进

幼儿园颁布一项安全制度后，为保持其严肃性和执行力度，不宜朝令夕改、反复变动。从一定层面上来说，只要是正式公示了的制度，就应该保持其相对的稳定性。当然，世间任何事物都是处在变化中的，幼儿园的安全制度也会随着时代的变革、园所具体情况的变化而发生改变。这就需要幼儿园管理者根据相应的变化，定期对安全制度进行适当的调整、完善和补充，让制度适应当下的形式，更好地为幼儿园安全管理服务。

【案例 1-1】

某幼儿园刚刚开学，小朋友们的情绪都不是很稳定，尤其小班刚入园的孩子更是如此。为了避免幼儿跑出幼儿园的情况发生，幼儿园大门的开放时间管理得十分严格。在一次中班家长开放日结束后，有些家长想提前带孩子离园，但是幼儿园相关制度规定，这一时段不允许开门。这时，一些家长发现门卫室旁边有一个新建的小门，于是趁门卫不注意带孩子偷偷从此门离开了幼儿园。门卫发现时，恰好看到一名家长的后面跟着两个小朋友正在出门,其中的一个孩子个子小小的,显然不是中班的幼儿。门卫上前一问,果然是偷偷溜出来的小班幼儿。门卫赶紧拦住孩子并给班级教师打电话,及时地防止了幼儿走失事故的发生。

(河北省保定市青年路幼儿园　李芳)

在本案例中,这所幼儿园的门卫室经过重新改建,在原有的电动门旁边增设了推拉的小门。因为这个小门是刚刚设立的,幼儿园并没有规定开关的时间,所以导致门卫的忽视,造成了管理上的漏洞。

"有门就应该有制度,有制度就一定要执行",这是安全原则。本次事件发生后,幼儿园的后勤领导迅速组织召开了相关会议,对原有的《园门出入安全制度》进行修订,增加了新的规定,即"上午9:00幼儿入园结束后,保安必须关闭伸缩门和推拉门;对需要出入的家长和幼儿进行询问,并与班级教师用电话联系确认,获得班级教师许可后方可放行";与教学部门领导沟通,将修订后的制度及对此事件的分析材料提交园务会。会后宣布了新制度,并明确了教学和后勤如何协同执行新制度,同时,确保主管领导、安全管理人员与门卫在统一认识、统一思想的前提下加大门卫管理力度并引以为戒。发现问题后提出解决方案,对原有制度进行补充和完善,让制度紧跟情况的变化,这样的做法值得大家借鉴。

(四)广泛参与,充分民主

在制定安全制度的过程中,管理者要充分认识到制度是为了规范幼儿园的安全管理行为,而不是为了管人;制度的实施不仅为了促进幼儿园的发展,而且更要保证教师和幼儿的安全。因此,管理者在制定每一项制度时,要充分听取教师的意见和建议,同时,要注重教师的自主管理能力,激发他们的参与意识、能动性和积极性。

【案例1-2】

某园教师的带班时间分为上午班和下午班,中午的时候,带班教师需要针对幼儿的情况进行交接。为此,幼儿园制定了《教师交接班制度》

并发放了交接班本,要求教师在上面记录交接班的内容。

因为这项制度刚刚实行,所以很多教师会根据自己的喜好在交接班本上随意记录不同的内容,如幼儿来园人数、有无服药的幼儿、有无情绪波动的幼儿等,由于制度中没有提出规范性的要求,所以没办法对教师进行统一的约束。

在讨论这一制度的过程中,管理者和教师一起思考,提出统一印制制式表格(参见表1-1),教师直接填写的方案。这项方案实施以后,教师感觉操作起来很方便,也避免了之前许多重复的劳动,这项制度的改革得到了教师们的广泛认可。

(河北省保定市青年路幼儿园　李芳)

表1-1　某园教师交接班记录表

班级:_____

时间	来园人数	缺勤幼儿	情绪状况	健康状况	其他	交班教师	接班教师

注:此表为班级教师交接班使用,其中,"情绪状况"填写情绪异常幼儿的情况;"健康状况"填写身体不舒服幼儿的情况(以上内容如无异常,则填写"无");"其他"填写幼儿的服药情况、家长嘱托的实施情况等。

针对案例中教师每天都用到的《教师交接班制度》,教学管理人员广泛听取教师们的建议,对制度的相关内容进行了修改,这样做不但让制度进一步落地,而且为教师执行制度提供了保障。

安全制度建立的过程应该是幼儿教师广泛参与的过程,是"从群众中来到群众中去"的过程。只有这样做,才能使幼儿园安全制度的建立符合全园教师的工作需求，适应幼儿园安全管理工作的进展，适应时代的需要。

二、安全制度执行——齐心合力

要想提高幼儿园安全制度的执行力，首先要在管理上努力，形成整体的风格和氛围，使整个幼儿园以及每一个人都具备这种能力；其次，必须要在组织设置、人员配备及操作流程上进行有效整合，建立一个安全、有效、可控的共同体，合理利用每一个成员的知识和技能协同工作，达到共同的目标。最后，要利用制度最大限度地减少管理漏洞，设定目标标准，有效监督落实，能做到这些，幼儿园执行力度自然就会提高。

（一）制度意识强调"协调统一"

在迅猛发展的知识经济时代，幼儿园教职工的素质日益提高，他们不仅关注埋头苦"干"，而且关注"干"的目的，有所"求"才是有所"为"的真正动力。幼儿园应使教职工明白，幼儿园的整体利益与教职工的个体利益是一致的，在安全制度执行的过程中，大家的目标是一致的，必须一起努力保护幼儿的生命安全。

【案例1-3】

小一班的班主任赵老师每天早晨来园第一件事就是看一看班级的窗户是否完全打开。一方面，"早晨开窗通风"是幼儿园《卫生防疫制度》的明确要求；另一方面，现在是手足口病的高发季节，保持空气清洁、流通，对保护幼儿的身体健康尤其重要。

赵老师走到班上，看到班级另外两位教师正在接待孩子，同时发现班级里比较隐蔽的一扇窗户没有打开。她把窗户打开后，和另外两位教师重点强调了开窗通风对幼儿身体健康的重要性，并与两位教师达成共识。为避免再次发生遗漏开窗的情况，赵老师还特意为这项工作设计了更为科学的路线图，以保证教师走最短的距离、在最短的时间内把所有窗户都打开。比如，在进入班级前先把楼道窗户打开然后再开门，经过水房时顺便打开水房、厕所的窗户，然后打开储藏室外的窗户，接着进入储藏室换衣服、鞋子，顺便把储藏室内的窗户打开，最后打开教室的窗户、门。在以后的工作中，每个人都按照这个路线图来完成开窗通风工作，再也没有出现过遗漏开窗的情况。

（河北省保定市青年路幼儿园　李芳）

案例中的赵老师身为班主任，不仅自己要成为安全制度的执行者，而且要将"保护幼儿身体健康"的安全准则贯彻到班级另外两名教师的心中，在遵守安全制度的同时，赵老师还有一项重要的工作就是指导身边的教师提高安全意识，在此基础上共同遵守园内的各项安全制度。这项工作包括两方面的内容：一是指导班级教师了解安全制度的重要性；二是在工作中帮助他们学习、熟悉幼儿园的安全制度，并认真执行、严格督促。

在这个案例中，赵老师充分发挥监督指导作用，看到班级教师出现问题后，没有视而不见，而是及时提醒、认真研究整改方案并带头实施。开窗通风这个环节从发现问题、实践总结问题到完善调整后解决问题，班主任的强烈责任心使执行的力度大大加强了。

（二）制度细化强调"携手合作"

幼儿园是一个强大的协作共同体，每一名教职工都是这个共同体的基本组成单位，每一名教职工都会与协作共同体相互作用。幼儿园依赖于这种相互作用和谐发展。

【案例1-4】

春季传染病流行期，为了提高全园教师的防控意识，杜绝传染病的发生，保证幼儿的身体健康，某园组织了全园防控传染病工作专题会，专门部署春季传染病预防工作。会上，后勤主管人员宣读了《卫生防疫制度》，并强调要"严格管理幼儿一日生活常规，严格管理幼儿卫生清洁工作，杜绝传染病的发生"。会后教师懵懵懂懂，因为幼儿在园一日生活常规管理涉及的内容很多，不知道应该从哪些方面入手，不知道要做到什么程度。管理者发现这一问题后，马上召集班组长组织任务落实会议，并由教研组长和保健医一起对一日生活常规进行分析和研究，对园内重点常规环节——洗手，进行了有针对性的细化要求，重新强调了所有涉及洗手的环节的操作流程并用图片演示，让教师现场模拟洗手，保健医生一一检查，幼儿的洗手质量得到了明显的提高。

一日，临近午饭时间，卫生防疫部门突然来园抽查，发现该园幼儿餐前洗手操作普遍比较好，不仅手心、手背、手指干净无污渍，就连手指缝都干干净净。卫生防疫部门索要了该园关于幼儿洗手环节的相关资料，准备在全市范围内推广执行。

（河北省保定市青年路幼儿园　张妍）

在这个案例中，该园对卫生工作任务进行了部署，但在全体会议上没有对细节提出要求。在执行的过程中，管理者发现问题后及时组织具体人员开会，详细规定了洗手的流程及各个环节的要求，变宏观目标为具体的细节要求，使该项工作及时有效地落实。

幼儿园是一个团队，大家需要齐心协力，统一步伐，积极主动地完成团队交给自己的工作任务，及时提出有利于幼儿园发展的合理建议；尊重并服从领导，关心并爱护同事；部门之间、同事之间积极开展有效的、健康的合作，彼此克服缺点，弥补劣势，才能保证制度的有效执行和落实。

（三）制度落实强调"一岗双责"

"一岗双责"是指幼儿园的每一名教职工，包括行政干部、教师和后勤人员等，不仅要完成职责范围内的业务工作，同时还要承担职责范围内的安全管理工作，根据"谁主管，谁负责"的原则履行安全职责。在安全制度落实的过程中，要坚持"谁在岗谁负责，谁主管谁负责"的原则，坚持"责任明确，落实到人，分工负责，齐抓共管"的原则，坚持"分级管理，各负其责，自上而下逐级监督管理"的原则。如因疏忽、懈怠未履行安全职责而导致安全事故的发生，则要承担相应的法律责任。

【案例1-5】

为了从管理上保证外出活动时幼儿的安全，某园在安全制度中规定，凡是涉及幼儿外出的活动，除了班级教师外，还必须配备一名行政人员协助维持秩序，组织幼儿活动。

一日，快要下班时，后勤园长接到教学园长次日组织幼儿外出活动的安排通知，需抽调部分后勤人员协同班级外出。可是，名单中的大部分人员都已经安排好了第二天的工作。

在幼儿园，孩子的事情是最重要的事情，考虑到"谁在岗谁负责，谁主管谁负责"的原则，后勤园长马上给所有名单上的人员打电话，要求他们马上安排好手头工作，保证第二天准时到达相应班级进行协助，确保幼儿外出活动的安全。

（河北省保定市青年路幼儿园　蒋卓）

在上述案例中，当个人计划与集体计划产生冲突时，后勤管理者既想到了自己的业务职责，同时又考虑到自己的安全职责，在幼儿园整体任务确定下来后，先保证整体计划的落实，再考虑调整个人或部门的计划。这体现出各个部门"一岗双责"的工作思路，让安全制度顺利执行，保证了大型外出活动的安全开展。

另外，为了更好地明确全园教职工在安全工作中的岗位职责，幼儿园管理者还可以运用安全清单的方式，将不同部门、不同人员的安全管理事项罗列在清单中（如某园班主任及教师的安全管理事项清单，参见表1-2、表1-3），做到明晰、准确、一目了然。

表1-2　某园班主任安全管理事项清单

序号	项目	频次	时间	输出	备注
1	班主任为班级安全管理的第一责任人，对本班幼儿安全及教室内的设施设备安全负责	/	/		

续表

序号	项目	频次	时间	输出	备注
2	认真落实幼儿园安全工作的各项要求，及时解决班级出现的安全问题，排查安全隐患	/	/		
3	在班级老师中设安全员；安全员每天排查班级安全问题并如实填写教室日志和排查表，有问题及时向班主任反馈	/	/		
4	注意查看幼儿精神和身体状态，认真记录，有异常情况及时处理	/	/		
5	充分利用晨（午、晚）检、班会等时间开展幼儿安全教育；根据季节变化提醒幼儿预防疾病，防范各种可能发生的自然灾害和安全事故，增强幼儿的安全防范意识和逃生自救技能	/	/		防火、防电、防盗、防劫、防骗、防各种伤害事故及交通事故、突发事件；应急逃生技能等
6	准确采集幼儿及家庭的相关信息	/	/	家园联系册	
7	协助幼儿园与家长签订安全协议书，并留存协议书回执；通过家长会、打电话、发短信等方式，开展家长安全教育，让家长切实担负起监护人的职责，做好幼儿安全教育及监管工作	/	/	档案资料	
8	组织班级集体活动必须征得幼儿园领导的同意并报上级教育行政部门批准后方可进行，做好安全预案和活动前的安全教育工作	/	/	活动记录	
9	发现幼儿在园出现身体不适或危险情况时，要立即采取措施、组织抢救，并及时通知家长、报告幼儿园	/	/		
10	完成领导小组交办的其他安全工作	/	/		

表 1-3　某园班级教师安全管理事项清单

序号	项目	频次	时间	输出	备注
1	明确并履行岗位安全职责，落实幼儿园安全工作的有关要求，做好安全防范工作	/	/	/	
2	做好幼儿的考勤记录工作，及时向班主任反馈			/	
3	教学前注意检查教学场地、设施设备等的安全状况	/	/	/	认真填写《班级日志》，发现问题及时处置并上报
4	配合班主任开展安全工作，妥善处理班内出现的安全问题或纠纷并及时向班主任汇报；必要时上报幼儿园有关部门			/	认真填写《班级日志》
5	教育活动中如遇突发事件或安全问题，及时有序地将幼儿疏散到安全地带并做妥善处理，同时向保教处领导汇报			/	在处理过程中需要全程跟踪
6	将安全教育有机渗透到本学科教学内容和教学过程中				
7	按要求完成本学期的教育任务，进行特色教学；活跃课堂气氛，提高教学效率	/	/	/	
8	户外活动和每天放学前提醒幼儿及家长：不要着急，避免拥挤，不要推搡，路上注意交通安全等	/	/	/	
9	完成领导小组交办的其他安全工作	/	/	/	

三、安全制度检查——开放民主

监督检查是制度执行的有效手段。任何制度在执行过程中都要受到一定程度的约束并逐步改进。监督检查绝不是为了实施权力，也不是单一的领导与被领导的关系，而是一种充分体现民主参与、调动各部门互相督促、及时准确地纠正偏差的有利手段。

（一）来自管理者的监督

在监督检查的过程中，管理层的角色定位恰似领航员，既需要及时发现安全制度执行中出现的偏差并调整策略，又需要提出明确改进的指导性目标。

【案例1-6】

某园是一所乡镇幼儿园，由于资金有限，购买的体育器材和器械比较少。幼儿园操场上只有一套大型玩具。

这天，冯园长在日常巡查中发现很多幼儿聚集在大型玩具周围。她走过去仔细看了看，发现有三个班级的幼儿在玩大型玩具，六名教师坐在大型玩具旁边的树下聊天。

看到此景，冯园长马上叫停老师们的谈话，提醒他们到大型玩具的不同位置找到自己的站位，观察和保护幼儿。

户外活动结束后，冯园长利用午休的时间，召集各班班主任开会。会上冯园长首先宣读了《幼儿在园安全制度》，然后就"如何安全组织户外活动"组织教师研讨，大家讨论制定了教师在大型玩具边的站位要求，并提出让幼儿从家自带跳绳、皮球、沙包、飞盘等自制体育器械，以丰富幼儿户外活动的内容和形式。

之后，幼儿不再聚集在大型玩具周围了，他们有的跳绳、踢沙包、还有的拍皮球、掷飞盘；老师们也都参与到幼儿的活动中，操场上呈现出一派热闹而又有序的运动场景。

（河北省保定市青年路幼儿园　徐晶）

在本案例中，冯园长作为幼儿园的管理者，不仅对日常工作了然于心，而且对安全管理工作"心中有数"，能够通过日常巡查及时发现安全隐患，并马上采取行动制止。之后，又通过召开班主任会的形式增强教师的安全意识，提出整改策略。事实证明这样的做法是非常有效的。管理者应该定期走访各个岗位、走进班级，用敏锐的目光观察问题、发现问题、解决问题，用有效的监督检查手段和可行性措施，保证安全制度执行过程的顺畅和高效。

（二）来自基层的广泛参与

相互监督和检查在安全制度的执行过程中起着举足轻重的作用。其中，部门与部门间的监督检查、班级与班级间的监督检查、各岗位间的监督检查、个体间的监督检查不仅体现了民主监督，而且参与者可以从旁观者的角度发现那些容易被忽视的安全问题，更有利于排查安全隐患。

【案例1-7】

户外活动时间到了，张老师带领小班幼儿兴高采烈地冲出活动室，来到操场上。今天，张老师要带领幼儿玩一个新游戏"小孩、小孩真爱玩"。按照游戏规则，所有的孩子听到老师的口令后，要按照口令摸到相应的物品并跑回来。可是操场上的孩子太多了，有的在踢球，有的在跳绳，还有的在骑三轮车，根本没有一块场地能够让孩子们自由奔跑。张老师考虑到幼儿园的安全制度，认为孩子们游戏起来，很容易发生碰撞事故，于是临时改变了游戏内容，带领幼儿选择了一块偏僻的场地，玩起了没有奔跑活动的"切西瓜"游戏。

下午教研时间，张老师把上午的遭遇向其他同事讲了，其他教师也深有同感。他们都觉得虽然幼儿园的院子比较大，但是全园孩子的总数很多，按照之前的作息时间安排，全园幼儿统一进行户外活动，人员过于密集，幼儿很容易在运动过程中发生碰撞，造成伤害性事故。

后来，张老师将此事汇报给教学管理者并和其他教师讨论，提出大、中、小班错时开展户外活动的建议，得到了教学管理者的认可。这一建议也被及时补充到了《幼儿在园活动安全制度》中。

（河北省保定市青年路幼儿园　徐晶）

案例中的张老师作为幼儿园的一名普通教师，时刻关心班级中幼儿的安全，并将自己发现的问题及时与其他教师沟通，向主管领导反馈，这种行为很好地诠释了"人人参与制度执行、大家共同完善制度"的理念。如果幼儿园的教职工都能像张老师这样"事事为幼儿园着想，处处为保护幼儿考虑"，那么，幼儿园的安全制度就一定能落到实处。

（三）来自特定人员的巡视

在幼儿园安全管理工作中，实施安全制度检查的特定群体来自不同的部门和人员。

①上级，是指来自各级各类与安全有关的主管部门（如安全检查小组、卫生局、质量监督局、疾病防控中心、卫生防疫站等）。他们往往注重按照政策和法律法规履行职责，监督检查幼儿园在安全制度执行过程中出现的偏差和存在的问题，做出指导性评价和裁决，具有执法效力。如食堂的卫生安全检查、流行疾病的防控等。

②园内，是指由群众民主选举产生的"制度监督员""幼儿园安全员"等。他们肩负着广大教职工赋予的使命，对群体及个体在执行安全制度中出现的违反纪律、违反制度、违反操作流程等行为进行有效的监督和指导，具有监管效力。

③园外，是指来自班级的家长安全代表。他们按照计划定期参加园内、园外组织的各类活动，对幼儿园活动中涉及的安全工作献计献策，对幼儿园环境创设、材料提供等进行安全评价，发挥监察的效力。

总之，幼儿园的制度建设一方面是建立，另一方面是执行，只有按照规范化的要求对幼儿园已有的制度进行充实、完善，修改和废除不符合实际的制度，形成科学、结构合理的制度体系，才能使幼儿园的各项工作执行到位。幼儿园拥有了比较完善的制度体系后，要切实做好监督检查工作，制定监督检查工作制度，发挥好各级、各部门的监督检查作用，定期或不定期组织有关部门对一些重要制度开展执行制度检查，落实奖惩，以保证制度的落实。

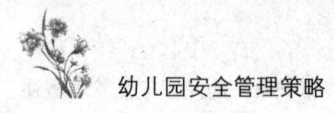

第二节 流程细化安全要求

《牛津词典》里"流程"是指"一个或一系列连续有规律的行动,这些行动以确定的方式发生或执行,导致特定结果的实现",而国际标准化组织在《ISO9001:2000质量管理体系标准》中将"流程"定义为"一组将输入转化为输出的相互关联或相互作用的活动"。笔者认为,"流程是多个人员、多个活动有序的组合",它关心的是谁做了什么事、产生了什么结果、传递了什么信息、信息传递给了谁。

一、安全流程的重要性

安全流程指的是幼儿园中与安全工作相关的流程。一般情况下,幼儿园涉及安全的流程包括日常安全流程和应急流程两个方面,其中,日常安全流程包括"设施设备检查流程""食品采购流程""出入车辆管理流程""大型活动组织流程"等;应急流程包括"幼儿外出活动走失应急流程""暴力抢劫应急流程""应急接待工作流程""交通事故应急流程""意外伤害事故应急流程"等。这些流程的建立可以完善和丰富现有管理体制,对于提高幼儿园安全管理效益、形成良性的管理机制有着重要的意义。

(一)引起教师对安全工作的高度重视

幼儿教师不仅担负着教育、引导幼儿全面发展的使命,同时也肩负着保护幼儿生命安全的重担。幼儿全天大部分时间都生活在幼儿园,和老师、小朋友们在一起。教师对幼儿负有教育、监管和保护的责任,需要关注每个幼儿,及时发现异常状况并采取相应措施,以免造成不良后果。

【案例 1-8】

午睡前,杨老师请几个小朋友收拾、整理游戏材料。朵朵在整理积木时不小心摔倒了,其他小朋友赶紧告诉了杨老师。通过检查,杨老师并未发现朵朵身上有外伤,朵朵自己也没有感到有什么异常,于是杨老师便安抚朵朵入睡了。

下午,明老师来接班,杨老师根据自己的经验向明老师交代了幼儿出勤人数,由于认为朵朵摔倒并没有引起什么异常反应,所以并没有将其摔倒的情况进行交接。

下午幼儿起床时,明老师发现朵朵穿衣服时抬不起胳膊,掀开衣服后发现其右肩处红肿,赶紧将朵朵送到医务室。保健医检查后带朵朵到附近医院,经拍片确诊为锁骨骨折。由于从中午摔伤到下午诊治耽搁了很长一段时间,所以朵朵的父母很不高兴,并对幼儿园的做法感到不满。

(河北省保定市青年路幼儿园　肖艳)

上述案例对于一线教师是一个重要的警示。很显然,朵朵伤情的延误是杨老师对这件事情的忽视造成的。

无论工作年头长还是短,幼儿教师基本上都没有接受过专业的医学培训,无法对幼儿的伤情进行准确的判断。但是,当幼儿出现伤情后,根据自己的经验主观臆断则是不可取的。分析本案例,除了杨老师的工作失误之外,幼儿园管理者也需要进行反思,即针对教师的交接班工作,如果运用流程管理,规定教师在交接班时需要交代的内容并要求教师严格按流程办事,那么这样的失误也许就不会发生。

(二)让新教师尽快了解安全要求

如果说骨干教师代表一所幼儿园目前的教育教学水平,那么,新教师则是园所未来竞争力的基础。从一定意义上来说,新教师决定着幼儿园未来的发展高度。幼儿园要想保持持久的生命力,管理者就必须积极培育新人,确保幼儿园发展的可持续性。

通过前面对流程的大致介绍，我们可以知道流程不但为教师提供了工作的顺序，而且为教师提出了某项工作的具体要求与标准。运用流程进行管理，不仅能够确保幼儿园工作不会由于某个人的离开而中断或受到影响，而且可以帮助新教师快速熟悉工作中的安全要求。

【案例1-9】

某私立幼儿园工作两年的刘老师由于生孩子辞职了，为了不影响班级的正常教学，园长招聘了刚从幼师毕业的马老师到班上任教。户外活动时间，班上一名幼儿在和同伴追逐打闹时不慎将腿摔伤了，马老师经验不足，看到孩子的腿部只有一些轻微的瘀青，并没有太在意，也没有及时上报园长及相关负责人。等到傍晚家长来接孩子的时候，马老师才发现孩子的腿已经不能动了。后来到医院拍片子，确诊孩子的腿骨骨折，需要马上动手术。由于马老师的疏忽，没有在事情发生后上报相关负责人，及时对孩子的腿伤进行诊治，以致延误了最佳治疗时机，给孩子身体造成了不可弥补的伤害。家长一怒之下把幼儿园告上了法庭，导致幼儿园工作的被动。

（河北省保定市青年路幼儿园　李芳）

本案例中新招聘的教师不能迅速适应新的岗位，不了解应急事件的处理方式与方法，是造成家长不满的关键因素。如果幼儿园能够预先做好新教师入职培训，并针对"幼儿意外伤害事故应急流程"（参见图1-1）进行解读，让每位教师知道遇到此类安全事故时的应对方法，同时了解事情发生后的补救措施，那么新教师就不会手足无措或置之不理，也不会引起家园工作的危机了。

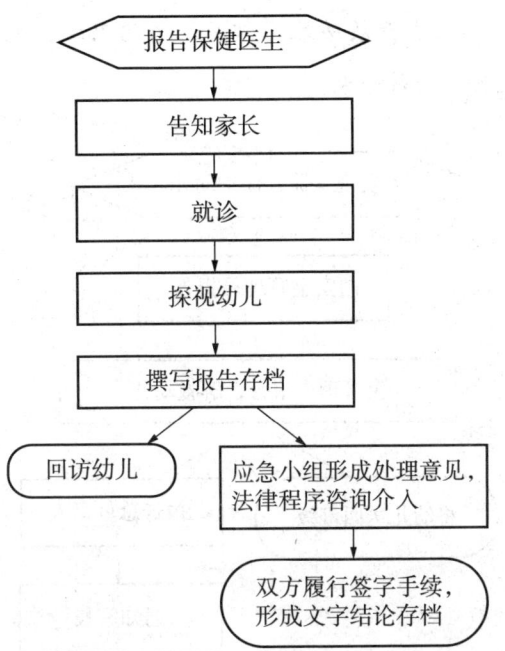

图1-1 幼儿意外伤害事故应急流程

(三)安全管理工作要防微杜渐

"预防为主"是幼儿园安全管理的基本原则。"预防为主"指的是,在安全管理中,幼儿园要采取各种预防性手段和措施,消除各种不安全因素,防止幼儿园安全事故和意外伤害的发生。

【案例1-10】

一大早刚上班,某园赵园长就召集全园教师召开了一个有关安全的紧急会议。会议上,赵园长向大家介绍了在《早间新闻》看到的,发生在广东省、福建省、陕西省的恶性砍杀儿童的校园暴力事件,并带领教师讨论了对这类事件的应对方法。

会议结束后,赵园长又召集负责幼儿园安全工作的管理人员,就"如何应对暴徒和保护师幼的生命安全"展开了讨论。讨论后,要求安全工作管理人员务必制定相应的应急流程,以确保幼儿园的安全。

安全管理人员马上着手设计相应的流程(参见图1-2)并组织幼儿园

门卫、安全工作人员开展防暴力演习，为门卫配备电棍、叉棍等装备，确保师幼度过安全的每一天。

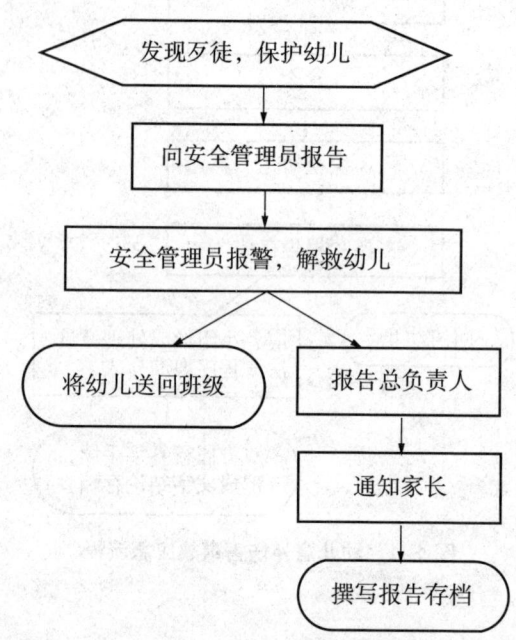

图1-2 暴力入侵事件应急流程

（河北省保定市青年路幼儿园 李芳）

案例中，赵园长从电视新闻中看到暴力入侵幼儿园的相关报道，虽然本园从未发生过类似的恶性事件，但是站在"预防为主"的角度，赵园长马上召开会议，着手讨论应急流程的制定和实施。这样做不仅为其他教职工敲响了警钟，让他们了解到应对这种情况的措施和方法，而且起到了防微杜渐的作用。

二、安全流程的制定方法

幼儿园要想运用流程进行安全管理，最重要的工作就是要建立一套符合本园特点、易于被教师理解与操作的安全流程体系。一般情况下，使用安全流程的多为幼儿园的安全管理人员。首先，幼儿园的安全管理人员应该对幼儿园的所有安全职责进行汇总并与相应部门、岗位核实，了解不同人员的安全工作任务和内容。其次，安全管理人员要选出安全工作内容中的难点和问题，与相关工作人员讨论、研究，并制定相应的安全流程图，以图标的形式明确工作的流程和要求。

在绘制流程图的过程中，安全管理人员可以运用计算机的相关软件制图，在"插入栏"的"流程图"选项中，针对各种图形的含义进行选择，如：六边形⬡代表"开始"，矩形▭代表"过程"，椭圆形⬭代表"终止"等。

在流程图中，代表工作流向的符号一般用箭头表示（参见图1-1、图1-2），待所有图形画好后，需要在各个图形之间添加连接箭头。另外，有些流程图除了使用直线箭头外，还会运用折线来表示并列关系，这时候就要用到折线。折线与箭头的绘制方法大同小异。使用这些箭头和折线，可以让读者更准确、快速地把握流程的走向。

三、安全流程的执行策略

在执行流程的过程中难免会出现这样那样的差错和问题，造成这种情况的原因大致有三个：一是不明白具体的工作流程；二是没有完全掌握流程；三是知道流程而不认真执行。

（一）公示于墙，深埋于心

要想让教师在工作中按照流程办事，前提就要让全体教师知道并熟悉流程，充分认识到流程的重要性。

【案例1-11】

某园为了更好地执行食品安全制度，做好幼儿园的食品安全管理，管理者针对有关食品的各项工作，和食堂工作人员进行了几次深入的研讨，最后制定了"食品留样工作流程""食谱制定流程""食堂采购验收流程""食堂库房管理流程"等。为了让所有食堂工作人员了解这些流程的内容并在工作中遵照执行，后勤管理人员将这些流程制作成展板，张贴在食堂墙壁的显眼位置。这样一来，食堂工作人员可以在工作中随时看到流程，依据流程执行任务，监督者也能够按照流程对食堂工作人员进行检查。这种方式使得流程执行更加清晰明了，简便易行。

（河北省保定市青年路幼儿园　刘珊）

流程制定好后，不能完事大吉，而要通过不断的培训、宣传和引导，加深教师对流程的印象，让大家在思想上、认识上取得共识，知道哪些该做、哪些不该做。通过不断强化，逐步纠正教师的理念，才能让执行流程成为一种习惯。

（二）时刻践行，习惯使然

美国ABB公司董事长巴尼维克曾说过："一位管理者的成功，5%在战略，95%在执行。"所谓执行力，指的是贯彻战略意图，完成预定目标的操作能力，它是企业竞争力的核心，是把企业的战略、规划转化为效益、成果的关键。虽然在目标与运营方式上，作为教育机构的幼儿园与企业存在很大差异，但是在流程的落实中，执行力依然很重要。

1. 管理者要带头执行流程

"善为人者能自为，善治人者能自治"，优秀的幼儿园都有完善的制度和流程，这既是约束教师行为的规范，也是幼儿园管理者与教师共同遵守的标准。"己所不欲，勿施于人"，要求教师做到的事，管理者首先必须做到；要求教师不能做的事，管理者一定不能去做。

【案例1-12】

某园园长开办了自己的工作室，按照工作室的计划，所有成员会定期在个别成员的园所组织开展各种研讨活动。

今天，轮到冯园长所在的园所组织活动，因为参与的人员比较多，需要使用园内的多功能厅。按照"专项教室使用流程"，冯园长向专项教室管理教师提出使用申请，并按时在多功能厅组织了会议。

活动结束后，一是园内还有很多其他事情要处理，二是多功能厅内用到的桌椅太多了，于是冯园长的助理提议说："多功能厅的桌椅先不要清理了，等明天让保洁人员来清理吧。"但是，冯园长不同意，她指着墙上的"专项教室使用流程"说："既然我们有流程，就应该严格按照流程执行。"于是，她带领助理按照流程规定整理好所有桌椅、关闭电器，并与专项教室管理教师交接，借用多功能厅的工作圆满结束。

（河北省保定市青年路幼儿园　徐顺心）

案例中，作为幼儿园管理者的冯园长在借用多功能厅时，严格按照流程执行，带头遵守幼儿园的制度。这样做不但可以正确引导教师执行流程，而且能提醒那些不按照流程办事的教师。幼儿园各级管理者在执行安全流程时不能有"下不为例""情有可原"的想法，只要公布了正式流程，就要坚决带头执行，只有这样才能取信于教师，获得大家的拥护和支持。

2. 教师要自觉遵守流程

流程的执行离不开教师的积极参与，而做到这一点的关键是教师必须从主观上自愿接受这些流程。一旦教师存在抵触、投机等心理，执行流程将会变得异常困难。

【案例1-13】

某园为了加强幼儿午睡时的安全管理，专门就教师对幼儿午睡时的指导与护理制定了"幼儿午睡护理流程"（参见图1-3），并要求教师在工作中严格执行。

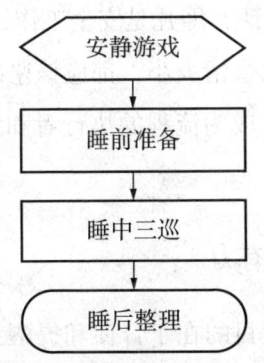

图1-3　幼儿午睡护理流程

中午，秦园长按照惯例在园所中检查小朋友们的午睡情况。当走到小六班时，她发现值午班的黄老师正躺在小朋友的床上看书，距离其不远处的一名小男孩裸露着身子处在熟睡中，被子被踢到了一边。

秦园长先走过去，帮小男孩盖好了被子，然后又和工作不久的黄老师仔细沟通了有关"幼儿午睡护理流程"的问题，当提及"睡中三巡"时，黄老师只知道要巡视三次，但对巡视什么内容则不清楚。

秦园长专门针对这个问题向黄老师进行了详细介绍：幼儿午睡期间，教师的巡视要不少于3次，巡视内容包括关注幼儿是否有踢被、汗湿或者不正确的睡姿，特别要关注体弱儿、病患儿，若发现异常及时处理；加强对午睡中如厕幼儿的照顾，夏天为幼儿准备凉拖鞋，冬天为幼儿准备外套和棉拖鞋，方便幼儿快速如厕，避免幼儿着凉等。听了秦园长的解释，黄老师觉得收获颇多，她表示在以后的工作中一定会注意。

（河北省保定市青年路幼儿园　刘册）

案例中，秦园长的园所实施了"幼儿午睡护理流程"，在巡视的过程中，秦园长发现了教师执行流程中出现的问题，即案例中的黄老师只是对午睡巡视的次数很清楚，但是对具体内容则不太了解，因此在执行过程中出现了纰漏。后来，通过秦园长的介绍，黄老师认识到了自己工作的失误和今后工作的方向，表示会加强对"幼儿午睡护理流程"的学习，秦园长这样的管理方式很有效。

本案例也给我们提了个醒，即凡是安全工作，应该要求教师从小事做起，从细微处着手。另外，不论事情大小，都应该坚决按照安全流程不折不扣地执行。只有所有教师都自觉成为流程的执行者和维护者，才能推动幼儿园安全管理工作进一步完善。

（三）督导有方，落实有力

规范流程、检查监督的目的在于督促和提醒大家时时、事事、处处约束自己的行为，严格按照流程的标准执行，进而养成自觉自愿的习惯。

一是流程面前人人平等。一旦制定了流程，幼儿园所有人都要不折不扣地执行。如果流程不被重视或其执行因人而异，那么流程也就形同虚设了，幼儿园管理就会一步步走向无序。

二是奖励与处罚并重。在幼儿园，如果教师不良的工作习惯未受到处罚，甚至因为无差错、执行流程灵活而受到表扬，那么按照流程办事的教师将会产生怨言甚至改变良好的习惯，造成流程执行不力，对待工作马马虎虎，影响工作质量和效率。幼儿园应建立完善的流程执行监督考核机制，让遵守流程者获得奖励，让违反流程者受到惩罚，促使教师自觉遵守每个流程。

总之，安全流程执行之始，如蛛丝，脆弱易断；一旦教师养成习惯之后，则如绳索，坚不可摧。流程不落实，执行不得力，一定程度上就是因为重流程，轻执行，流程制定与流程执行"两张皮"，不按照流程做事的行为没有及时受到严惩，按流程办事不如看领导眼色行事。为避免流程成为摆设，让流程成为习惯，幼儿园的每个管理者都要做流程的模范引领者、推动者，全体教师要做流程的模范执行者，只有这样，才能提高工作效率、规范管理、提升团队凝聚力，幼儿园才能获得长远发展。

第三节　预案防范应急伤害

《中小学幼儿园安全管理办法》规定，"学校、幼儿园应健全学校安全预警机制，制定突发事件应急预案，完善事故预防措施，及时排除安全隐患，不断提高学校安全工作管理水平"。幼儿园的安全工作关系到幼儿能否健康成长、教师能否安心工作，乃至家庭能否幸福、稳定。因此，做好应急管理预案并在关键时刻能够按照具体细节实施，是加强幼儿园安全应急管理工作、提高幼儿园安全应急管理水平、实现"宜未雨而绸缪，毋临渴而掘井"的重要目标。

一、组建安全应急管理小组

为了让所有工作人员在事故来临之前做到不慌张、不害怕，能够在第一时间冷静、沉着地处理事故，避免造成恶性结果，幼儿园需要在本园组建安全应急管理小组。该小组是安全应急管理的领导核心，是做好安全应急管理的基本前提和组织保证。

一般情况下，幼儿园的安全应急管理小组包括以下人员：应急管理负责人、教职工联络人、园所保卫员、通讯员和记录员、后勤保障员、家长联络人、媒体代言人、园外联络人、咨询员等，其人员构成及主要职责参见表1-4。

表1-4 幼儿园安全应急管理小组人员构成及主要职责

应急管理小组成员	责任教师	主要职责	担负角色
应急管理负责人	园长	领导小组成员制订应急处理计划；针对不同事件做出重要决定；监察及协调应急处理事宜；进行阶段性回顾和评价，并相应地调节应急管理计划和相关人员的培训方案	决策者
教职工联络人	主抓安全工作的副园长	调控不同应急预案中所需要的人员，安排及协助负责人主持应急管理会议	主要责任人
园所保卫员	主抓安全工作的中层干部	及时向各部门布置具体任务，建立监测制度，确保园所安全；做好安全保卫布置工作，防止家长闯入，阻止破坏分子恶意破坏	主要责任人
通讯员和记录员	园安全管理员	为应急处理部门传递信息，确保各部门根据事件情况和最新决策调整和实施具体工作	确保信息的畅通和及时更新

续表

应急管理小组成员	责任教师	主要职责	担负角色
后勤保障员	园后勤人员及保健医	根据需要合理安排各部门有限的资源，及时采购和添置应急必需品，保证应急管理过程中物资充足	物资及医疗保障
家长联络人	园中层干部、教师	与当事人的家长联系协调，为当事人的家长提供支援	与家长的沟通者
媒体代言人	办公室主任	安全事故发生后，向外界传播有利于幼儿园而又不违背事实的信息，消除公众的疑虑和误解	对外界的宣传者
园外联络人	园保安	需要警察或消防人员介入时，告知幼儿园发生的事故、幼儿园已采取的措施和应急处理计划，并能为警察和消防人员提供所需的幼儿园信息	情况汇报者
咨询员	园法律顾问	为幼儿园制订应急计划、对外沟通及安全事件评估等方面提供法律支持，协助幼儿园安排适当的跟踪服务	法律支持者

安全应急管理小组成立后，应该以召开安全会议的形式，公布每个人的身份和职责，确保相关组织和成员都熟知自身的责任，做到在应急管理时迅速进入角色且得心应手。

另外，应急管理负责人最好能把有关人员的通信方式统计制表并发放给大家，这样既便于联系，又方便其他单位和个人进行信息查询，确保相关人员的联络渠道畅通，是提高应急管理效率的重要一环。

二、制定安全应急预案

安全应急预案在幼儿园大致分为两种，一种是自然灾害应急预案，另一种是活动安全应急预案。自然灾害应急预案是指在自然灾害来临之时，为了规范紧急救助行为，提高紧急救助能力，迅速、有序、高效地实施紧急救助，最大程度地保证师生的生命安全和减少财产损失而建立的紧急救助体系和运行机制；活动安全应急预案是指在开展各项大型活动时，为了避免意外事故发生，最大程度地保护师生的生命安全而设立的救助体系。

一般情况下，幼儿园的安全应急预案包括以下几方面的内容：幼儿园的基本情况，如幼儿园的具体位置、占地面积、房屋设施、周围情况、幼儿和教师人数、班级数、各种管道分布情况等；应急指挥机构的设置和职责，如园长负责全面指挥、安全员负责事故报警等；应急装备和联络方式；应急人员任务；预防事故的措施；事故处置和医疗救护；紧急安全疏散和抢修；社会支援等（参见表1-5）。

表1-5 某幼儿园的自然灾害应急预案

为了做好自然灾害应急工作，减轻自然灾害造成的损失，保障师生生命和公私财产安全，维护教学秩序，根据有关规定，制定本预案。 　一、本预案适用范围 　自然灾害发生后，启动本预案。 　本预案所称自然灾害，是指汛期上游泄洪、火灾、地震及其他异常自然现象造成的灾害。 　二、应急机构及其职责 　（一）幼儿园应急领导小组的组成 　　组长：×××　　电话：××× 　　副组长：×××　电话：××× 　　组员：×××、××× 　主要职责： 　（1）统一领导幼儿园的救灾应急工作，协调解决救灾过程中发生的重大问题；迅速组建抢险先遣队，直接指挥抢险救灾。 　（2）向市教育局报告灾情。 　（3）及时掌握灾（险）情及其发展趋势，请求上级有关部门实施对口紧急支援。 　（4）应急领导小组下设办公室、抢险行动组、安全防护救护组、应急通信联系组。 　（二）办公室的组成及主要职责 　　组成：×××、×××

续表

主要职责:迅速了解、核实、汇总并及时向幼儿园领导报告灾情及已采取的措施,及时提出请求支援的项目和内容;贯彻落实上级救灾指挥部的决定;灾害过后,上交救灾报告。

(三)抢险行动组的组成及主要职责

组成:×××、×××

主要职责:抢救、转移被困师生,组织师生自救互救;抢救重要财物;配合有关部门进行工程抢救;在现场救灾指挥的统一领导下,及时调整抢险、抢救队伍。

(四)安全防护救护组的组成及主要职责

组成:×××、×××

主要职责:提供所需药品和医疗器具;抢救、转运和医治伤病师生。

(五)应急通信联系组的组成及主要职责

组成:×××、×××

主要职责:及时向上级部门报告救灾进展情况;经救灾小组领导研究,必要时申请援助。

三、灾情预警和处理

(一)根据有关部门提供的灾害预警信息,结合幼儿园所处的地理位置进行分析,及时对可能受到自然灾害威胁的区域做出灾情预警。

(二)根据灾情预警,对自然灾害可能造成严重师生伤亡和财产损失的,需要紧急转移并安置人员和财物,做好应急准备或采取应急措施。

(三)按照早发现、早报告、早处置的原则,及时发出预警,预测灾害将对幼儿园的师生生命财产造成的危害或损失,为领导小组决策和启动预案提供科学依据。

(四)领导小组根据灾情预警,决策是否需要师生休假和转移财物。

(五)重点监测位置包括:活动室、围墙、库房、厕所等。

(六)在汛期,幼儿园组织排查小组每天对重点监测位置进行排查,一旦出现情况,立即上报应急领导小组,以便及时做出决策。

四、自然灾害应急处理程序

(一)应急处理小组立即召开抢险救灾工作会议,通报灾情,宣布启动应急预案,进入应急期。

(二)办公室根据灾情及时向上级部门提出灾害趋势判定意见和应急工作建议。

(三)在应急处理小组的指挥下,各组按职责分工迅速开展工作。

(四)应急通信联系组保证灾害信息及时上报,灾情信息报告内容包括灾害发生的时间、地点、背景,灾害造成的损失(包括人员受灾情况、人员伤亡数量、建筑物倒塌和损坏情况以及造成的直接经济损失),已采取的救灾措施和需求;抢险行动组组织群众抢险自救。

当然，在制定具体的安全应急预案的过程中，幼儿园可以根据实际情况对这些内容进行取舍，只要符合幼儿园现状，能起到作用就好。

三、演练安全应急预案

幼儿园制定的所有安全应急预案，其目的都是为了预防安全事故的发生和事故发生后能进行有效处置。所以，当安全应急预案制定好后，实施预案就成了安全工作的重要内容。

《中小学幼儿园安全管理办法》指出，"幼儿园可根据当地实际情况，组织师生开展多种形式的事故预防演练"。开展安全演练活动不仅是必要的，而且是必须的。

【案例1-14】

今天，幼儿园要进行火灾演练。

下午3点，正是幼儿饮水、吃午点的时间，火灾演练的警报拉响了。中一班的宋老师（即第一责任人）发现险情，第一时间冷静地告诉孩子们："失火了！"然后带领孩子们打湿小毛巾，捂住口鼻，低头弯腰一组一组地撤离活动室。在撤离途中，孩子们安静、有秩序，只用了1分5秒就全部撤到了操场。

而旁边的中二班教师是一位新教师，第一次经历火灾演练，经验明显不足。当警报拉响时，班级的幼儿有的在活动室吃点心，有的在盥洗间洗手，还有的在穿衣服。听到警报声后，老师慌了，不知该怎么办好。最后，她用了将近20分钟才带着孩子们慌忙跑出教学楼。如果真有火灾发生，其后果不堪设想。

（河北省保定市青年路幼儿园　殷晓辉）

本案例中，两位教师在火灾演练过程中表现出极大的差异，其一与教师的心理素质有关；其二与教师对演练的重视程度以及是否具备相关经验有重要的关系。

为了让每位教师都能有效地参与应急演练，幼儿园管理者必须在演练之前根据预案的内容，对所有教师开展相关培训、进行广泛宣传，让每个人清楚地了解自己在演练中承担的责任和应掌握的相应技能。如本案例中，幼儿园管理者就应该让教师提前了解本园的建筑特点以及消防通道、疏散通道、疏散地点和路线等具体情况，并知道如何带领幼儿安全撤离。

另外，幼儿园管理者还要让全园教职工深刻理解安全应急预案的重要意义。制订预案绝不是走形式，科学合理的预案是保障幼儿园安全工作的必要手段；而认真执行预案，对预案进行有针对性的演练，是把事故的不良后果降低到最低程度的有效措施。面对安全应急演练，每个人都必须严肃对待，不可以掉以轻心。

最后，幼儿园的安全部门还要对各种演练活动进行动态化管理。幼儿园安全演练预案不是一成不变的，幼儿园的安全演练也不能只在准备好后才进行，比如，可以突发性地开展随机演练，这样更能检验幼儿园教师应对突发事件时的避险协调能力，从而提高幼儿在真实场景中的安全出逃率，让安全应急预案在关键时刻既能"应急"，又能保"安全"。

第二章

幼儿园教育教学安全管理

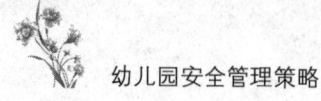
幼儿园安全管理策略

幼儿园教育教学安全管理是指幼儿园管理者和教师针对日常教育教学的安全管理。通常情况下，幼儿在园的教育教学活动按照活动内容来分，包括入园、进餐、午睡、盥洗、离园、教育活动、户外活动等；按照活动场所来分，包括室内活动与室外活动。为了让读者能够更清晰地了解幼儿园教育教学安全管理，本章主要根据不同的活动场所，对教育教学中的安全内容进行论述。

另外，3—6岁的幼儿年龄较小，自我保护能力弱，生活经验相对比较匮乏，对冒险行为导致的后果缺乏一定的分辨能力。因此，对其开展的安全教育也是教育教学工作中不可或缺的重要内容。为了让班级教师更清晰地理解自己所肩负的安全职责，笔者将幼儿的日常安全教育也放在本章。

第一节　室内活动的安全管理

幼儿入园后，全天大部分时间都在幼儿园中生活、游戏和学习。除了定时的户外活动外，其他大部分活动都是在室内进行的。因此，幼儿室内活动的安全管理极为重要。

幼儿在园的室内活动包括所有的生活环节、集体教育与区域活动，如果幼儿教师能对这些生活环节和教育活动进行科学、有序的指导，那么便能从根本上排除一些潜在的安全隐患，从而保证幼儿的活动安全，对培养幼儿的自理能力和幼儿身心发展具有重要作用。

一、家园协作的入园与离园

入园和离园是幼儿在园生活、学习的开端和结束，同时也是教师和家长在一天中面对面交流的重要时段。双方可以利用这两个时段进行有效沟通，携手保护幼儿的安全。

（一）入园

清晨入园是一天的开始，同时也是幼儿在园安全活动的第一关，一方面需要教师严格按照晨间工作流程操作；另一方面也需要家长的积极配合。

【案例 2-1】

  6 岁的男孩明明是某园大班的小朋友，他脑瓜很聪明，平时也很淘气。冬季的一天早晨，爸爸要送明明去幼儿园，可是明明前一天夜里睡得比较晚，加上天气又冷，他不想起床，想多睡一会儿。爸爸为此很生气，呵斥了明明几句，因为要赶时间上班，就把明明强行带到幼儿园大门口，没有送到班级就自行离开了。

  明明自己在幼儿园大型玩具上玩了一会儿，觉得没什么意思，就偷偷跑到附近的公园去玩了。虽然明明的爸爸把孩子送到了幼儿园，但是由于没有亲自与班级教师交接，有点放心不下，就在 9 点多给班级教师打电话询问，而教师给予的答复是"明明并没有来到班级"。明明的爸爸听后吓了一跳，立即从单位赶到幼儿园，协同园中的教师一起在幼儿园以及周边社区寻找明明，最后在公园找到了正在荡秋千的明明。明明的父亲对自己不恰当的行为懊恼不已。

（河北省保定市青年路幼儿园 姚志涛）

以上案例中，家长由于疏忽，没有将孩子亲自送到教师手中，教师不知道明明已经来园，使其处于无成人监管的状态。庆幸的是，家长和教师寻找及时，后续才没有发生恶性事件。

反思本案例中存在的安全问题，首先，家长不懂得将孩子送到教师手中的重要性；其次，幼儿园的门卫管理也存在漏洞，显然没有遵守凭卡接送制度，导致幼儿在园期间竟然自行从幼儿园离开。

为避免类似事件的发生，一方面，幼儿园要严格执行凭卡接送制度，另一方面也要通过不同的形式，如家长会、个别访谈等，向家长说明将孩子送到班级教师手中的重要性，对于确实有困难的家长（如早晨上班时间特别紧张,又没有其他家人帮助接送孩子),教师可以和家长商量对策,比如,即使延长教师的工作时间(如教师可提前来园),也要保证幼儿的生命安全。

另外,教师还应该从以下几方面入手,将安全隐患消除在萌芽状态。

①将教师、保育员和家长在入园时段的安全职责进行公示(参见表2-1),以明确各自所肩负的安全职责,帮助家长树立安全意识。

表2-1 幼儿入园时教师、保育员和家长的安全职责

内容	教师安全职责	保育员安全职责	家长安全职责	对幼儿的安全指导
入园	1. 根据天气情况开窗通风,关好纱窗。 2. 接待幼儿和家长,对幼儿进行晨检,与家长进行必要、简单的沟通。 3. 组织幼儿学做值日生,并练习正确清洁橱柜和桌椅的方法。 4. 组织来园幼儿开展有趣的活动,提醒幼儿不随便走出教室。	1. 配合教师接待幼儿。为保温桶蓄够足量的、温度适宜的饮用水。简要收拾班级卫生。 2. 指导值日生工作,和幼儿一起做好餐前准备。	1. 为幼儿穿适宜的服装和鞋子,并根据天气情况增减幼儿的衣服。 2. 提前对幼儿的衣物进行检查,避免将危险品或药物带入园中。 3. 手持接送卡送幼儿入园,并亲手将幼儿交给班级教师。	1. 提示幼儿和家长一起愉快来园。 2. 提醒幼儿进入班级后再和家长告别,让家长离开。 3. 引导幼儿有秩序地进行值日劳动和自由进区活动,遵守活动规则。

②教师要严格执行入园签到制度,设立签到表或签到袋,每天要求入园幼儿签到,中大班幼儿可以自己签到。通过签到制度了解入园人数,并检查幼儿的书包、口袋等处,排除危险物品。这样能尽早发现安全隐患,以便教师尽早采取相应措施。

③加强室内安全教育,减少危险的发生。如教师可以引导幼儿轮流当"安全监督小标兵",让幼儿相互监督,学会自我管理、自我保护。

（二）离园

离园指幼儿离园前由教师组织的活动。由于此时来园接孩子回家的家长较多，人员比较密集，如果教师分心或责任人不到位，极易出现幼儿走失或接错的情况。

【案例 2-2】

2013 年 12 月 3 日下午，丽丽的母亲像往常一样，在 6 时左右到广州某幼儿园接女儿回家，到幼儿园后没有找到孩子，一问教师，却被告知丽丽已被人领走，心急如焚的母亲立即打电话报警。后发现 5 岁的女儿丽丽在幼儿园离园期间被陌生人领走后遭受摧残，被丢在马路边。身心受重创的丽丽长期处在惊恐之中，经常在梦中尖叫。丽丽的父母认为由于幼儿园的失职导致自己女儿不幸受伤，于是将该幼儿园告到广州市越秀区人民法院。

（案例来源于上海学前教育网）

本案例中呈现的是一起恶劣的幼儿在离园期间走失的事故，这类事故大多是由于教师没有按照规定严格执行接送制度造成的。另外，在离园期间，幼儿还容易发生伤害事故，有可能来自同伴之间的争吵，也有可能由于家长接走孩子后在幼儿园逗留，看管不当造成意外伤害。这些事故会给孩子带来伤痛，甚者会对幼儿的心理健康造成不良的影响。

因此，教师应该严格执行幼儿园的接送制度，不仅要提醒家长凭卡接送孩子，而且在家长持卡的情况下，也要对不熟识的面孔进行识别，避免陌生人持卡接走幼儿。

1. 离园期间教师和家长的安全职责

教师及家长在离园期间各自承担的不同安全职责，参见表 2-2。

表 2-2 幼儿离园时教师、保育员和家长的安全职责

内容	教师安全职责	保育员安全职责	家长安全职责	对幼儿的安全指导
离园	1.组织幼儿开展安静的活动，稳定幼儿的情绪。 2.提醒幼儿检查自己携带回家的衣物。检查幼儿穿戴是否安全、整齐。 3.教育幼儿不跟陌生人走，教师发现陌生面孔及时盘问或请保育员和家长联系。 4.关好门窗、电器，整理学习用品、玩具等。	1.配合主班教师组织好幼儿，以便幼儿有序地离园。 2.协助教师检查幼儿的服装及携带的物品。 3.和教师一起对陌生面孔进行盘查，必要时与家长联系。 4.组织好未被接走幼儿，以便和家长交接。 5.检查门窗、水电、插销等。	1.凭卡进入幼儿园。 2.如需他人代为接送，要以电话方式提前告知班级教师。 3.教育孩子在园安静等待，不随便走出活动室，不跟随陌生人离园。 4.接孩子离园后，要尽快离开幼儿园，教育孩子不在园逗留、玩耍。	1.提醒幼儿有秩序地收拾玩具，并将桌椅放回原处。 2.教育幼儿安静等待，不随便走出活动室；不跟随陌生人离园。 3.提示幼儿听到教师叫自己的名字时再往外走，和教师告别后再离开。

2. 离园环节中教师应注意的问题

在离园环节，教师还要注意以下几个问题：

①在离园等待环节，教师要组织幼儿开展一些有趣的、安静的活动，以免幼儿由于无聊而互相打闹、跑跳。

②在幼儿离园过程中，班级教师的站位要分工明确：主班教师需站在门口，迎接家长到来；保育员要在活动室中继续组织幼儿开展一些安静的游戏，以免发生事故。

二、井然有序的盥洗与如厕

在幼儿一日生活环节中，盥洗、如厕的环节大约占 50% 的时间，而且会在一天的活动中反复出现。这两个环节一般都是在相对独立的洗手间或卫生

间完成的，如果教师在工作中存在疏忽，那么很容易引发伤害事故。

（一）盥洗

幼儿在园的盥洗活动主要包括洗手、漱口、洗脸、梳头四个环节，在幼儿一日生活中，盥洗环节所占的时间各不相同。洗手是最频繁的一项活动，如幼儿饭前饭后、便前便后、活动前后等都需要将手清洗干净；漱口活动在幼儿每餐后进行，一般每天要进行四次左右；洗脸和梳头活动一般在幼儿午睡起床后进行。

幼儿在盥洗环节中容易引发安全事故的原因有两个方面：一是地面湿滑引发跌倒事故；二是清洁、消毒用品没有妥善保管，让幼儿容易够到，形成安全隐患；三是幼儿在盥洗室打闹，导致磕碰事故。

【案例 2-3】

夏天的一天，户外活动结束了，因为小朋友们玩完沙土，所以进入活动室后，王老师提醒幼儿去洗手。孩子们一窝蜂地跑到洗手间，本来壮壮是第一个进来的，但是伟伟身体很灵活，一下子就挤到了壮壮前面，第一个洗起手来。壮壮心里很郁闷，他站在伟伟的后面，身体和伟伟挨得很近。伟伟转过头对壮壮说："壮壮，你往后面站一点行吗？"壮壮大声地说："不行！我是第一个到的，凭什么你第一个洗？"他身体扭了几下，仍然贴在伟伟身上。伟伟感到很不舒服，就用胳膊肘向后顶了一下壮壮，也许是把壮壮弄疼了，壮壮不由分说地抓了一把伟伟，在他的手臂上留下五道深深的抓痕。

（河北省保定市青年路幼儿园　孙梦瑶）

案例中的两个小朋友因为生活中很平常的事情发生了争执，并导致了身体上的伤害。分析起来，教师也存在很多失职的地方，如盥洗前没有对幼儿提出安全要求；没有让幼儿分组轮流盥洗；幼儿盥洗过程中没有尽到监管的责任等。

一般情况下，教师和保育员在盥洗这一环节的安全职责如下（参见表 2-3）。

表 2-3　幼儿盥洗期间教师和保育员的安全职责

内容	教师安全职责	保育员安全职责	对幼儿的安全指导
盥洗	1. 教育幼儿懂得饭前便后、手脸脏时及时洗的道理。 2. 组织幼儿分组洗手。 3. 做好洗手前的准备工作，提醒幼儿卷好袖子。 4. 指导幼儿正确的洗手方法：打开水龙头，淋湿双手；关上水龙头，擦肥皂，搓洗手心、手背、手指缝、手腕；打开水龙头，冲干净肥皂沫，关上水龙头；甩水入池；用自己的毛巾擦手；放下衣袖。 5. 教育幼儿用肥皂洗手，不在水房打闹。 6. 组织已经洗好手的幼儿活动，不让他们乱动物品。	1. 指导幼儿洗手，帮助幼儿挽袖子，提醒幼儿按正确的方法洗手。 2. 提醒幼儿节约用水，不浪费肥皂，不边洗边玩。指导幼儿洗手时不要把水溅到池外或弄到自己和小朋友的身上。保持地面干爽。 3. 指导值日生检查幼儿的洗手情况，包括手指缝、手背、手指甲、手腕等。对于中大班幼儿，可以提醒值日生参与盥洗检查工作。	1. 教育幼儿知道饭前便后要洗手；手脏随时要洗手。 2. 教给幼儿正确的洗手方法。 3. 教幼儿用肥皂洗手，教育幼儿节约用水，不将水甩到地面上。 4. 提示幼儿轮流洗手，不推不挤。

通过以上表格，我们可以看到在盥洗环节教师和保育员的安全职责重点包括三个方面的内容：一是维持幼儿盥洗时的秩序，以免幼儿之间发生争吵、打闹；二是教给并监督幼儿用正确的方法洗手，以保证幼儿手部的清洁；三是保持盥洗室地面的整洁，以免幼儿在室内滑倒。

另外，笔者看到现在的很多农村幼儿园缺少可提供流动水洗手的水龙头，即使有水龙头的幼儿园，也没有对洗手水进行加温的装置，这样，一方面用盆装水洗手，容易造成幼儿之间疾病的相互传染；另一方面，由于北方冬季较冷，长期用凉水洗手，会对幼儿娇嫩的皮肤造成伤害，引起手部冻疮。为了解决这一问题，笔者建议条件不具备的幼儿园可以用大保温桶当洗手桶使用，由于其具有保温的作用，能有效地解决冬季幼儿不能用温水、流动水洗手的实际问题。

（二）如厕

具有良好的如厕习惯是孩子身体健康成长的必要条件，同时也是幼儿园保育工作中的一个重点。在城市幼儿园，大多数活动室会附带一个厕所；而在农村幼儿园，很多厕所设在院落里，距离活动室较远，这样的条件不利于教师实时监护，很容易诱发安全事故。

【案例2-4】

2016年9月13日下午，河北邢台广宗县小蜗牛幼儿园的两岁半男童森森在没有老师陪护的情况下去厕所小便，不慎坠入粪池。孩子出事后，该园老师未能及时发现。下午5点，家长到园接幼儿。老师和家长四处寻找森森，最后在粪池内发现森森。幼儿园立即拨打119报警，消防队员来园后，从粪池内将森森打捞上来，并送往县医院抢救。由于孩子被淹时间太长，经抢救无效死亡。

（案例改编自河北共产党员网，www.hebgcdy.com，题目为"邢台一幼儿园幼儿上厕所 不慎坠入粪池死亡"）

本案例中森森是在农村开办的私立幼儿园上学，幼儿园的厕所位于院落一角，一方面教师看不到厕所的位置；另一方面，森森年龄小，自理能力差，如厕时教师没有跟随。这件事故看似偶然，实则必然。如果幼儿园厕所距离活动室较远，教师一定要跟随幼儿如厕，只有随时随地尽到职责，才能确保孩子的安全（参见表2-4）。

表2-4 幼儿如厕期间教师和保育员的安全职责

内容	教师安全职责	保育员安全职责	对幼儿的安全指导
如厕	1. 提醒幼儿如厕前将裤腿卷好。不推挤，不乱跑动。	1. 照顾和指导幼儿如厕。 2. 帮助个别幼儿提、脱裤子，注意保暖。	1. 提示幼儿知道有尿意和便意及时如厕，不憋着。

续表

内容	教师安全职责	保育员安全职责	对幼儿的安全指导
如厕	2. 指导幼儿轮流如厕，知道谦让。提醒幼儿大小便入池，保持厕所地面干净。 3. 在日常工作中，教给幼儿脱裤子、提裤子、拿取便纸的方法。 4. 掌握幼儿的大小便情况，提醒幼儿不憋大小便。	3. 提醒幼儿便后冲水、洗手，及时离开厕所。 4. 观察幼儿大小便的颜色，发现异常及时处理；观察厕所地面情况，及时清理池外的大小便。 5. 帮助幼儿在隐蔽处换洗和处理弄脏的裤子，并安慰幼儿。	2. 提醒幼儿如厕前将裤腿卷好。 3. 教给幼儿正确使用便纸的方法，便纸要放在固定处，便后冲水。 4. 提醒幼儿保持厕所地面整洁；便后整理自己的衣服。 5. 提示幼儿不在卫生间打闹、说笑；不随地大小便。

另外，在如厕环节，教师还要注意以下几个问题：

①幼儿如厕前，教师要把事先裁好的卫生纸放在盒子里固定位置，以便幼儿自由取用；幼儿如厕时，保育员要跟随其后，观察幼儿的如厕情况，提醒其不推不挤、轮流如厕，排便时间不超过 10 分钟。

②幼儿如厕结束后，教师要提醒其用水冲厕所，如小班幼儿力量不够，保育员要帮助其完成这项工作。

③教师要教给幼儿便后擦屁股的正确方法（要从前向后擦，把纸折叠后擦两次。小班幼儿初入园时可以由教师帮助擦，中大班幼儿便后自己擦），以保持幼儿肛门处的清洁。

三、科学规范的饮水与服药

水既是人类维持生命必不可少的物质，幼儿在园期间，教师每天要为幼儿准备好足量的、安全的饮用水（每人每日大约喝 400～600 毫升），供其饮用或服药用。

但是在工作中,我们发现很多教师对幼儿饮水和服药环节的监管缺乏科学性和规范性。一是在饮水环节,很多教师对幼儿喝水量把握不准,不知道不同年龄段的幼儿每天、每次该喝多少水,所以听之任之,管理比较随意;有些教师认为喝水应该"宁多勿少",不考虑幼儿的个体差异,统一让幼儿喝大量的水;还有的教师将幼儿喝水时间安排得比较固定,很少或几乎不鼓励幼儿自主喝水。二是在服药环节,经常出现教师忘记给孩子服药、延迟给孩子服药或者完全按照家长的嘱咐(不仔细阅读药品说明书)给孩子服药的情况,有时还会由于着急而给孩子服错药。

造成这样的状况,一方面是教师缺乏相关的知识和经验,另一方面也体现出教师的责任心不强,没有认识到这两个环节的重要性。

(一)饮水

饮水是幼儿在园非常重要的生活环节,通过饮水,不仅可以让幼儿补充身体中必需的水分,还可以为他们讲解饮水对身体的重要性以及安全饮水、健康饮水等小常识,帮助幼儿提升安全意识和自我保护能力。

【案例 2-5】

今天的午点是饼干加牛奶,按照幼儿园一日活动流程,小朋友们吃完后,该喝水了。王老师按照之前的惯例,要求每个小朋友接一大杯水喝下去。丽丽和姗姗发愁地望着满满的水杯,对王老师说:"我们肚子饱了,喝不下。"可是王老师说:"你们都是听话的孩子,多喝水不生病。"于是丽丽和姗姗强行把水喝了下去,但是仅仅过了5分钟,她们就相继吐了,不仅把刚喝的水吐了出来,而且把没有完全消化的午餐吐了出来。

(河北省保定市青年路幼儿园 姚志涛)

【案例 2-6】

集体教育活动结束后,冯老师让大家自由去保温桶接水喝。有的孩子喝完了水,去放杯子;有的孩子刚去完厕所、洗完手,去拿杯子。菲菲拿杯子的时候,正好浩浩去放杯子。浩浩没有看到身后的菲菲,放完杯子就像往常一样，回身随手把杯子橱的门关上，不小心将菲菲拿杯子的手卡在门中间，菲菲的手臂被夹出了一道红印。

（河北省保定市青年路幼儿园　卢薇）

第一个案例是因为幼儿饮用了大量的水而导致呕吐，显示出教师对科学饮水的误解，执行的僵化；第二个案例是取放杯子过程中幼儿被夹伤，显示出教师组织和管理的疏忽和纰漏。如果教师和保育员能够提前了解与饮水相关的科学常识，根据自己所负有的安全职责进行监管，那么这样的事情也许就不会发生（参见表2-5）。

表2-5　幼儿饮水期间教师和保育员的安全职责

内容	教师安全职责	保育员安全职责	对幼儿的安全指导
饮水	1. 引导幼儿认识自己的水杯，会用自己的水杯喝水。 2. 组织幼儿按顺序饮水，不拥挤。 3. 教幼儿学会正确的接水方法，喝适量的水，在身体需要时随时饮水。 4. 提醒幼儿在自己座位上慢慢饮水，喝水时不打闹，不边走边喝，不把水洒在地上、身上。	1. 为幼儿准备好温度适宜的水，保温桶要定期清洗，保证洁净。 2. 指导幼儿拿自己的杯子喝水。 3. 组织幼儿排队接水喝，知道轮流接水喝，提醒幼儿不浪费水。 4. 关注幼儿接水的多少，鼓励幼儿多喝水。 5. 提示幼儿将水杯归位。	1. 提示幼儿能认识自己杯子的标志。 2. 提醒幼儿取放杯子不拥挤，懂得谦让，轻拿轻放。 3. 指导幼儿排队接水，接水时眼睛看着水杯，不把水洒到外面。接适量的水，双手端杯，坐在座位上喝水。 4. 提醒幼儿喝水时不打闹，不说笑，不把水洒到外面。 5. 提示幼儿口渴时主动拿杯子接水喝，不打扰正在喝水的幼儿。 6. 教育幼儿睡前不喝过多的水。

（二）服药

3—6岁的幼儿身体发育还不成熟，各项生理机能还不完善，机体抵抗能力比较差，很容易受到细菌或病毒的侵扰而生病。幼儿教师经常会碰到在园为幼儿服药的情况。尤其是在秋冬季，患感冒的幼儿特别多，有时全班有将近一半的幼儿会带药来园，这不但增加了教师的工作负担，而且很容易发生误服药、服错药的事故。教师一定要严格对待幼儿的服药问题，仔细核对药品种类和用量，确保幼儿服药安全。

【案例2-7】

11月初，北方气温骤降，某园很多幼儿都患了感冒。早上入园的时候，保育员马老师和宋老师像往常一样接待小班的幼儿来园，并对中午需要服药的孩子进行登记。

午餐过后，到了服药的时间，保育员马老师把几个孩子叫到跟前，对照记录，按要求给孩子喂药。轮到晨晨小朋友喝药了。记录是这样写的：晨晨，药两包，午饭后服。马老师把标有晨晨姓名的两个纸包打开，发现每个纸包里都有相同的3粒药片。望着手里的药片，马老师疑惑了："晨晨只有3岁半，而且只是轻微的感冒，怎么会喝这么多药呢？"为了孩子的安全考虑，马老师立即给晨晨的妈妈打电话，并向晨晨的妈妈详细描述了药片的样子。听了马老师的描述，晨晨的妈妈着急地说："哎呀！都怪我，早晨出门着急，其中一包药包错了，应该是另外一种药。"马老师非常庆幸，幸亏及时与晨晨的妈妈沟通，如果按照记录盲目地给孩子服药，这么大的药量肯定会危害孩子的身体健康。

（河北省保定市青年路幼儿园　刘珊）

本案例中保育员有以下几种正确行为：一是在入园接待时，积极与家长沟通，对幼儿服药情况进行记录；二是能根据记录逐一为幼儿服药；三是当对幼儿服药登记产生疑虑时，能及时与家长沟通，避免幼儿多服药。这些做法值得赞赏。

一般情况下，在幼儿服药环节，成人的安全职责和对幼儿的安全指导包括以下几个方面的内容（参见表2-6）。

表2-6 幼儿服药期间保育员和家长的安全职责

内容	保育员安全职责	家长安全职责	对幼儿的安全指导
服药	1. 充分利用入园接待和晨检的机会，与带药家长交流，询问清楚幼儿的病情、药品的名称、剂量；服药的时间、注意事项等，并做好详细的登记和记录，请家长签字后挂在活动室显眼的位置；药品箱（袋）应放置于幼儿触摸不到的地方。 2. 如幼儿自己带药入园，教师应电话通知家长重新来园登记；家长未签字或服用方法不清楚的，应要求家长填写完整，否则老师有权拒绝给幼儿服药。 3. 幼儿服完药后，教师要做好药品箱（袋）的清理工作，避免有漏服药的情况发生；要在服药记录表上签字。 4. 生活中，教师要根据幼儿的病情随时跟踪观察，提醒他们多喝开水、注意休息。 5. 幼儿离园时，教师要把幼儿一天的情况跟家长交流、汇报，以便采取相应的诊治措施。	1. 家长要严格遵守《幼儿园药品登记制度》。需在登记中认真填写幼儿姓名、所带药品名称、服用时间、服用剂量、服药方法及注意事项并签名。 2. 家长携带的药物必须是国家药品监督部门认定的口服药品。 3. 家长必须根据幼儿每日的病情合理带药，每次只带当日药量，严禁一次带多日的药品。	1. 教育幼儿药是用来治病的，在身体健康时不能随意吃药，否则会危害身体健康。 2. 提醒幼儿用自己的水杯服药。 3. 指导幼儿接适量的水服药，服药时不说话、不打闹。 4. 提醒幼儿日常多喝水，尽量减少药物对身体的不利影响。

除了以上规定的内容，教师在幼儿服药环节还应该注意以下问题：

①幼儿身体机能较差，对药物的耐受性也差，因此，当幼儿患病时，教师一定要提醒家长尽量"能不用药就不用，能用轻药就不用重药"，以免加重幼儿的身体负担。

②家长一定要带患病的幼儿到正规医院就诊，确诊无传染性疾病、无高热发烧且可以参加幼儿园正常一日活动时，才可以为幼儿携带药物来园。否

则，幼儿需要在家中静养。

③在对待幼儿用药的问题上，教师一定要提醒家长药的用法、用量要精准。一是不要自己擅自为幼儿用药；二是药物的使用次数、频率、用量都要严格遵医嘱，不要擅自更改；三是最好选择儿童专用药物，这样的药物充分考虑了儿童的生理、心智发育状况和对药物的吸收、代谢能力，在药物、剂型、剂量上都做了考量，会更安全。

幼儿教师要在幼儿服药记录表（参见表2-7）上登记幼儿服药的详细情况。

表2-7 幼儿服药记录表

班级：_____

日期	幼儿姓名	药品名称、服用量及时间	家长签字	服药时间	喂药人签字

四、安全独立的进餐与午睡

《3—6岁儿童学习与发展指南》（以下简称《指南》）中指出"为有效地促进幼儿身心健康发展，成人应为幼儿提供合理均衡的营养，保证充足的睡眠，满足幼儿生长发育的需要"。可见，进餐和午睡是保证幼儿身体健康的重要前提，也是幼儿在园生活的重要环节。幼儿教师应该在保证安全的前提下，培养幼儿良好的进餐与午睡习惯，为幼儿的身心健康提供有利的条件。

（一）进餐

幼儿的一日三餐是生活活动的重要组成部分。通常情况下，在进餐环节有三个方面容易发生安全事故：一是卫生安全方面，包括餐桌、餐具消毒和幼儿小手的盥洗；二是食品的温度是否适宜，要避免烫伤；三是幼儿进餐环境是否轻松，应给幼儿提供安全、从容的心理环境。

【案例2-8】

  冬日的一天，午饭时间到了，李老师像往常一样为幼儿盛好饭菜和汤，引导幼儿安静进餐。李老师感觉今天的饭菜和汤都有些烫，放心不下，就来回巡视，并提醒幼儿慢点吃。当她走到4岁女孩甜甜身边时，发现其神情不对，甜甜的手没有握着筷子，而是捂着腿。李老师关心地询问："甜甜你怎么不吃饭呀？"甜甜控制不住大哭起来："老师，我把汤洒了，我腿疼。"李老师忙拉开甜甜的手，发现其裤子湿了一大片。李老师赶紧把甜甜带到盥洗室，用凉水冲洗甜甜的腿部，在进行紧急处理后，带领甜甜到医院就诊，甜甜的腿被诊断为一级烫伤。

（河北省保定市青年路幼儿园　潘丽丽）

可以看出，本案例中的李老师是一位比较有经验的教师，在为幼儿盛饭过程中，她感觉饭菜的温度比较高，并且在幼儿进餐的过程中巡视；当她发现甜甜被烫伤后，能够立即采取正确的方法进行处理。这些做法都是正确的。可为什么老师这么谨慎，事故还是发生了呢？因为李老师犯了一个非常严重的错误，那就是她明明知道饭菜烫，却给孩子们盛在了碗里，这为烫伤事故的发生埋下了伏笔。幼儿教师不仅要具备丰富的生活常识和急救经验，还要想办法消除身边的隐患，这样才能保证幼儿安全。

表 2-8 幼儿进餐期间教师和保育员的安全职责

内容	教师安全职责	保育员安全职责	对幼儿的安全指导
进餐	一、餐前 1. 指导幼儿摆放椅子。 2. 指导幼儿分组洗手,值日生检查洗手情况。 3. 组织幼儿入座:提示幼儿座位与餐桌应保持适当距离,要求上身坐直,腿和脚置于椅子前、桌子下。 4. 组织幼儿做安静的活动,提示幼儿不触摸餐桌和餐具。 二、餐中 1. 为幼儿介绍饭菜营养;协同保育员为幼儿分发食物:将主食分发在每桌的公用盘子里。用食物夹夹取食物。 2. 纠正幼儿偏食的习惯,照顾肥胖儿和体弱儿。 三、餐后 1. 指导幼儿漱口。 2. 饭后组织幼儿玩安静的活动。	一、餐前 1. 指导幼儿摆放桌椅。 2. 指导值日生擦洗餐桌:抹布沾洗涤液擦洗。换抹布擦洗。每桌放一块公用抹布。 3. 指导幼儿洗手,教他们学习正确的洗手方法。 4. 判断饭菜及汤粥的温度,如温度比较高,需要稍冷后食用。 二、餐中 1. 分发食物,根据幼儿的食量盛相应的饭菜。 2. 培养幼儿良好的进餐习惯。及时纠正不正确的进餐姿势。 三、餐后 1. 收拾及清洗餐桌上的公用盘子及抹布。 2. 洗净和晾晒抹布,消毒;擦洗地面,冲洗墩布。	一、餐前 指导幼儿做到: 1. 将椅子摆放在桌下。 2. 轮流洗手。 3. 安静入座,端坐桌边,双手交叉放在胸前,胳膊肘放在桌上。 二、餐中 指导幼儿做到: 1. 正确使用餐具,右手拿勺,左手扶碗,喝汤时两手端碗。 2. 饭菜搭配吃,不洒饭菜,细嚼慢咽,不边吃边玩,不大口吞咽,不发出响声。 3. 注意地面整洁。 三、餐后 指导幼儿做到: 1. 餐后漱口要求:将漱口水吐在池内,擦嘴,并将水杯放到指定位置。 2. 双手搬椅子摆放至原处,进行安静的活动。

从表 2-8 可以看出,教师在餐前、餐中、餐后三个时间段都对幼儿负有重要的安全职责,除了表格中提到的内容,教师还应在这三个时间段注意以下内容:

1. 餐前

进餐前,在环境方面,教师要严格按照幼儿园的相关制度要求,对餐桌、餐具进行消毒处理;可以播放一些舒缓的音乐,为幼儿营造轻松的进餐氛围。

教师可以分组引导幼儿洗手，教给幼儿正确的洗手方法，并由一位老师在活动室带领幼儿做一些安静的游戏，另一位教师注意幼儿洗手的情况，两位教师相互配合，既减少了幼儿的消极等待，又能让幼儿有事可做，避免由于幼儿乱摸东西造成手部二次污染。

2. 餐中

进餐过程中，教师首先要把握好幼儿的就餐时间，教给幼儿正确的就餐方法。专家指出，就餐时间过长或过短，都会影响孩子合理摄取营养，幼儿每次就餐时间在30～40分钟为宜。教师要提醒幼儿在吃饭时细嚼慢咽，不边吃边玩、东张西望。吃饭耗时过长的幼儿要找出原因具体分析，帮助他们在规定时间内吃完自己的那份饭。在进食汤或粥时，提醒幼儿必须吹一吹、试一试后再喝，以免烫伤。此外，教师要规范幼儿端饭线路，确保进餐中的安全。为了锻炼幼儿的生活自理能力，中大班都以幼儿自己端饭为主、教师添加为辅。尽管幼儿也是按顺序进行，免不了还是会因端饭引起泼洒或碰撞，教师可以引导所有的幼儿都绕行固定的线路（如从后到前逆时针）活动，避免交叉，这样能有效避免事故的发生。

3. 餐后

幼儿餐后还有很多工作要做，如将自己碗里的饭吃干净、用餐巾擦嘴，将自己的碗、勺子、筷子、餐巾轻轻地放入固定的容器里；用自己的杯子接饮用水漱口等。因为幼儿进餐的速度不一，教师既要照顾进餐的幼儿，还要引导餐后的幼儿参与活动，这时候可以让值日生作为助手，给他们分工，使他们各司其职，以便更好地维持餐后的秩序。

另一方面，教师可以引导幼儿组织一些安静的活动，让幼儿参与一些自选游戏，如看图书、捏橡皮泥、搭积木、画日记、小组游戏等。通过这些活动，为幼儿创造与同伴融洽交往、师幼积极互动的氛围，让其在语言能力、知识经验、人际交往等方面有所发展。

（二）午睡

根据幼儿的生理特点，在幼儿园长达10小时的学习游戏过程中，安排午睡是非常必要的；从幼儿成长的角度讲，独立入睡以及午睡前后穿脱衣服的活动，不仅满足了幼儿手眼协调、精细动作发展的需要，而且为其生活自理能力的养成提供了良好的锻炼机会。

在午睡环节，容易引发安全事故的原因有以下几个：一是幼儿携带细小物品上床，容易由异物引起窒息；二是幼儿睡姿不正确（如蒙头睡、卧睡等）造成缺氧；三是床铺太高，造成坠落；四是发热幼儿在睡眠中发生抽搐等。

【案例2-9】

一天午睡时，不满6岁的幼儿刘某从幼儿园寝室的高低床上摔了下来。经鉴定，刘某右锁骨骨折、头部受伤，并出现阵发性失明、失听、抽搐，记忆力下降，反应迟钝。刘某的家长因与幼儿园就赔偿问题协商不成，一纸诉状将幼儿园告上了法庭，要求幼儿园承担赔偿责任。近来不少非寄宿制幼儿园都发生了午睡时幼儿从上铺摔下致伤的事件，引起了一些法律纠纷。

（案例来源于温故而知新网，www.wgezx.com，
题目为"幼儿园使用高低床应当注意安全"）

【案例2-10】

吃过午饭后，梁老师让小朋友们小便后脱下外衣，到小床上午睡。孩子们很安静，大约过了半个小时后，所有孩子都进入了睡眠状态。突然，梁老师听到艳艳的床上传来一阵阵急促的咳嗽声。梁老师走到艳艳身边，想看看是怎么回事，只见艳艳满脸憋得通红，正用手指抠自己的嘴巴。

经验丰富的梁老师马上意识到孩子的嗓子里有东西。她立刻抱起孩子，用右手臂弯曲，夹紧艳艳的双腿，使其头部朝下；左手使劲挤压艳艳的胸部，挤压十几次后，一枚带血的小发卡从艳艳的嘴里掉出来。看到艳艳的呼吸恢复正常，梁老师终于松了一口气。

（河北省保定市青年路幼儿园　韩兴）

以上两个案例，一起是午睡时间发生的坠床事故；另一起是幼儿将异物吞进

气道。案例2-9中，幼儿刘某从高低床上跌落，造成右锁骨骨折及头部受伤，一方面与园所的设备有关；另一方面也与教师在幼儿午睡前的安全提示及幼儿午睡中的巡回指导有密切的关系，如果教师前期安全教育和后期安全防护做到位，也许刘某的坠床事件就不会发生。案例2-10中，艳艳将危险品——小发卡带入寝室，误将发卡吞入口中，事故的发生一方面与艳艳自身安全意识不强有关；另一方面也与教师在午睡前对幼儿午检不严有关。虽然梁老师以自身的经验避免了事件向更严重的方向发展，但事件本身仍为大家敲响了警钟。

午睡期间教师和保育员的安全职责和对幼儿的安全指导内容如下（参见表2-9）。

表2-9 幼儿午睡期间教师和保育员的安全职责

内容	教师安全职责	保育员安全职责	对幼儿的安全指导
午睡	一、睡前 1. 提醒幼儿午睡前小便。 2. 进寝室前，对幼儿进行午检，提示幼儿将口袋里的物品放在活动室。 3. 指导幼儿上床：轻轻走到自己床前，坐在床上，把鞋子脱下摆放整齐，拉开被子，摆好枕头。 二、睡中 1. 指导幼儿选择正确姿势躺好入睡，不蒙头睡，不趴着睡。随时观察幼儿的睡姿，及时纠正。关注幼儿的精神和情绪，防止发烧及其他病情发生。 2. 检查幼儿盖被情况，注意保暖，防止着凉。注意未入睡者能安静午休。 三、睡后 起床后，提醒幼儿自己穿衣、穿鞋，检查幼儿的穿衣情况（上衣衣领扣子、鞋带是否系好）。	一、睡前 配合教师帮助幼儿脱衣服，进行午检。 二、睡后 1. 把床叠好，及时检查幼儿被褥，如发现尿床幼儿和教师沟通并及时晾晒。 2. 帮助和指导幼儿穿好衣服鞋袜。 3. 打扫寝室卫生，注意做好寝室的消毒。	一、睡前 1. 教育幼儿不带物品上床。 2. 引导幼儿轻轻走进宿舍，脱下鞋子将其正确摆放于床下。摆好枕头，拉开被子，安静入睡。 二、睡中 1. 教育幼儿有正确的睡眠姿势，不趴着睡，不蒙头睡。 2. 提示幼儿小便时轻轻下床，不打扰别人。 三、睡后 提醒幼儿起床后自己穿衣、穿鞋，学习整理床铺。

除以上的内容和要求外，教师还要注意以下问题：

①午睡前，教师要提醒幼儿在睡前不要喝大量的水，以免加重肾脏的负担，影响睡眠；要排除寝室中存在的危险因素（幼儿携带的异物、灭蚊器的安全等）；要提前对寝室进行通风，并根据气候调整好幼儿的卧具（避免幼儿枕头正对风口，根据天气调整被子的厚薄等）。

②保育员要做好寝室的卫生清洁工作：保证幼儿一人一床一被，并保持被褥清洁、干燥，夏季凉席每天擦拭一次；每天对寝室进行清扫、每周一次大扫除；每周用消毒液抹拭幼儿床一次，进行必要的消毒处理。

③教师要提醒幼儿独立或在帮助下按顺序穿脱衣裤。脱：先脱鞋，再脱裤（冬季先解上衣纽扣），最后脱上衣，并放在固定的地方。穿：先穿上衣，再穿裤子，最后穿鞋子。学会穿鞋：分清左右脚，拉好鞋舌、脚伸进鞋、拉起后跟、系好鞋带或粘好鞋扣。在锻炼幼儿生活自理能力的同时，也培养幼儿对自己身体的保护能力。

④为了解全班幼儿的午睡状况，教师可以建立幼儿午睡情况档案，记录全班幼儿每天的午睡情况（参见表2-10），以便根据发现的问题采取相应的教育及纠正措施，提高全班幼儿午睡的质量。

表2-10 幼儿午睡情况记录表

班级：____ 记录人：____ ____年___月___日至____年___月___日

时间 午睡情况	星期一	星期二	星期三	星期四	星期五
没有午睡的幼儿（人数）					
睡姿不正确（人数）					
尿床（人数）					
发热（人数）					
值班老师建议					
存在问题					

五、开放自然的集体与区域

教育活动和区域活动包括集体、小组和个人等活动形式,是幼儿在园一日生活中非常重要的活动,是教师投入精力最多的环节,需要教师精心准备、组织和指导。这一环节组织得好,不仅能促进孩子养成良好的学习习惯,而且能全面提高孩子的社会交往能力、动手能力、阅读能力、运动能力等。

(一)教育活动

集体教育活动是由教师有计划、有目的地组织幼儿开展的有关主题或五大领域的集体教学活动。此环节虽然是在教师的精心准备下有序开展的,但如果稍有疏忽、组织不当或考虑不周全,就会引发各种安全事故。

【案例2-11】

在小班美术集体教育活动中,主班教师正在给幼儿介绍绘画材料和要求,突然发现涵涵总揉眼睛,过去一看,竟然发现她的右眼球上贴着一个亮闪闪的小花片。教师试着将亮片取出,可是失败了。情急之下,保育员迅速抱起孩子跑到医务室,保健医生试着用棉签将亮片取出来,可是几次都失败了,亮片吸在涵涵的眼球上根本不动。经过几位医生的努力,终于用夹子将亮片取了出来。事后了解到,原来涵涵听老师讲述觉得无聊,发现地上有个小亮片(其他幼儿鞋子上掉下来的)就捡起来玩,模仿妈妈戴起了"隐形眼镜"。

(河北省保定市青年路幼儿园 冯铁刚)

以上案例有惊无险,没有给幼儿造成很大的伤害,源于教师时刻关注幼儿、观察细致、反应迅速,及时发现了幼儿的异常并送往医务室,具有一定的安全事故处理能力。但也给教师敲响了警钟,小班幼儿年龄小、注意时间短、好奇心强、乐于尝试、善于模仿,但缺乏正确的判断能力,对很多潜在的危险不甚了解,这就需要主班教师根据孩子的年龄特点,设计适合小班幼儿的教育活动,讲述的时间不要太长,要用多种方式吸引孩子的注意力,提供丰富的操作材料,动静结合,让孩子积极主动地参与教师组织的活动,没有多余的精力去玩危险的游戏。保育员不仅要检查幼儿所处环境的安全性,及时排除安全隐患,而且要做好个别幼儿的指导工作,提醒其集中注意力。

除此以外,教育活动过程中班容量大、秩序混乱、活动组织不当、教学材料存在安全隐患、活动空间狭小、忽视活动结束后的组织管理,也容易引发各种安全事故。要特别注意活动材料、活动空间的安全性和活动组织的科学性。

为了避免发生安全事故,提供以下幼儿集体教育活动保教安全职责(参见表2-11)供大家参考借鉴。

表2-11 幼儿集体教育活动保教安全职责

内容	教师安全职责	保育员安全职责	对幼儿的安全指导
集体教育活动	1. 结合本班幼儿的兴趣和年龄特点,选择适当的教育活动方法和形式,提供丰富的活动材料吸引幼儿参与。 2. 尊重幼儿,坚持正面教育。 3. 调动幼儿学习的积极性,引导幼儿主动探索。培养幼儿在集体面前表达自己想法的愿望和能力。 4. 培养幼儿良好的学习习惯,为幼儿创造展示自己的机会。 5. 正确评价幼儿,鼓励幼儿的不同见解,注意保存幼儿的作品和教具、学具。 6. 根据幼儿活动的需要,创设相应的教育环境,使之能调动幼儿的积极性、主动性、参与性,并使幼儿获得相关经验。	1. 配合主班教师做好教育活动准备工作。 2. 配合主班教师组织教学。 3. 及时给予幼儿必要的卫生护理。 4. 做好对个别幼儿的指导工作,提醒幼儿集中注意力。 5. 在活动中观察幼儿的兴趣和需要,适时给予必要的帮助,避免盲目代替。 6. 处理好突发事件。 7. 活动后协助主班教师整理教具、学具和材料。	1. 引导幼儿轻松愉快地投入活动。 2. 提醒幼儿用正确的坐姿和握笔姿势。 3. 让幼儿敢于当众表达;有良好的倾听习惯;能认真思考、积极回答问题。说话唱歌不大声喊叫。 4. 提醒幼儿完成作业时不干扰别人;有序取放学具。

(二)区域活动

区域活动是幼儿在园自主学习和游戏的时间,有着相对开放、宽松、自由的环境和氛围,教师的干预和介入较少,孩子们自由结伴游戏,容易兴奋过度或发生冲突与矛盾,加之各区域往往不设置在一个空间内,活动室、寝室、阳台、楼道等都会分别设置不同的区域,教师在指导时难以及时、全面地照顾到所有区域,从而可能引发各种安全事故。

【案例2-12】

在建构区,几个孩子在用积木搭建美丽的城市,在搭到立交桥时,图图在立交桥下面摆上了墩子做支撑,可是洋洋觉得他摆的墩子和立交桥之间有空隙,不合适,就把墩子撤走了。图图以为洋洋破坏他的立交桥,很生气,拿着手里的积木就向洋洋头部砸了过去,洋洋"哇"的一声哭了,正在美工区指导的教师听到哭声赶紧跑了过来,洋洋头上已经起了好大一个包。

(河北省保定市青年路幼儿园 冯铁刚)

以上案例中,两个孩子因为搭建的观念不一致,同时又缺乏交流沟通而引发了安全事故。在幼儿园,类似的因为游戏冲突引起的抓伤、咬伤、打伤情况时有发生,尤其是在区域活动时间,教师不能及时发现并介入指导解决,孩子自己又不具备解决问题的能力,一旦发生不愉快就很容易引发安全事故。

除此以外,还有以下几方面安全隐患:

①幼儿注意力集中的时间短,在某个区域游戏一会儿后,会更换区域或其他游戏材料,在着急时极容易发生绊倒、摔伤或磕伤等事故。

②区域材料一般比较丰富,孩子们非常喜欢,尤其是小珠子、小亮钻等,孩子在玩的过程中会不自觉地把这些小部件放入口、耳、鼻中等,引发危险。还有剪刀、牙签、竹签、针、铅笔等尖锐物品,在使用过程中如使用不当、拿取时跌倒或与同伴嬉戏打闹,极易发生划伤或扎伤事故。

在区域活动时间,为了避免发生安全事故,教师应从以下几方面入手,消除潜在的安全隐患,防范意外事故发生。

(1)区域设置要合理

①在设计布置活动区时,要考虑每个区域的人数和区域的大小,防止过度拥挤。

②每个区域的进出口以及通往卫生间或活动室的通道要通畅,不在过窄的地方放置容易磕绊的物品,保证孩子在进出区域或往返于各区域时能顺利通过,尽量避免碰撞、拥挤、干扰。

③区域设置要尽量动静分离,既可以避免干扰引发矛盾冲突,又方便教师对容易发生安全问题的区域多加关注。

(2)区域材料投放要安全

①要保证区域内投放的材料安全、卫生、无毒、无害,尤其是搜集的废旧材料,在投放使用之前一定要做好清洁消毒工作。生活区的材料、所有的工具都应该符合食用级安全标准,食材及配料都要从正规渠道采购,不使用来路不明的物品,还要保证食材新鲜,在保质期内使用。

②区域材料的投放要符合孩子的发展水平。如小班孩子手眼协调能力差,自我保护能力弱,容易摔跤,美工区要给孩子提供圆头的安全剪刀,不要投放尖锐的物品或过于细小的珠子、亮片等;大班孩子有了一定的动手能力和自我保护能力,双手的协调能力和配合能力也增强了,可以投放针线、牙签、刻刀、削笔器等更丰富的工具,但要将正确的使用方法和注意事项教给孩子。

(3)区域规则要明确

①教师要和孩子一起讨论制定班级区域规则,帮助幼儿养成良好的规则意识,保证区域游戏安全有序地开展。如可以设立进区卡或以小脚印的形式来控制每个区域的人数;规定在一定的时间内只能玩1～2个区域,不允许频繁更换区域,在区域中不打闹、不争抢、要谦让等。

②规则需要大家共同遵守。要培养孩子的安全规则意识,对于遵守规则的孩子要给予表扬和奖励,对于违反规则的孩子要进行批评教育,帮助其改正。

(4)教师指导要到位

①在区域活动之前,要对孩子提出明确的要求,提醒其注意事项,对

孩子进行安全教育。尤其在投放一些新材料时，要将潜在的危险、正确的玩法、每次可供几个孩子玩告知孩子，避免孩子对新材料过度热情而发生拥挤导致危险等。

②教师要做好分工，保证每个区域都在教师的视线范围内。教师不能因为孩子在自由游戏就放松警惕，因为孩子在游戏过程中很容易出现事故。教师要不断地巡回指导，时刻观察幼儿的行为，尤其关注某些活跃的幼儿或容易出现安全问题的幼儿，发现问题纠纷要及时解决。

③区域活动结束后教师要对幼儿的活动情况做出总结性评价。首先要检查幼儿的收整情况，不仅要检查玩具材料是否收整归位，而且要检查某些危险材料是否有短缺，并查找其去向。此外，要用简短的语言对区域活动中好的行为和表现好的幼儿提出表扬，明确指出有安全隐患或有待改进的部分，提醒幼儿注意，以免发生事故。

六、形式多样的过渡环节

通过对前面章节的介绍，我们知道，幼儿园的一日活动不仅包括集体教育活动、区域活动这样的教学活动，还包括入园、离园、盥洗、如厕、进餐、午睡等很多生活环节。而连贯这些生活环节，保证其顺畅开展的时间，我们称为过渡环节。

过渡环节是在幼儿园一日活动中介于有明确目标和内容的活动组织形式之间、用于转换的环节。幼儿在园一日生活中过渡环节主要有以下几种：早餐结束后至学习活动开始前、学习活动结束后至户外活动前、户外活动结束后至午餐前、午餐结束后至午睡前、起床后至有组织的活动前等。过渡环节的有序组织，不仅有助于幼儿更好地投入下一个活动中，还可以让幼儿理解各个环节的顺序、组成以及每个环节的意义。

然而在工作实践中，不难发现很多教师在过渡环节往往表现得经验不足或缺乏指导，从而造成活动设计不合理、让幼儿消极等待等问题，继而导致幼儿自行玩闹、无目的玩耍、无所事事等，有的甚至演变为幼儿之间打架，因幼儿使用玩具不当等导致伤害事故的发生。

【案例 2-13】

午餐结束后,按照幼儿园的作息规定,杨老师应该带领幼儿去户外散步。可是这几天外面的空气质量很差,杨老师取消了到户外散步的想法,请幼儿吃完饭后坐在小椅子上安静地休息一会儿,而她则忙着到盥洗室清洗碗筷。

刚开始的时候,孩子们还都按照要求坐在小椅子上。可是过了一会儿,淘淘先离开了小椅子,沿着活动室跑起来。其他小朋友看到,也有几个跟着跑起来。没想到跑在最前面的淘淘一不小心摔倒了,后面的孩子来不及停脚,一个个被淘淘绊倒,压在他身上。淘淘大哭起来,杨老师赶紧跑进活动室把孩子们扶起。淘淘说:"我的胳膊疼。"杨老师带他去园内医务室,保健医生初步诊断淘淘右臂骨折。

(河北省保定市青年路幼儿园　王丽红)

本案例中,由于天气原因,杨老师取消了户外散步的安排,这种想法基于对幼儿身体健康的保护,是正确的;但是,在取消散步活动后,杨老师一是没有想出积极的策略应对;二是离开幼儿,让其午饭后的过渡环节处于无人监管状态,这是事故发生的主要原因。幼儿教师应该重视过渡环节,让幼儿在园一日活动过渡的各环节构成和串联更加丰富和完整,使幼儿在感兴趣的基础上乐于参与,才能安心游戏。

(一)过渡环节的技能策略

一般情况下,教师在幼儿园的过渡环节可采用三种技能:一是活动式过渡,指以喝水、洗手、如厕等短暂生活活动或小型游戏、娱乐、操作活动等衔接前后两个生活环节,实现活动过渡的方式。二是信号式过渡,指教师利用音乐、琴声、铃声、动作、手势等作为信号吸引幼儿注意,将幼儿的兴趣自然转向下一个活动,实现活动过渡的方式。三是线索式过渡,指教师巧妙通过对前面活动的总结而引出后面的活动,使知识学习和技能练习成为连接活动的线索和手段，顺利实现活动过渡的方式。

以上三种技能各有不同的特点，也适用于不同的活动环节。如：在区角活动、自由活动、户外活动与室内集体活动之间的过渡中，因存在人员数量的变化和等待的问题，用各种短暂、有趣的活动来过渡最为合适；而在由动到静、由静到动的活动过渡中，因需要幼儿转换情绪和心理状态，信号过渡不失为最佳选择，已形成条件反射的信号会使幼儿立即兴奋或迅速安静；对于知识联系较紧密或前后两环节存在知识、技能迁移的，更适合用线索式过渡，这有利于帮助幼儿整合知识和技能，学会迁移，学以致用，并促进保教结合。

（二）过渡环节的优化组织

《幼儿园教育指导纲要》指出，幼儿园要"科学合理地安排和组织一日生活"，要"尽量减少不必要的集体行动和过渡环节，减少和消除消极等待现象"。由此可以看出，当前已经对幼儿园过渡环节的组织提出了明确的要求，要求过渡环节的组织应该是科学的、合理的，另外应该是有趣的和有价值的，应该能够贯彻"生活即课程"的教育理念。幼儿教师应该从班级幼儿的年龄特点入手，选择那些好玩的、适合幼儿的过渡游戏，使幼儿在过渡环节也能体验快乐、趣味学习。

1. 来园活动

在幼儿来园这段时间，条件好的城市幼儿园会组织幼儿自由进区活动，以避免消极等待；而条件有限的乡镇或农村幼儿园幼儿人数多、活动室空间小，不适于开展很多人的区域活动，幼儿来园后大多坐在自己的小椅子上等待，这时候，教师可以采用不同的方式引导幼儿参与，提升他们的来园兴趣。

【案例2-14】

莉莉老师年轻而有活力，每天来园时，她都站在班级门口用不同的方式迎接幼儿的到来。今天，她采用了唱歌的方式。每当有小朋友来园，莉莉老师都微笑地看着这位小朋友，然后借用《新年好》的歌曲旋律，演唱"早上好呀，早上好呀，××小朋友早上好"。这样的方法不仅让家长和幼儿感受到了教师的热情,还感染了幼儿,让其愉快地开始一天的在园生活。

(河北省保定市青年路幼儿园　郑红玲)

案例中的莉莉老师改变了传统工作中用语言向幼儿问好的方式,采用唱歌的方法激发了幼儿的兴趣,使他们体验到新鲜感,这种做法值得借鉴。

另外,在来园活动中,除了晨间问候可以采用唱歌的方式以外,当所有幼儿都来到幼儿园后,教师还可以开展一些好玩的游戏来营造良好的班级氛围。如应答游戏——教师与幼儿一起围坐成一个圈,教师提问,幼儿回答;谈话游戏——教师随机寻找一个幼儿都感兴趣的话题,引导幼儿自由发表看法,达成对这一话题的统一认识。

2. 点心时间

幼儿园一日活动中通常会有三个和食物有关的环节:早点时间、午餐时间和下午点心时间。在这些环节的过渡中,教师可以开展与食物相关的活动,以唱歌、互动、解决问题等不同的形式,让幼儿了解与食物相关的知识。

【案例 2-15】

今天的午点是麦麸饼干。因为有些幼儿还没有起床。肖老师将饼干放在固定的点心盘里,引导已经起床的幼儿观察,请他们说说饼干是什么形状的、什么颜色的,想一想它们吃到嘴里会是什么味道等。

因为今天吃到的饼干和平时有很大的不同,孩子们都积极参与,认真回答。最后,肖老师为大家介绍:"今天小朋友们吃的午点叫作麦麸饼干,它是用全麦粉制作的,里面还有小麦的表皮麦麸,不但吃起来香香的,还比纯小麦制作的饼干营养更丰富。"

(河北省保定市青年路幼儿园　徐顺心)

本案例中,在午点这一时间,肖老师用观察、谈话的方法引导幼儿讨论。这样的活动,一方面避免了已经起床的幼儿消极等待其他幼儿;另一方面,也利用麦麸饼干这一现有的素材,让幼儿思考食物的形状、颜色、构成、营养等知识，丰富了幼儿的体验，增强了他们对食品的了解。

3. 户外活动

户外活动包括幼儿外出运动、休息和远足等。教师需要通过活动使幼儿对离开教室做好准备，而在移动的过程中能够保持安静和安全。

需要注意的是，在这一环节中，很多幼儿会因为争抢当排头的问题而发生事故。教师最好能够采取措施，保证每一次都是不同的幼儿走在队伍的最前端。

【案例 2-16】

集体教育活动结束后，薇薇老师要带幼儿到操场上玩"切西瓜"的游戏，她提醒幼儿换好户外的运动鞋，在活动室门口按男孩、女孩站好队。

孩子们听了薇薇老师的话，都一窝蜂地朝活动室门口跑去。其中男孩子潇潇和跳跳跑得最快，因为他们都想站在队伍的排头。薇薇老师看到这种情况，对幼儿提出排队的要求：今天，男孩、女孩都按照从高到低的顺序排队。潇潇和跳跳的个头在全班幼儿中属于中等，听了老师的要求，都乖乖地站到队伍中间去了。

（河北省保定市青年路幼儿园 童瑶）

案例中的潇潇和跳跳都是比较好胜的孩子，他们觉得在队伍中站到排头的位置，不仅能在队伍行进中近距离接触到老师，而且可以引领着其他幼儿前进，是一件很光荣的事情，所以每次站队时都会因为争抢第一而发生矛盾。教师可以使用不同的方法来进行调整，如根据幼儿姓名的第一个字母、衣服的颜色、出生月份等，让每个孩子都有当排头的机会。

4. 离园活动

快乐的、成功的离园有助于幼儿对幼儿园和教师产生依恋的感情，并乐意第二天或下周继续回到幼儿园。

因为本环节中家长马上就要接幼儿离园，故很多孩子会表现出兴奋的状态，如教师组织不好，就容易引发意外事故。

【案例 2-17】

吃过晚饭，赵老师请幼儿把小椅子摆在活动室地面的控制线上，围成圆圈。赵老师要带领小朋友们做一个好玩的游戏，名字叫作"形容词游戏"。赵老师向幼儿介绍游戏规则，要求他们用一个形容词来形容自己的"今天"。小敏说："我过了一个快乐的今天。"刚刚说："我的今天是彩色的。"……孩子们绞尽脑汁，想出了各种各样的形容词。赵老师对每个小朋友都进行了表扬和肯定，并让他们用自己的身体动作来演示所使用的形容词，孩子们都很高兴。

家长已经来到班级门口了，可是很多孩子还是不愿意离开，他们还想继续游戏。

（河北省保定市青年路幼儿园　徐顺心）

案例中，富有经验的赵老师利用离园前的等待时间，带领幼儿玩语言游戏，不仅锻炼了孩子们的口语表达能力、丰富了他们的词汇量，更让无聊的等待环节变得生动、有趣起来。

在离园环节，除了语言游戏，教师还可以组织其他类型的游戏，如字母游戏"请姓名的第一个字母是 A 的站到圈里来"；集合游戏"请喜欢小猫的坐在椅子上，不喜欢小猫的站起来；请喜欢红色的站在圈里，不喜欢红色的坐在椅子上等"。另外，教师还可以组织"谈话活动"，引导幼儿回顾在园的一日生活，回忆当天获得的经验或学习的知识，以增强他们对幼儿园的情感，促进他们的语言发展。

当然，笔者所提供的这些方法只是其中的一小部分。在日常工作中，幼儿教师仍需要根据自己班级幼儿的特点和情况，设计更好玩的游戏，将过渡环节中的消极等待行为转变为积极行为，只有这样才能让"生活即课程"变成现实。

第二节　室外活动的安全管理

近些年，关于幼儿在园或在公共场所发生意外伤害事故的报道很多，不少教育机构为了减少事故的发生几率，不得不减少幼儿的户外活动时间，禁止举行大型活动。对幼儿采取"圈养"的方式不仅束缚了孩子们的身心，剥夺了他们锻炼身体、接触社会的机会，更违背了《纲要》提出的"促进幼儿全面发展"的教育理念，是"因噎废食"。其实，只要教育工作者对幼儿的安全高度重视，认真执行完备的安全管理条例，绝大多数事故都是可以避免的。

一、户外活动的安全管理

《指南》中明确指出"幼儿每天的户外活动时间一般不少于 2 小时，其中体育活动不少于 1 小时"。然而，由于幼儿的大肌肉动作和身体素质均处于发展的过程中，所以幼儿的动作能力还较差，动作不够灵活、协调，加上有些器械又较高或有一定的危险性，户外游戏中总是存在着各种安全隐患，导致安全事故频发，因此对幼儿开展户外活动的安全教育显得尤其重要。

一般情况下，幼儿在户外活动中容易发生的安全事故包括以下几个方面：一是由于环境、设施设备不合理或老化而引发的幼儿伤害事故；二是由于教师引导、保护不当而引发的幼儿运动伤害事故；三是由于幼儿自我保护意识不强，进行错误操作而引发的伤害事故。

为避免以上情形，教师应在活动前的检查、活动过程中的监护、活动后的总结三个方面做好工作，以保证幼儿户外活动是安全的、快乐的。

（一）活动前检查

在开展户外活动前，教师需要对活动场地、活动设备以及幼儿的衣物进行检查，以消除安全隐患。

【案例 2-18】

2013 年 9 月 11 日，河南太康县一所幼儿园发生一起悲剧。3 岁的男童浩浩（化名）滑滑梯时突然晕倒，送到医院后抢救无效死亡，而元凶就是他身穿的一件带后帽兜的秋衣。在浩浩向下滑滑梯时，衣服"风帽"上的绳子扭结在一起勒住了脖子，导致食道内的东西反流到气管里，孩子被呛死了。

（案例来源于新浪网新闻中心，news.sina.com.cn，题目为"3 岁男童幼儿园玩滑梯时被帽带勒住窒息死亡"）

【案例 2-19】

一个 3 岁的女孩在幼儿园的活动场内不小心摔倒，胳膊划在地上的玻璃碎片上，破了近 10 厘米长的一个大口子，到医院缝了 40 多针，缝合了三层。后来孩子的胳膊虽然痊愈，但留下了很大一条伤疤。

（案例改编自中安在线网，law.anhuinews.com，题目为"咨询幼儿园孩子在园内受到意外伤害的赔偿问题"）

【案例 2-20】

2016 年 6 月，某园户外活动时，一个孩子穿着短裤坐在园内木质长廊的椅子上"骑大马"，他的双腿来回蹭椅子，结果椅子上的一根木刺扎入孩子大腿内侧。

（河北省保定市青年路幼儿园　刘凡）

以上三个案例中引发意外伤害的原因不同，但其中一个重要的原因就是教师活动前的检查工作不到位,如果教师能够再细心一些、专业一些,也许这样的事故就能避免。

一般情况下,户外活动前的检查包括以下几个方面:

(1)场地的检查

教师需要对幼儿即将活动的场地进行细致的检查,一方面要检查地面,确认没有突出或损坏的地方;另一方面要检查地面上的物品,将碎石子、玻璃渣、小树枝等清除干净,以免威胁幼儿的安全;另外,如果活动场地附近有施工,教师可以设置警示牌,提醒幼儿远离工地,以保证幼儿安全。

(2)器械的检查

如果有让幼儿玩体育器械的安排,那么教师要提前对相关的设备进行检查,重点要看看螺丝是否松动、部件是否损坏、有无会擦伤孩子皮肤的掉漆、有无会戳痛孩子的尖角等;同时,如果有条件,应在幼儿活动的器械下方或周围铺上塑胶垫,防止孩子摔伤;如果园所条件有限,也可以铺设一层沙土,以起到缓冲的作用。

(3)衣帽的检查

对幼儿衣帽的检查是教师在组织户外活动前必须要做的工作。其主要内容包括三项:一是检查幼儿的衣着,不要让孩子穿过大、过长的衣服,也不要穿带绳子的衣服,如没有办法更换,要把绳子去掉,或绕好打结,不能让绳子长长地垂着;二是检查孩子的鞋子,一方面最好穿运动鞋,鞋子不要太大,另一方面,鞋绳要系好、穿好;三是检查孩子的口袋,看其是否携带了不安全物品,如小刀、玻璃等,以保证幼儿的生命安全。

(二)活动过程中监护

虽然安全问题是幼儿园老生常谈的一个话题,但在工作中,我们还是看到有些教师还不能时时具有安全意识。在户外活动中,很多事故的发生也是由于教师的监护不力,既没有预见和主动防范,在事故发生时也没有及时采取救护措施。

【案例 2-21】

萌萌和丽丽是某幼儿园中班的小朋友。一天下午，李老师带领幼儿到园内大型玩具处玩滑梯。李老师布置完游戏内容后，就站到一边与班级另一位老师讨论第二天家长开放日的安排去了。游戏时间过半，轮到丽丽滑滑梯了，胆小的她站在滑梯上犹豫不决，站在其身后的萌萌很着急，就用手将还没有准备好的丽丽从滑梯上推了下来，造成丽丽摔落，左股骨中段发生斜形闭合性骨折。

（河北省保定市青年路幼儿园　肖艳）

本案例中，虽然丽丽的受伤是由于萌萌的错误行为造成的，但是教师的监管不力也是造成事故的重要原因。生活中，我们经常会看到有些园所的教师在组织幼儿户外活动时，不是找一个地方坐下，就是聊天、休息。这不仅是教师安全防范意识薄弱的体现，同时也是教师缺乏责任心和爱心的体现，不符合幼儿教师的职业道德规范。

幼儿教师在组织户外活动的过程中，不管自身有多累，也应该严格按照户外活动组织流程操作，在活动过程中视线不离开幼儿，确保掌控每一个幼儿的动态，这样才能在第一时间对他们有可能出现的危险动作及时制止和进行教育。

1. 热身到位，远离伤害

热身运动又称准备运动，指在身体活动之前，以较轻的活动量先行活动肢体，为随后更为强烈的身体活动做准备，目的在于提高随后体育运动的效率及激烈运动的安全性，同时满足人体在生理和心理上的需要。热身运动在户外活动中的作用很重要。

可是在生活中，我们发现很多教师忽视或忽略了热身运动，或者不知道该如何引领幼儿开展热身运动，从而造成幼儿在体育游戏的大运动中因身体灵活性不足、各个关节准备不足而出现摔倒、肌肉拉伤、脚踝扭伤等情况。

针对幼儿的生理特点和心理特点，我们应该将趣味性与安全性融入热身运动中，一方面帮助幼儿培养科学的体育运动兴趣；另一方面，通过热身运动，减少幼儿身体受伤。

（1）要根据活动内容选择适合地点

户外活动前，教师首先要详细了解当天开展的运动，并根据内容选择适宜的活动地点。如开展体育游戏"小兔采蘑菇"时，"兔妈妈"可以带着"小兔子"到松软、开阔的草地上做热身游戏；开展体育比赛"小小篮球赛"时，教师可以带孩子们到塑胶场地做热身运动等。这样的方式能够帮助幼儿放松肌肉，增强关节的灵活性，避免在运动中扭伤。

（2）要根据季节特点确定热身时间

不同季节、不同气候时的热身运动时间应该是不一致的，教师应注意适时、适量。一般情况下，幼儿热身运动时间为大班5～6分钟、中班4～5分钟、小班3～4分钟。但是在炎热的夏天，幼儿容易流汗、疲劳，教师应适时缩短热身运动时间；在寒冷的冬天，比较不容易让身体热起来，可适当延长活动时间。

（3）要关注动作练习的循序渐进

热身运动的动作不同，各有其主要活动的肌群和关节，教师在编排时应尽量按照由慢到快、由上到下、由整体到局部、由弱到强的顺序设计，这样更有利于幼儿的身体做好运动的准备。如"小小篮球赛"是一个活动量较大、有肢体摩擦，容易造成运动损伤的体育比赛，在热身运动时，教师可按照头、肩、手臂、手腕、腰、下蹲、抬腿、跳跃、踏步的顺序来编排，由慢到快，由集中到分散，让幼儿充分活动身体，避免运动损伤。

2. 规则明确，防患未然

俗话说"没有规矩，不成方圆"，幼儿园里的"规矩"也可称为"规则"，对幼儿规则意识的培养是其学习为人处世、立足社会的基石，同时也是促使其获得幸福人生的关键因素。

在户外活动中，教师通过不同的方式让幼儿了解各种游戏及体育器械的玩法并遵守不同游戏的规则，对保护幼儿自己和同伴的游戏安全极为重要。

（1）要求提在活动前，使幼儿有章可循

《指南》指出，要"结合社会生活实际，帮助幼儿了解基本行为规则或其他游戏规则，体会规则的重要性，学习自觉遵守规则"。教师在每次户外活动前或开始游戏前，应先向幼儿解说本次活动的目的和要求，让幼儿了解活动中必须遵守的规则以及违反规则的后果。以这样的方式提醒幼儿，哪些事情可以做、哪些事情不能做。

某园幼儿户外活动中有关大型器械和体育器材的安全要求如下（参见表2–12），供大家参考。

表 2–12　某幼儿园对大型器械和体育器材的安全要求

游戏内容	正确玩法	安全要求
秋千	双手握绳，坐着或站着摇荡	1. 姿势正确、稳定摇荡，不玩时使秋千保持静止不动。 2. 玩耍的幼儿要与其他幼儿保持一定距离。 3. 秋千摇摆时不能从上往下跳。
滑梯	脚朝下坐着或躺着往下滑	1. 玩滑梯时不能携带任何物品；不能推挤；与前面的幼儿保持安全距离。 2. 滑下后要立即站起。 3. 不从下往上爬滑梯。
跷跷板	两腿分开坐在上面升高或降低	1. 禁止站在跷跷板上。 2. 两人坐好后才能开始玩，两手要紧握扶手；一个位置只能坐一个人，不能坐在跷跷板中间。 3. 接近地面时，手和脚不能放在板下面；不要让跷跷板撞击地面。 4. 不玩的人下来时要告知同伴。 5. 其他幼儿要与跷跷板保持安全距离。
攀登架	手脚并用攀爬	1. 手上不拿物品，两手交替攀爬。 2. 不能在攀登架上推挤，活动不能影响到其他人。
沙坑	自由构造	1. 不能扬起沙土，不能把沙子丢向同伴。 2. 不能将碎玻璃、小树枝等放入沙土中。 3. 玩耍时要与同伴共同协商，不能用脏手揉眼睛。 4. 活动结束后要收整场地，并把身上的沙土清理干净。
球	滚动、抛接、拍、投掷等	1. 禁止用球打人。 2. 如球掉落园外，请成人去取回。

续表

游戏内容	正确玩法	安全要求
跳绳	双手各握一头，双臂一起摆动，双脚跳过绳子	1. 不用绳子来回甩。 2. 不用绳子缠绕同伴。 3. 不拖着绳子跑。

（2）将引导融入活动中，促使幼儿严格遵守

户外游戏是幼儿最喜欢的活动之一，游戏开始后，幼儿往往会忽略之前强调的游戏规则，这时候，如果教师强行中止游戏，势必会影响游戏的质量和幼儿参与游戏的兴趣。幼儿教师可以巧妙运用游戏情境，采取不同的引导策略，使游戏自然停止，然后再提出相关的要求，这样做会激发幼儿参与游戏的积极性。比如，在组织大班体育活动"我开汽车去郊游"时，在开始部分，教师设计了一个"考驾照"的游戏，大班的幼儿对于驾驶执照这种社会产物的作用了解得非常清楚，也希望能够通过自己的努力得到游戏许可证——"驾驶执照"。遵守"交通规则"成为他们自觉的行为，小小的一张"驾驶执照"不仅免去了教师许多不必要的口舌，更让幼儿能够从始至终遵守游戏的规则，保证了活动的安全，并培养了孩子的自制能力和社会性意识。

（三）活动后总结

户外活动结束后，教师要根据幼儿的游戏情况进行相应的总结，其内容主要包括：今天我们开展了什么游戏、幼儿在游戏中表现如何、哪些幼儿有了进步，等等。教师可以根据实际情况，对幼儿遵守游戏规则和安全意识方面进行简单评价，如哪些小朋友遵守游戏规则、哪些小朋友懂得以什么样的方法来保护自己和同伴等。这样的谈话不仅能够提升幼儿遵守游戏规则的意识，同时，也帮助幼儿总结出了自我保护的方法，久而久之形成了习惯，幼儿自然而然就会从被动遵守变成主动遵循了。

总之，户外活动是增强幼儿体质、促进其身体健康的主要活动环节；同时，也是幼儿在园安全问题最突出的活动环节。我们不能因噎废食，更

不能听之任之,只有大家都以严谨、踏实、不厌其烦的教育态度,注重从细节入手,面向幼儿开展安全教育,培养幼儿的安全意识,才能让保护幼儿安全不变成一句空话。

二、大型活动的安全管理

幼儿园大型活动是指有目的、有计划、非个别班级师生参与的,具有一定规模的教育活动,它能够有效利用和整合园内外的教育资源,开阔幼儿眼界,丰富他们的认知,并锻炼幼儿不同能力的发展,是幼儿园教育课程中不可或缺的重要组成部分。

但是,幼儿阶段的孩子年龄小,安全意识薄弱,对安全隐患的预见性、判断能力和防范能力都很欠缺;另外,他们又活泼好动,尤其是到了一个新的环境和场所,往往由于兴奋而自控力变弱,容易导致事故的发生。

【案例 2-22】

2015 年 9 月 30 日,按照学期安排,某园在园内组织全园幼儿开展"为祖国妈妈过生日"大型活动。所有幼儿都在操场上集合,观看小朋友表演的节目。中班的尧尧小朋友说要小便,老师就让他自己回班上厕所。尧尧急匆匆跑回班级,在厕所里不小心摔倒,额头磕碰到便池角,去医院就医,缝了 5 针。

(河北省保定市青年路幼儿园 任海霞)

【案例 2-23】

2014 年春,某园带领幼儿到植物园春游。教师带领幼儿排好队,按秩序观察路边的嫩叶和花朵,寻找春天里的昆虫。小小一直盯着路边的迎春花看,没有注意脚下,被路沿绊倒,擦伤了手心。

(河北省保定市青年路幼儿园 任海霞)

以上两个案例,其中一个发生在园内组织大型活动时,另一个发生在园外组织的游园活动中。虽然导致事故的原因不同,但是可以看出,教师在其中都负有不可推卸的责任,需要引起幼儿园的高度重视。

据有关部门统计,在园内大型活动中最易发生的是踩踏事故,其次是跌伤和幼儿走失事故;园外大型活动中最易发生的是幼儿走失,其次是途中交通事故。这些都是由于前期筹备工作不完善、中期指导不到位、后勤检查不得力造成的,幼儿园管理者、参与活动的教师与工作人员要高度重视,并认真履行职责,才能做到有效避免。

大家可以从以下几个方面入手,做好大型活动中必要也是必须的一系列工作。

(一)活动前周密计划,防微杜渐

由于大型集体活动的特殊性,目前很多幼儿园的上级行政部门都会要求其所管辖的园所,当需要组织大型集体活动时,必须将活动的实施方案及安全注意内容上报、审批。幼儿园管理者必须遵循《大型活动审批制度》,依照有关规定拟定活动方案,向上级教育行政部门提交活动方案。待主管部门批准后,幼儿园应组织园内相关部门召开大型活动策划会,互相沟通,并制订详细的活动方案、安全应急预案,明确活动中各个部门及成员的工作内容和职责,并要求其履行相应的安全保护义务(参见表2-13)。

表2-13 某幼儿园大型活动安全预案

为确保幼儿在大型活动中的安全,有效防范安全事故的发生,及时消除各类事故隐患,提高教师防范意识和事故发生时的应急处理能力,保证在第一时间投入抢险救助工作,特制定本预案。 **一、指导思想** 认真贯彻"安全第一,预防为主"的方针,进一步提高对幼儿园大型活动安全工作的认识,克服麻痹松懈的思想,居安思危,把安全工作措施落实到人,重点部位落实到人,督促检查落实到人,确保师幼在大型活动中的人身安全。 **二、大型活动领导小组** 组长:××× 职责:全面负责幼儿园大型活动安全工作,幼儿园安全第一责任人。

续表

组员：×××

职责：与医院、家长联络，向上级主管部门及有关协同处理事故部门报告情况。负责现场抢救工作，最大限度地减少人员伤亡及财产损失。负责受伤人员的救护工作，现场临时抢救，护理伤员等。保护现场，维持现场秩序，疏导人员车辆等。稳定家属情绪，保障正常秩序及双方当事人的合法权益。负责后勤应急物品供应，确保抢救工作顺利进行。

三、建立申请报批制度

为了对师幼安全负责，确保我园大型活动顺利进行，根据上级主管部门的指示精神，建立严格的报批制度并签订安全责任书。

四、活动前期准备工作

组织幼儿参加大型活动，先经园领导集体研究，做出周密计划，严格组织；负责人或教师带队，活动前要向幼儿讲清要求和注意事项，教育幼儿遵守纪律，听从指挥。如果是园外活动，外出前，幼儿园应先派人员对场地、设备等进行安全排查与部署，加强活动场所、安全通道、照明设施的检查，并配备保健医生、足够的药品和简单的抢救物品。

对外出活动路线、车辆安全状况、活动地点周边安全状况等进行实地考察，针对可能发生的安全事故做出详细的部署，并将安全工作责任落实到参与外出的每个领导和教师身上，执行大型活动安全预案制度。同时，出发前要对幼儿进行简单的身体检查，并将本次活动的目的、意义、活动路线、出发及返回时间通知幼儿家长。

五、现场救助

一旦发生紧急情况，由在场领导担任现场指挥，并根据事故性质、危害程度成立相应工作小组：联络组、报告组、抢险组、抢救伤员组，使救助工作有序进行，将事故损失降到最低。

六、事故调查

安全事故发生后，应根据国家有关规定，配合上级监督管理部门协助调查。幼儿园要做好现场保护工作，查清原因，追究责任，吸取教训，制定进一步的防范措施，任何人不得违反规定，阻碍事故调查。

七、防范监控

为了预防重、特大安全事故的发生，幼儿园要制定相应的大型活动安全保障措施，加强对重、特大安全事故隐患的排查。对一时难以整改的事故隐患建立档案，逐级上报并制订防范方案，确保重、特大安全事故隐患得到及时消除和有效的监控，从而杜绝重、特大安全事故的发生。

1. 园外大型活动的安全准备

计划制订完善后，对于园外组织的大型活动要做到以下几点：

①幼儿园提前一周派专人（包括教学管理人员和安全管理人员）到相应的活动场所实地考察，一方面，了解活动场所的设施设备和布局；另一方面，找出可能存在的安全隐患并尽可能排除和标记。

②如活动场所距离幼儿园路途较远，需要接送车辆，幼儿园应提前与本地具有相关资质的车辆出租公司或旅游公司联系，要求租赁单位选派能自觉遵守交通法规、驾驶经验丰富、技术熟练的驾驶员和车容、车况、安全性能好的车辆作为接送车，并由园所中相关专业的技术人员亲自对车辆的状况进行检查，以确保交通过程中的安全。

③园所相关人员要做好充分的物质准备及心理准备，比如，教师要提前准备好应急用的医药箱、水、纸等物品，以备不时之需；要提前向幼儿讲明活动要求、需要注意的安全问题以及面临危险时该如何求助等相关知识，如在出行途中要排好队列、不得拥挤；遵守乘车秩序和交通规则，遵守活动场所的规章制度；听从管理人员和教师的指挥，不得打闹、推搡，不得脱离团队自行活动；自己或同伴发生紧急情况时要立即向教师报告等。通过安全教育，增强幼儿的自我保护意识，提高其自我保护能力。

2. 园内大型活动的安全准备

①幼儿园管理者和安全人员同样要考察场地，并对参与活动的各种活动器械、设备设施进行详细检查，排除有可能存在的安全隐患。

②园所可以将活动场地进行区域划分，制作会场平面图，并在活动前的沟通协调会中，公示各个部门和人员负责的相关区域，明确其安全职责，并进行桌面应急演练，以避免拥挤、踩踏事故的发生。

③在班级中，可以对每个教师的责任进行明确分工，如每个教师看护好哪几名幼儿、哪些幼儿需要重点注意等，以确保每个孩子都能在教师的视线内，做到无盲区。

需要提醒的是，在以上两个不同场所的大型活动中，教师必须提前向幼儿和家长发放通知，向其说明活动的目的和具体时间，并提醒幼儿自愿参加活动，不强制、不代替。在征得家长的同意后，请其签字（尤其是没有家长陪同的大型户外活动）并帮助孩子做好活动前的准备工作。

（二）活动中随时检查，有序引导

在组织大型活动的过程中，教师要始终在头脑中强化安全意识，做到随时清点幼儿人数，有序组织幼儿活动，以避免幼儿走失或磕碰事故的发生。

①出发前，班级教师要仔细清点幼儿人数，并有针对性地对幼儿进行安全教育，增强幼儿的自我保护意识；有序组织幼儿上、下车，要求幼儿一人一座，并提醒幼儿在车上扶好坐稳，不大声喧哗，不将头和手伸出窗外；教师分别站在车厢的前、中和后部，以便分区对幼儿进行个别指导。

②活动中，教师要经常清点幼儿人数，强调有关活动要求及注意事项，要求幼儿不擅自离开集体，注意活动安全；行进时，教师要分别站在队伍的前、中、后部，组织幼儿安静有序地靠右行走；提醒幼儿走路时不交头接耳，眼睛看着前面的路，不追跑、不打闹，防止拥挤、踩踏；教师要注意观察幼儿的身体情况和情绪状态，根据实际情况调整活动的节奏和速度，给予幼儿适当的休息。

③园所安全人员要协助教学管理人员巡视全园幼儿的活动情况，并做到发现问题及时干预，要坚决杜绝可能存在的危险因素，必要时可采取立即终止活动的措施。万一有安全事故发生，安全人员和教师要及时施救，并第一时间上报领导，通知家长。

（三）活动后精心清点，细心总结

大型活动结束后，幼儿返回幼儿园或班级前，教师需要完成的工作如下：

①要再次精心清点人数，检查是否车上遗漏了幼儿或有幼儿跑到其他班级，并要提醒幼儿返回途中的安全注意事项；清点人数后，按照幼儿园的统一安排，有秩序地乘车回园或退出活动场所。

②幼儿回到班级后，保育员老师要协助教师组织幼儿脱外衣、盥洗、擦

汗、饮水等，以避免幼儿由于劳累、受寒而引发疾病，并要抽时间引导幼儿整理相关物品，以排除其从户外捡回危险品的可能。

③针对活动后就要离园的幼儿，教师要与家长直接交接，不随便让其亲属接走，更不能让家长擅自将幼儿带离。

④活动结束后，幼儿园教学管理者和安全人员要召开总结会，从各个细节对本次活动存在的问题和困难进行研讨，并商量、提出整改意见，以便在下次活动时能够有效预防，使大型活动中的安全工作做得更加完善。

总而言之，大型活动的组织对幼儿园来说既是创新，又是挑战，需要所有人员都具有超强的安全意识，时刻将安全教育、安全告知、安全防范、安全救护贯穿于活动的全过程，这样才能有效预防幼儿安全事故的发生，规避安全风险。

第三节　幼儿园日常安全教育

学龄前的幼儿年龄较小，自我保护意识和能力都比较弱，而且如今的幼儿多为独生子女，很多家庭由"六个大人，一个宝贝"构成，这种现状也很容易造成将孩子裹在层层的"保护罩"中，包办代替过多，从而造成孩子在生活中过于胆小、不敢探索；或者过于好奇，盲目模仿，因而极易引发意外伤害事故。

幼儿园不仅要在设施设备、日常活动中能够保护幼儿的安全，而且在对教师及幼儿开展的安全教育方面也有义不容辞的责任。通过不同形式的安全教育，不仅能为幼儿创设安全的环境，还可以全面提升园所、教师、家长和幼儿的安全意识，为幼儿的健康保驾护航。

一、幼儿园安全教育的重要性

提起幼儿园安全教育,很多读者会第一时间想到这是针对幼儿开展的教育。其实不然,笔者认为,幼儿园开展的安全教育不应该只局限于幼儿,还应该包括管理者、教师和家长,只有幼儿接触到的所有人联起手来,才能为幼儿创设安全的环境,才能真正保证他们的生命安全。

(一)安全教育为园所敲响警钟

【案例 2-24】

2004年10月21日凌晨2点多,付贺功窜到北京市东城区北新幼儿园内行窃时,被值班老师贺某发现,付贺功遂持幼儿园的灭火器猛砸贺某头、面部数下,用棉被闷堵其口鼻致昏迷将其强奸,贺老师因颅脑损伤合并机械性窒息死亡。其间,正在睡觉的5岁幼童李某被惊醒后哭喊起来,付贺功持灭火器猛击幼童的头部数下,致幼童重度颅脑损伤死亡。作案后,付贺功抢得幼儿园DVD机、VCD机、自行车及现金等财物共计价值570多元。

(案例来源于中原网,www.zynews.cn,题目为"北京北新幼儿园命案凶手伏法 声泪俱下")

【案例 2-25】

某园幼儿患有先天性癫痫病,但该幼儿入托时,家长并没有把这一情况告知幼儿园。一天早上,其母将孩子送入幼儿园内,告诉老师孩子昨晚发烧。老师劝其带孩子看病,但其母说孩子烧已退,不想将孩子带回。早饭后,户外活动时,教师觉得该幼儿正在生病,需要安静休息,就让其坐在旁边。幼儿坐了一会儿忽然倒地,教师按压其人中并将其送往医院,用电话告知幼儿母亲。在送幼儿去医院的路上,幼儿已经清醒,并能与人正常对话。幼儿母亲觉得没有什么大碍,未按医生吩咐让孩子住院治疗。第二天，幼儿在家中癫痫发作死亡。事后，幼儿家长要求幼儿园承担全部责任。

（案例来源于池锝网，www.cdfds.com，题目为"幼儿园事故"）

以上案例中，第一个案例是由于幼儿园的保安措施不到位而引发的恶性杀人事件；第二个案例是幼儿本身由于疾病导致死亡而家长要求幼儿园承担责任的赔偿事件。从法律层面来说，案件中的幼儿园都存在一定的过错或疏漏，如果园所之前开展过相关的安全教育，提前制定好相关的应急预案并付诸实施，这些严重的后果都是可以避免的。

据教育部、公安部等对全国10个省市的调查，平均每天约有40多名儿童死于食物中毒、溺水、交通或安全事故。这其中排除不可预见的自然灾害和人力不可抗拒的重大事故外，约80%的非正常死亡是可以通过预防措施和应急处理避免的。因此，在幼儿园开展安全教育，让每位从事教育的工作者都能从"保证师幼的生命安全"的角度出发，落实行动，是保证师幼生命安全的有效做法。

（二）安全教育让教师提高警惕

【案例2-26】

2001年6月5日，江西省南昌市广播电视幼儿园由于蚊香引燃被褥，发生特大火灾，13名幼童葬身火海，全国震惊。经有关部门查实，2001年6月4日21时许，担任该幼儿园小六班班主任的杨慧珍下班前在小六班寝室里点燃了蚊香用于驱蚊。临走时，杨慧珍将点蚊香之事告诉了当晚值班的保育员吴技英。23时许，担任当天总值班的幼儿园保教主任倪愿琛到小六班巡查，发现小六班寝室点有蚊香，遂就蚊香是否会影响儿童的健康进行了询问，但未对放置在过道上的蚊香做出处理。之后，吴技英单独值班至23时30分许，离开寝室，45分钟内未到寝室查看。在此期间，蚊香将搭落在床沿边的棉被引燃，火势向四周蔓延引发火灾，致使小六班寝室内寄宿的17名幼儿中有13人死亡。

（案例来源于河工新闻网，www.hbgrb.net，
题目为"火患，幼儿园的致命伤"）

【案例 2-27】

2000年11月2日下午4点左右，广东省潮安县浮洋镇林泉幼儿园许辉鹏的母亲接到园所打来的电话，说许辉鹏在园内跌倒，她赶紧骑车奔往幼儿园。在幼儿园，班主任向许母说了事故发生的经过：在做游戏的时候，辉鹏被朝他跑来的另一位小朋友许润澎撞了一下，当时老师误认为他跌倒起不来，是扭到脚，但拉他起来时，他满身大汗，已不会说话。

心急如焚的许母赶紧将已经昏厥过去的儿子送往医院。在市中心医院，医生及时为辉鹏做手术。经医生诊断，许辉鹏与许润澎相撞倒地时脑部正好撞在坚硬的水泥板上，造成重度颅脑外伤，出现颅内血肿，脑疝症状，伤情十分严重。

（案例来源于文档库网，www.wendangku.net，
题目为"幼儿园安全事故案例"）

以上案例中，第一个案例是由于教师的工作失职导致的重大安全事故；第二个案例是由于教师组织不当导致的安全事故。此两个事故的发生都是由于教师缺乏职业道德和安全意识，这也让幼儿园的管理者不得不重新审视本园的相关规章与制度，反思教师在日常带班过程中的教育与行为。如果幼儿园管理者能够实施严格的安全制度，并有效地管理和规范教师的职业行为；幼儿园教师能严格要求自己的言行，在各种活动中能提前预计到可能出现的不安全因素，并对幼儿的不安全行为或超出能力范围的行为及时制止，那么案例中的事件也许就能避免。

针对幼儿教师开展安全教育，帮助教师强化安全意识，提升对隐性危险因素的警觉度，是每一位幼儿园管理者的职责所在。

（三）安全教育让幼儿安心游戏

【案例 2-28】

2000年4月21日，广州市一家中英文幼儿园在上课时，老师叫还差3个月才满6周岁的小朋友湛某上前交作业簿，也许刚完成了"任务"有点兴奋，他走得快了些，不慎绊倒，头部撞在了写字台边上，其眉间鼻背被碰伤。幼儿园老师抱起小湛，马上赶去医院治疗，并垫付了医疗费211元。经医治，小湛的伤痛消除了，但遗憾的是其两眉之间留下了明显的疤痕。小湛的父亲向幼儿园提出索赔。

（案例改编自360个人图书馆网，www.360doc.com，题目为"34个幼儿园安全案例"）

本案例中提到的事故是幼儿在园最易发生的事故之一，幼儿由于生性活泼、动作协调性不足，在活动中很容易引发这样或那样的伤害事件。而这些意外伤害不仅会给幼儿的身体造成伤害，同时也会给幼儿的心理带来阴影，对孩子的一生造成影响。

幼儿教师应该在平时游戏中告诉幼儿什么地方能去、什么地方不能去，哪些东西能玩、哪些东西不能玩；有目地给孩子讲解一些最基本的生活常识，让幼儿知道危险的存在；引导幼儿正确看待危险，增强他们的自我保护意识；让幼儿知道生命是很宝贵的，懂得珍爱自己的生命。通过安全教育帮助孩子们掌握有关安全的基本知识，逐步树立安全意识，从而做到遇事不慌，从容应付，安心游戏，快乐玩耍。

（四）安全教育让家长更加细心

【案例 2-29】

2015年7月，湖南省湘潭市3岁的男童天天（化名）被父母带去打防疫针，回家时在车上睡着了，家人见状就让其他几个人先上楼，准备稍后再把天天抱回家中。没想到，之后一家人却将孩子遗忘了。等到 6 个多小时后，家人才想起天天还在车里，这时候发现孩子瞳孔已经放大，没有任何生命体征，经过湘潭医院医生确认，本次事故是由于天气炎热，车内温度过高，导致孩子窒息死亡的。

（案例改编自中国衡阳新闻网，www.e0734.com，题目为"儿童安全事故频发　悲剧背后还有多少疏忽"）

【案例 2-30】

2016 年 11 月 6 日，河北省保定市蠡县中孟尝村 6 岁的赵梓聪跟着父亲在地里收白菜时，在井口附近玩耍，不慎掉落枯井中。得到消息后，当地相关部门和社会力量积极展开救援，经过不懈努力，虽将孩子救出，但孩子已经死亡。

（案例改编自随州广播电视台网，www.hbsztv.com，题目为"河北保定男童赵梓聪坠井救援最新消息　井底挖掘已进入最后冲刺"）

以上两个案例中，幼儿都是在家长的看护下发生了伤害事故。家长作为重要的监护人员，却难以在儿童安全保护、安全教育过程中做到"全勤"，因其"疏忽"造成孩子意外死亡。因此，如何帮助家长丰富自身对幼儿安全教育的了解，避免其产生依赖教育机构的等靠心理，让其真正为幼儿的安全保护上心，是教育机构急需解决的问题。

《幼儿园教育指导纲要》指出"家庭是幼儿园重要的合作伙伴，应本着尊重、平等、合作的原则，争取家长的理解、支持和主动参与，并积极支持、帮助家长提高教育能力"。在增强家长安全意识、提升家长安全防护能力方面，幼儿园具有义不容辞的责任。幼儿园组织的家长安全教育活动，不仅能丰富家长对保护幼儿生命安全的认知，同时也能增强幼儿园与家庭之间的相互沟通与理解，在保护幼儿生命安全工作方面达成家园共育。

二、幼儿园安全教育的目标及内容

保护幼儿安全是幼儿园的重要职责，幼儿园安全管理中很重要的一个方面就是开展安全教育。安全教育的目的不仅是丰富安全知识、学习安全规则，还应包括提高自我保护能力、养成安全习惯等多方面内容。另外，安全教育的对象除了幼儿以外，还应包括成人（教师和家长），只有全体人员都意识到安全的重要性并能遵守安全规则和要求，才能防患于未然。

（一）针对成人的安全教育

幼儿每天接触最多的成人就是教师和家长，他们既是安全教育的主要实施者，同时也是幼儿安全的守护者，其观念与行为是幼儿安全的重要保障。因此，对教师和家长开展安全教育非常有必要，也非常有价值。

1. 教师安全教育

针对幼儿园教师开展的安全教育，其主要目的是让全体教职工都能树立"安全第一"的思想，并始终坚持在这一思想的指导下开展各种活动。

教师安全教育的主要目标是：加强教师的安全工作责任感和职业道德，帮助教师掌握安全知识，使其提高处理突发事件的能力并掌握紧急状态下组织幼儿进行自救、自护的方法，能够辨识幼儿心理疾病并能有针对性地教育引导。

在幼儿园开展教师安全教育主要有以下途径：

（1）开展培训，提升技能

幼儿园可以定期面向全园教师开展有关安全方面的培训，如"幼儿突发事件的处理""常规工作中的安全注意事项""维护幼儿心理健康"等，这些专题学习能有效帮助教师了解相关知识，提升安全意识。

另外，幼儿园还可以根据季节特点，面向班级教师开设幼儿疾病预防的相关讲座，如"急性出血性结膜炎的预防和鉴别""春季流感、手足口疾病、水痘的预防"等，帮助教师学会辨认患有不同传染病的幼儿，以便及时通知家长，采取隔离措施。

刚上岗的新教师，由于入职时间比较短，对安全工作的重要性还缺乏认识，幼儿园可以实行"先培训后上岗"。用一定时间专门对新教师进行安全培训，其内容包括园内各项安全管理制度、岗位安全工作细则、园内各种安全应急预案、消防灭火培训、签订安全责任书等，避免其盲目上岗，由于工作疏忽而引发事故。

（2）制度上墙，随时提醒

安全制度的建立与执行是安全管理必不可少的重要手段。没有可行的制度，管理工作就会变成一盘散沙。在日常工作中，很多幼儿园为了让安全管理工作更加规范，会建立各种安全制度，如《安全工作检查制度》《安全工作责任制和责任追究制》《食品安全管理制度》《疾病防控制度》《消防安全管理制度》等。如果这些规章制度执行得好，就能在一定程度上避免事故的发生；如果执行得不好，就形同虚设。

【案例2-31】

午睡后，年轻的刘老师带领幼儿有秩序地从寝室回到活动室。并引导幼儿找一把小椅子坐好，准备吃午点。刘老师摆放桌子时，东东和点点因为争拿一把椅子而打了起来，东东用指甲使劲抓点点的右下颌部位，形成一道长而深、渗血的抓痕。事情发生后，刘老师没有通知家长，也没有解决这一问题。等到家长把孩子带回家后，才发现孩子受伤了。点点的家长对幼儿园非常不满，第二天就带着点点到园长室要说法。

园长接待了点点的家长，倾听了家长的投诉。园长深感不解——我们的安全管理制度明确写着，如果幼儿之间发生伤害事故，教师一定要选取最恰当的方式与双方家长进行沟通，以取得家长对幼儿园以及家长与家长之间的谅解。为什么刘老师没有按照制度执行呢？事后，园长找到刘老师进行沟通，发现刘老师刚来园工作1年多，其社会经验本来就不多，对幼儿园的安全制度也不清楚，更别谈执行了。

（河北省保定市青年路幼儿园　樊继英）

幼儿园管理者不要以为只要制定好可行的安全制度,就万事大吉了,还要考虑怎么让教师了解并执行这些制度。可以采取两种方法解决这一问题,一是在制度制定的过程中,广泛倾听教师的意见与建议,让其参与其中;二是将这些制度上墙公示,让教师随时能看到,随时对教师进行提醒。

(3)突击演习,锻炼能力

随着安全意识的不断提高,很多幼儿园都会针对一些突发事件或灾害进行实战演习,如"火灾演习""地震演习""受伤演习"等,这些演习为参与者提供了模拟的场景、真实的操作,能提高他们的紧急应对能力。

【案例2-32】

今天,幼儿园要进行"火灾演习"。为了让每个教师、每名幼儿都积极参与到活动中来,幼儿园管理者早在两天前的全园大会上就通报了本次演习的时间、要求和内容,并且提醒教师提前带领幼儿做好准备,听到鸣笛马上从规定好的路线跑到指定的地点。

时间快到了,老师们镇定地带着幼儿每人拿了一块小毛巾,逐一用水将小毛巾淋湿,拧出多余的水分,然后静待铃声响起。

当挂表快指到10点钟时,班级教师就提前让幼儿拿着小毛巾捂住自己的口鼻,在班级门口排成整齐的队伍;当时针指到10点时,铃声如期而至,班级教师带领幼儿镇定自若地排队跑到指定地点。演习顺利成功!

(河北省保定市青年路幼儿园　胡娟)

看到本案例,不知道读者有何感受?火灾演习属于应急演习的一种,是在发生突发状况时,帮助教师和幼儿减轻伤害、争取逃生的重要手段。但是笔者发现很多园所的演习与案例中的模式是一样的:既有固定的发生事件的时间,又有固定的发生事件的场所。很显然,这与真实生活中的情况是不符合的。幼儿园的安全部门应该对各种演习活动进行动态化管理,即幼儿园安全演习预案决不能是一成不变的,幼儿园的安全演习也决不能只在准备好后才开始进行。可以采用"定日随时"的方式,开展随机演习,这样更接近真实情况，更能检验幼儿园教师应对突发事件时的避险协调能力，从而提高在真实场景中幼儿的安全出逃率。

2. *家长安全教育*

家长是幼儿的法定监护人，不但与幼儿有着密切的关系，还具有保护幼儿生命安全的权利和义务。幼儿园管理者不仅要通过各种方式提升幼儿教师的安全意识和防范能力，还要想办法提高家长的安全意识和应急能力，以便更好地保护幼儿的生命安全。

（1）了解法律，落实责任

生活中，我们经常会看到一些家长有这样的认识和看法，他们觉得自己把孩子送到幼儿园，幼儿全天都在园内生活与学习，幼儿教师有责任和义务看管好孩子。这时候，幼儿教师就是孩子的监护人。

【案例2-33】

2013年3月的一天下午，某园大班幼儿由王老师带领到园内操场上进行户外活动。男孩天天站在女孩红红的背后，他们两人都处于队伍的尾部。天天生性好动，在行进过程中，他用力向后拽红红的肩膀，红红摔倒在操场水泥地上，造成红红左股骨中段斜形闭合性骨折。事发后，王老师和幼儿园的医务人员及时送红红到医院就医，并预付了红红所有的治疗费用。红红在医院住院3个月后伤处愈合，但是其家长害怕本次伤害会给红红留下后遗症，于是向幼儿园提出其他赔偿。但是幼儿园认为伤害事故是由于天天小朋友造成的，赔偿问题应该由双方家长协商，与幼儿园没有关系。而天天和红红的家长都认为孩子在园期间，幼儿教师是其监护人，园方应该负责。

（河北省保定市青年路幼儿园　樊继英）

在本案例中，大家可以看到幼儿园与家长之间争论的焦点是：幼儿在园期间，其监护人是谁？对幼儿的监护职责是不是随着幼儿入园就从家长转移到幼儿园了？

我国最高人民法院《关于贯彻执行〈中华人民共和国民法通则〉若干问

题的意见（试行）》第 10 条中，对监护人的职责做了明确的规定："保护被监护人的身体健康，照顾被监护人的生活，管理和保护被监护人的财产，代理被监护人进行民事活动，对被监护人进行管理和教育，在被监护人合法权益受到侵害或者与人争议时，代理其进行诉讼。"同时，《幼儿园工作规程》中也对幼儿园的职责进行了规定，是"对 3 周岁以上学龄前儿童实施体智德美全面发展的教育"。由此可以看出，幼儿园是完全不能等同于幼儿监护人的特殊的民事主体。既然幼儿园不能履行幼儿的法定监护职责，那么，其也就不是幼儿法定意义上的监护人，即使幼儿全天都在幼儿园生活、学习，其监护责任仍然在家长的身上。

幼儿园管理者应该以不同形式，如在园家长培训、家长会、家长开放日、家园联系册、致家长的一封信等，让家长了解相关的法律条款，使其真正肩负起孩子监护人的重要责任。

另外，幼儿园还要让家长了解幼儿园的各项安全管理制度，并切实遵守这些制度，如遵守《幼儿园接送制度》，凭接送卡接送幼儿；遵守《传染病幼儿隔离制度》，孩子有病、发烧时要及时到医院诊治，需要隔离的要主动按医学隔离要求隔离；遵守《接送卡丢失上报制度》，遇到接送卡丢失情况，要及时上报幼儿园，以便幼儿园注销丢失卡，防止捡到者凭卡入园等。总而言之，幼儿园要帮助家长树立正确的安全理念，形成对孩子负责的意识，只有这样，才能保证所有在园幼儿的安全。

（2）提升意识，保证安全

人们都说"家长是孩子的第一任老师"，可是家长毕竟不是专业的教育人员，很多家长只会根据自己的经验判断或者自然法则来扮演家长的角色，并不了解幼儿教育的含义，同样，在安全问题上也存在很多误区。

【案例 2-34】

2014 年 2 月 9 日，5 岁的小白和妈妈到某超市购物。当天下午 17 时 40 分许，妈妈带着小白乘坐超市的手扶电梯下楼，小白的玩具车掉到电梯上，小白用手去捡，其左手小指被电梯的梳齿板卡住。妈妈马上呼救，超市工作人员即刻关停电梯，并对小白施救。小白的手指取出后，被送往贺州市人民医院进行治疗，医院诊断小白的伤情为：左手第五指压榨伤。

（案例改编自广西壮族自治区贺州市八步区法院网，hzbbfy.chinacourt.org，题目为"小孩搭乘电梯受伤监护人及商场各有过错均担责"）

【案例 2-35】

2014年9月18日晚上8时许，广州的4岁幼儿小楠父母在某超市内的"儿童娱乐中心"门前，以15元购买了一张门票，父母看到有工作人员看管，就让小楠独自进入娱乐区内玩耍。在玩转动轮盘时，小楠的右脚掌嵌入轮盘与地面的空隙，娱乐中心的工作人员听到哭叫声后，赶紧前去帮助其将被轮盘夹住的腿抽出。随后小楠被送往医院治疗，医院诊断为右胫骨骨折，住院3天，被评定为十级伤残。虽然事后超市和娱乐中心承担全部责任，赔偿小楠一家7.7万元，但孩子受到的伤痛是无可挽回的。

（案例来源于凤凰资讯网，news.ifeng.com，题目为"被超市游戏轮盘夹到 3岁女童成十级伤残"）

以上两则案例中，幼儿都是在有监护人的情况下发生意外伤害事故，第一则案例中家长缺乏对孩子乘坐电梯时活动的实时监护，而导致小白受伤；第二则案例中家长由于充分信任娱乐中心的工作人员而疏忽了对孩子的看管。虽然出事场所都对事故的发生承担了主要责任，但是家长监护不利，也应该承担相应的次要责任。

近年来，在公共场所发生的幼儿伤害事故时有发生，主要原因还是由于家长认识不够，监管不到位所致。幼儿园管理者有责任对家长开展这方面的安全教育，帮助家长提高警惕，避免事故的发生。

针对生活中家长和幼儿经常出入的场所，幼儿园在对家长开展公共场所安全教育的时候，可以选择以下几个方面的内容：

（1）商场内的安全

现在城市中的商场一般规模都比较大，人员比较多。家长带领幼儿去商场时，一是要注意拥挤的人群，可以将孩子抱起或者拉紧孩子的手，以免孩子被挤伤或走丢；二是商场内一般都进行了较好的装修，地面比较滑，尤其是在清洁员刚擦完地后，地面有水更加湿滑，另外商场里还有很多柜台，孩子不注意很容易摔倒碰到柜台角，家长要注意观察商场地面，提醒孩子不要在商场内奔跑、打闹；三是商场内运转的自动扶梯和低矮的护栏都可能成为孩子受伤的"隐形杀手"。家长要让孩子远离低矮的护栏，以免发生高空坠落事故。孩子乘坐扶梯时，一定要有家长陪伴，在乘坐过程中，家长要提醒孩子正确的乘梯方法（脸部向前，站在梯级中央位置；成人和孩子站在同一梯级；让孩子抓紧扶手或拉着成人的手；禁止坐在扶梯上或在扶梯上蹦跳）。另外，乘梯结束后，家长要带领孩子立即远离扶梯，不要让孩子在出口区域逗留，以免后续下梯者对孩子造成冲撞。

（2）超市内的安全

现在城市里的超市可以自选商品，而且品种齐全、物美价廉，是家长购物的首选；尤其是通过亲子购物，还可以培养孩子的理财意识，增强他们与人交往的能力，所以，很多家长会带着孩子一起去超市。但是，超市在给人们的生活带来便利的同时，也存在很多安全隐患，需要引起家长的高度重视。

①购物车的使用。家长在带领幼儿使用购物车时需要注意几个问题：一是选择的购物车座椅空间要适合自己的孩子，若空间窄小，孩子容易被卡住；若空间偏大，则孩子坐在座椅上起不到安全保护的作用；二是不要让孩子站在购物车中，尤其是个子较高的孩子，否则当成人拉动购物车或者孩子活动时，很容易造成重心不稳而摔倒；三是不要让孩子用手指、脚趾去抠购物车的缝隙，防止手指或者脚趾被卡住或被金属划伤。

②物品的购置。家长在带领孩子购置商品时需要注意：一是不要让孩子自己去抓购物架上的商品，尤其是比较高、比较杂乱的购物架，防止孩子在抓东西时，货架上的商品掉落，砸到或压伤、撞伤孩子；二是提醒孩子不要随意吃超市内的食品，以免窒息、中毒等意外伤害事件的发生。

（3）游乐场内的安全

游乐场是孩子们最喜欢的公共场所之一，这里有很多新奇的玩具，孩子们可以尽情玩耍，体验冒险与刺激带来的快乐。

游乐场内一般设置的都是大型游乐设备，虽然很有趣，但同时也存在很多安全隐患。如一些高速运转的游乐设施，像"旋转飞机"，可能会导致幼儿高空坠落、摔伤或轧伤；一些水上游乐设施，像"激流勇进"，可能会导致幼儿落水；一些比较慢的、看似安全的游乐设施，像"小火车"，也可能由于孩子好动而发生肢体伤害。

幼儿教师可以在恰当的时机教给家长一些避免这些事故的策略和方法。

①确认场地设备的安全。家长带领幼儿进入游戏场后，要通过观察来确认孩子游戏的安全性。如游戏场地要安全，要带领幼儿到具有光滑、平整、有橡胶垫的地方玩耍，不要让孩子在有碎石、沥青、混凝土等场地玩耍；要检查不同游戏设备是否经过工作人员的定期维护，千万不要带领孩子到无人管理、设备生锈的场地玩耍，以免发生危险；避免让孩子在拥挤的场地玩耍，因为人多容易发生推挤、碰撞，造成孩子受伤，或是不小心伤到其他幼儿引发纠纷。

②时刻监督孩子的动向。避免发生事故的最好办法就是加强对孩子的监督，家长带领幼儿进入游乐场后，首先要做的事情就是时刻监督孩子的动向，确保他们在有安全防护措施的游戏区玩，将发生意外伤害的几率降到最低。

③选择适宜孩子的游戏。游乐场里的玩具是为不同年龄的儿童设置的，并不是所有的玩具都适用于所有的孩子，家长应该依据自己孩子的年龄，选择适合他们的游戏；同时，要避免自己的孩子和年龄较大的孩子一起玩耍，以免较大孩子在游戏过程中误伤自己的孩子。

（二）针对幼儿的安全教育

幼儿园安全教育应该以幼儿为主体，因此，对幼儿开展安全教育非常重要。

幼儿的安全教育主要是帮助幼儿了解生活中基本的安全知识，培养初步的分辨安全与危险的能力，学习并掌握在紧急状态下避险和自救的简便方法，尤其是在紧急情况下能够撤离、疏散、逃生、自救、自护，让幼儿拥有良好的安全意识、生命意识和自我保护意识,并提高幼儿的安全素质、品德素质和综合能力。

一般情况下,在幼儿园开展的幼儿安全教育包括以下内容:

1. 食品安全教育

俗话说"民以食为天",在物质极大丰富的今天,很多家长只注重满足幼儿的需求,而忽视了所购食品的安全性;更有些幼儿出于好奇,喜欢将各种东西放入口中而引起食物中毒。幼儿园除了要把好食品采购、储藏、烹饪、运送等方面的卫生关外,还必须引导教师教育幼儿不吃不安全的食品,以保证幼儿的生命安全。

幼儿食品安全教育内容主要有以下几个方面:

①饮食习惯的培养。教师要培养幼儿良好的饮食习惯,如教育孩子在进食前洗净手,并保持手部的清洁;让幼儿在进食热汤或喝开水前先吹一吹,以免烫伤;提醒幼儿在吃鱼时要把鱼刺挑干净,以免鱼刺卡在喉咙里;进食时不嬉笑、打闹,以免食物进入气管等。

②告诉幼儿什么是安全食品。教师应通过集体活动,引导幼儿发现食品包装上的生产日期和保质期,提醒幼儿食用在保质期内的食品,不吃腐败、变质的食品;并知道哪些食品可以生吃,哪些要煮熟吃,哪些要削皮吃,哪些可以带皮吃。

③提醒幼儿不误食、误饮。教师要提醒幼儿不随便捡食和饮用不明物品,更不能将异物放进嘴里。

④教育幼儿要远离不明药品。目前供给幼儿服用的药品大多外观漂亮,口感好,深受孩子们的"欢迎",有的孩子甚至会背着成人把药品当零食吃。教师一定要给孩子介绍不同药品的功能和副作用,教育孩子不能随便吃药,如生病需要服药时,一定要遵照医嘱在成人的指导下服用。

2. 交通安全教育

据有关部门统计,全国平均每50秒就会发生一起交通事故,平均每2分40秒就会有一个人因车祸而丧生。更让人痛心的是,因交通事故死亡的少年儿童占全年交通事故死亡人数的10%以上,且呈逐年上升的趋势。因此,对幼儿进行交通安全教育刻不容缓。

《指南》指出儿童要"能自觉遵守基本的安全规则和交通规则"。在幼儿园，针对幼儿开展的交通安全教育主要包括以下三个方面：一是认识生活中常见的交通标记，如红绿灯、人行横道线、斑马线、各种交通标志等，并且知道这些交通标记的意义和作用。二是了解生活中基本的交通规则，如"红灯停、绿灯行""过马路左右看""行人走人行道，机动车走机动车道"；走路靠右边；不在马路上踢球、奔跑、做游戏等。三是懂得乘坐不同交通工具的安全注意事项，如乘坐自行车时要抓稳坐好；乘坐公共汽车时，不能在车上来回走动，不能在车内打闹；乘坐小轿车时，不能将手和头伸出车窗外，要坐儿童安全座椅等。通过这些内容的教育，帮助幼儿形成初步的交通安全意识，养成遵守交通规则的良好习惯。

3. 消防安全教育

3—6岁的幼儿探索欲望强，但是生活经验欠缺，尤其对消防自救常识的了解非常粗浅，发生火灾时，往往会表现为惊慌失措、束手无策，因此，给孩子们教授消防安全常识是非常必要的。

幼儿阶段，需要对幼儿进行的消防安全教育有哪些内容呢？笔者根据自己的教学经验，大致总结如下：

①引导幼儿懂得玩火的危险性，不玩火。教师应以视频或图片的形式，让幼儿知道火的用途和害处，让他们明白如果发生火灾，不仅会损坏财物，还会危及人的生命。

②帮助幼儿掌握简单的自救技能。幼儿教师应通过自己示范或请消防人员示范的方式，教给幼儿发生火灾后自救的一些措施和方法，如要马上逃离火灾现场，并及时告诉附近的成人或拨打火警电话119；如果被烟雾包围，要用湿毛巾捂住口鼻，并立即趴在地上，在烟雾下面匍匐前进，快速离开火灾现场。

③定期开展火灾疏散演练。幼儿园可在每个学年的固定时间安排消防演习。首先，幼儿园需要提前确定各班安全疏散的路线，教师带领幼儿熟悉各个通道，以便在发生火灾时能在教师的指挥下统一行动，安全疏散，迅速离

开火灾现场。其次，幼儿园要在规定的时间里开展防火自救演练，引导幼儿实施简单的应急措施，如用床单塞住门缝，湿毛巾捂住嘴巴和鼻子尽快逃离现场等。

④通过多媒体或参观消防队，让幼儿观看消防队员灭火，请消防员向幼儿介绍火灾形成的原因、消防车的作用、灭火器的使用方法及使用时应注意的事项等，丰富幼儿的相关知识。

4. 游戏安全教育

爱玩游戏是孩子的天性，幼儿在园的一日活动中，主要内容以游戏为主，因此，针对游戏过程中幼儿与环境、幼儿与操作材料的安全教育尤为重要。

①要教给幼儿不同玩具的正确使用方法。幼儿园的不同玩具其教育目标、制作材料各不相同，在幼儿使用或操作之前，教师要教给幼儿这些玩具的正确使用方法并提出不同的安全要求。如玩大型玩具滑梯时，教育幼儿不拥挤，前面的幼儿还没滑到底时，后面的孩子不能往下滑；玩秋千架时，要注意坐稳，双手抓紧两边的秋千绳，其他幼儿要远离等。

②要教给幼儿在操作材料的过程中的安全注意事项。如在使用剪刀时，不拿着剪刀随意挥舞，给同伴递剪刀时，要将手柄向外递出；在玩大型木质积木时，要注意轻拿轻放，不能用其打其他幼儿的身体，特别是头部；在玩串珠、玻璃球时，不能将其放入口、耳、鼻中等，以免对自己或同伴造成伤害。

③要和幼儿讨论游戏规则，带领幼儿了解不同游戏中应该注意的安全事项，并提醒他们在游戏中严格遵守游戏规则，避免由于混乱而引发意外伤害事故。

5. 防触电和防溺水教育

水和电对于幼儿来说，既是神奇的事物，同时也是非常危险的事物。其一是它们在人们的生活中无处不在，为大家提供各种便利；其二是它们就像一只凶猛的老虎，隐藏在生活空间的各个角落，随时都会对好奇的幼儿构成人身伤害。幼儿教师应该在教会幼儿正确使用水和电器的同时，教育幼儿具备防范意识，以防止幼儿发生触电或溺水事故。

（1）防触电教育

在对幼儿进行防触电教育时，一是要告诉幼儿，电是一种危险的事物，它存在于电线、插座、变电箱里，小朋友们不能随便玩电器，不能用剪刀剪电线，不能用小刀划电线，不能将铁丝等插到电源插座里；二是要告诉幼儿，一旦生活中发现有人发生触电事故，不能用手去拉触电的人，而应及时找到附近的大人，请他们帮忙切断电源，或者用干燥的竹竿等不导电的东西挑开电线，再对触电的人员施救。

（2）防溺水教育

在对幼儿进行防溺水教育时，一是要告诉幼儿不能独自到河边、水塘边玩耍，如果想去游戏，一定要有成人陪伴；二是提醒幼儿不能独自到小河或非游泳池的地方游泳，这些地方情况复杂，没有专业人员保护，非常危险；三是提示幼儿看到同伴失足落水时，要大声呼救并及时就近找成人来抢救，不要自己盲目下水，否则不但救不了同伴，还会让自身处于危险之中。

6. 生活安全教育

众所周知，3—6岁的幼儿活泼好动，对外部世界充满好奇，喜欢到处摸摸碰碰，却意识不到日常生活中可能潜藏的危险。很多在日常生活中引发的幼儿安全事件，究其背后原因，一方面是由于幼儿年龄小，生活经验贫乏造成的；另一方面是由于幼儿缺乏自我保护意识和防范风险的能力造成的。

因此，在日常生活中需要家园配合，全面分析并了解幼儿生活环境中可能会存在的危险因素，恰当地开展安全教育，提高幼儿的自我保护意识，将安全隐患扼杀在"摇篮"里。

一般情况下，对幼儿开展的生活安全教育包括以下几个方面的内容：

①教会幼儿认识一些生活中常见的安全标志，能区分禁止性的、警示性的标志，知道这些标志的含义并严格控制自己的行为。如禁止攀登、禁止触摸、禁止通行、禁止烟火、注意安全、当心车辆、当心滑跌等。

②帮助幼儿了解生活中不同活动的规则和公共场所秩序。如在运动中要有秩序，不拥挤推撞；在没有成人看护时，不能从高处往下跳或从低处往上

蹦；在公共场所，推门时要推门框，不推玻璃，手不能放在门缝里；在公园不爬树、爬墙、爬假山，在家不爬窗台，不从楼梯扶手往下滑，以防摔伤等。

③要帮助幼儿了解一些与他人相处时的自我保护常识。如不吃陌生人给的东西，不轻信陌生人的话，不随便跟陌生人走；外出玩耍时要告诉大人，当自己独自在家，有陌生人叫门时不随便开门等。

④要告诉幼儿一些生活中可能存在的危险因素及可能带来的伤害。如家中的电熨斗、电取暖器、插座、烟花爆竹等物品；自然中的蛇、蜈蚣、蝎子、黄蜂、毛毛虫、狗等动物，还有雷电等自然现象等。通过丰富幼儿的相关知识，提醒其远离这些危险的事物，保护自身的安全。

俄罗斯教育家乌申斯基曾说过："如果你养成了好的习惯，你一辈子都享受不尽它的利息；如果你养成了坏的习惯，你一辈子都偿还不尽它的债务。"其实，对于幼儿来说，时时能注意自己的安全，懂得用什么样的方法来保护自己，也是一种良好的习惯。教师的义务就是通过安全教育来帮助幼儿培养安全习惯。

三、幼儿自我保护能力培养策略

俗话说得好，"授之以鱼不如授之以渔"，教师用各种方式来保护幼儿的生命安全固然重要，但是，让幼儿自己学会一些安全知识，增强其自我保护能力，提高他们参与各种活动的安全性，有益于其一生的健康成长。

那么，怎样培养幼儿的安全意识、提高他们的自我保护能力呢？这就需要做好以下三点：

（一）创设环境，丰富安全知识

曾有人做过实验，让家养的猫和老鼠待在一个箱子里，猫不但不捉老鼠，反而与老鼠共同玩耍。原因就是这只猫一直都由主人饲养，没有吃过老鼠，也从没有看见同类吃老鼠，由于缺乏相应的经验，故而丧失了捉老鼠的基本能力。丰富幼儿的安全知识是提升幼儿自我保护意识和能力的最基本的环节。

生活中的安全知识很多，不可能都经由教师介绍让幼儿了解，这样的方式不生动、不形象，也是不可取的。教师可以通过环境的创设，让幼儿了解生活中哪些事情可以做、哪些事情不可以做，以利于幼儿理解。

如教师可以在班内的电视机及电源开关上张贴"禁止触摸"的标记；在窗台张贴"禁止攀爬"的标记；在楼道张贴"下滑危险"的标记；在安全角摆上救护车、救火车、警车、固定电话、手机模型等，贴上110、120、119等应急电话号码；在美工区粘贴使用不同操作材料的安全温馨提示等。通过提供环境及材料，让幼儿在活动中感受安全知识，丰富相关经验。

（二）组织游戏，积累安全经验

《幼儿园教育指导纲要》提出"幼儿园以游戏为基本活动形式"，"寓教于生活游戏中，要善于发现幼儿感兴趣的事物，游戏中隐含的教育价值，把握时机，积极引导"，这不仅说明幼儿园中的教育活动要以游戏为主，同时也提出教师要运用游戏的手段来实现教育的价值。

同理，通过各式游戏对幼儿进行安全教育，也应成为教师开展安全教育最常用的和最有效的手段。

如教师可以将安全教育融入角色游戏，让幼儿在感受不到任何压力的情况下潜移默化地受到教育。像在幼儿最喜欢的"娃娃家"中，教师扮演"妈妈"，在游戏过程中，叮嘱幼儿扮演的"宝宝"：妈妈不在家的时候，陌生人来不要开门；不吃陌生人的糖果，不喝陌生人的饮料，绝不跟陌生人走等。这样的游戏情境不仅让幼儿感受到了来自教师的关心，而且丰富了他们相关的经验。

另外，教师还可以运用结构游戏帮助幼儿了解交通安全常识。如中班教师带领幼儿在班级用积木搭建城市和街道，设置红绿灯标志，并带领幼儿开展"我是汽车小司机"的游戏。游戏中，教师请幼儿分别拿着小汽车在街道中行驶，由于幼儿的游戏是无规则的，汽车总是会撞到行人或者其他汽车。这时候，教师就带领幼儿一起就"怎样遵守交通规则才安全"进行讨论，在讨论的过程中，教师不失时机地加以引导。通过游戏引导幼儿认识到生活中的交通规则都有哪些、交通规则对人们出行的重要性等相关经验。在此过程中，幼儿在游戏中亲自尝试、发现的问题，通过讨论获得经验，要比教师无数次的说教印象更为深刻。

（三）适当锻炼，提高自护能力

生活中，经常会看到某些园所或者家长，由于害怕幼儿在参与各种活动中发生意外伤害事故，而采取不组织活动、不允许幼儿接触物品的方式来规避风险。这样的做法越来越广泛。

教育者必须要厘清一个观念，那就是我们不能为了保护幼儿的生命安全而"因噎废食"，幼儿不参与、不接触，也无法从根本上消除安全隐患。只有从幼儿生理及心理特点出发，为幼儿提供适当锻炼自己的平台，提升他们自我保护的意识和能力，才是解决问题的最根本的方法。

如为了锻炼幼儿身体的灵活性和协调性，避免发生跌伤、撞伤、扭伤等安全事故，教师可以通过组织丰富多彩的体育活动，有计划地对幼儿进行基本动作训练，提高幼儿的动作发展水平；为了增强幼儿安全防火的意识和能力，幼儿园可以通过真实的消防演习，让幼儿在感知与实践中学会自我保护，做到"知行合一"；为了提高幼儿应对突发事件的能力和自我保护意识，教师可以创设情境，带领幼儿分别模拟不同的安全事故，如突发火灾、家人受到伤害等，以不同方式适当锻炼幼儿，从而提升幼儿的自我保护能力。

（四）家园合作，培养安全习惯

《幼儿园教育指导纲要》指出"家庭是幼儿园重要的合作伙伴，应本着尊重、平等、合作的原则，争取家长的理解、支持和主动参与，并积极支持、帮助家长提高教育能力"。安全教育单靠幼儿园和教师的努力是远远不够的，还需要家园互动，密切配合。

①家长对幼儿的关爱程度以及家庭文化对幼儿的安全感及安全意识的养成产生深远的影响，淡漠与溺爱都对幼儿不利。这时就需要家园及时沟通，教师与家长密切联系和交流，一旦发现问题及时解决，做到家园一致，有针

对性地帮助幼儿树立安全意识，增强自我保护的能力。

②幼儿园中习得的安全习惯，需要在家庭中继续强化和巩固。幼儿入园后，教师会对其开展一系列的安全习惯教育，如让幼儿懂得鞋带松了自己系，天气冷了自己加衣服；吃饭时不嬉笑、打闹，避免异物进入气管等。如果这些安全习惯的培养能够取得家长的支持，家园一致，那么就能收到良好的效果；如果家长不支持、不参与，其教育效果可想而知。教师应该通过家园联系栏、家长会、家长学校、家长开放日等多种形式，将一些日常生活中的安全常识和安全习惯的内容介绍给家长，提高家长自身的安全意识，使其与幼儿园紧密配合，对幼儿同步实施安全自护教育，达到"1+1>2"的教育效果。

总之，幼儿自我保护能力的培养必须从小抓起，让幼儿树立自我保护意识并掌握一定的自我保护方法。在幼儿的一日生活中，幼儿教师一定要根据幼儿年龄特点开展适宜的活动，帮助幼儿从小树立安全意识，学会自我保护的方法，切实提高幼儿的自我保护能力，这对幼儿一生的发展至关重要。

第三章

幼儿园后勤安全管理

后勤安全管理是幼儿园安全管理工作的重要组成部分,它不仅是由后勤工作的内容决定的,更是由其工作特点决定的。在日常生活中,幼儿园后勤工作人员不仅要想方设法照顾好幼儿在园的饮食起居,还要努力充实和改善幼儿园的各种设施、设备,提供人、财、物等保教工作所必需的条件和要素;不仅要保证保教工作的顺利开展,还要保护师幼在园的工作和生活安全。只有后勤工作人员相互支持、配合,才能共同努力完成。幼儿园管理者首先应该明确本园后勤人员的工作职责,弄清楚后勤工作中存在哪些安全隐患,并从自身做起,完善后勤工作安全管理制度,明确安全管理的内容,把安全事故消灭在萌芽前。

第一节 园所安全管理

让幼儿拥有一个幸福、快乐、健康、安全的成长环境,是所有家长和幼教工作者的美好愿望。保证幼儿的健康和安全是幼儿园工作的首要任务和重要职责,同时,保证幼儿园环境的安全也是摆在每一位后勤管理者面前的头等大事。

一般情况下,提到幼儿园园所安全问题,人们更多想到的是场地、设施等实体方面的安全,其实,园所安全涉及校舍、门卫、校车等各个方面。下面笔者就从以下四点进行阐述,供大家思考和借鉴。

一、校舍安全重于建设

幼儿园的校舍主要包括生活用房,如活动室、寝室、卫生间、专项室等;服务用房,如保健室、隔离室、办公室、会议室等;供应用房,如厨房、消毒室、洗衣房、库房等。这些房屋是幼儿在园生活的必要物质保障,同时也是教职工工作的重要场所,其本身的安全性、科学性,对于幼儿和教师都是非常重要的。

【案例 3-1】

在城里做服装生意的王某其家在乡下。一次回家探亲时，他从亲戚家得知，邻居家的院子一直空着，里面的多间平房也没有使用。王某想到可以利用这套房子开办幼儿园。于是，他在亲戚的引荐下，与邻居签订了租房协议，在没有办理任何手续的情况下，租用邻居家的院子私自开办了幼儿园。此幼儿园的平房由于长期无人居住，建筑设施相当陈旧，王某为了省钱也没有采取必要的安全防护措施。幼儿园开办后不久，夏天连日暴雨造成幼儿园的一面墙壁突然倒塌，所幸当天是休息日，并没有造成人员伤亡。

（河北省保定市蠡县幼儿园　刘俊茹）

案例中，王某开办的幼儿园利用闲置的房屋作为校舍，陈旧的房屋和墙体存在明显的安全隐患，而王某在没有采取任何安全防护措施的情况下，仍然安排幼儿在危房内活动，险些因建筑物倒塌而造成师幼群体性伤亡事故。这是对师幼生命安全不负责任的表现，同时也触犯了法律。

根据法律规定，幼儿园的经营者应当保证幼儿园的校舍、场地等办学条件符合国家安全质量标准，不得在危及未成年人人身安全、健康的校舍和其他设施、场所中进行教育教学活动；由于幼儿园的校舍、场地等设施不符合国家规定的标准或者有明显不安全因素而造成幼儿伤害事故的，幼儿园应当承担相应的法律责任。

无论在建设幼儿园的过程中，还是在开办幼儿园的过程中，幼儿园管理者都应该把校舍安全作为安全工作的首要任务，从建设到维护都应该遵照相应的法律法规执行，保证师幼的生命安全。

（一）园所建设科学合理

幼儿园的教育对象是3—6岁的幼儿，他们是祖国的花朵，是未来社会的接班人。他们的身体特点和心理特点与成人完全不同，幼儿园的管理者应该从幼儿的角度出发，认真筛选办园场所，精心设计园所环境，为幼儿提供良好的、安全的、卫生的游戏、生活和学习环境。

1. 园所选址要科学

幼儿园不同于其他机构，它的主要服务对象是幼儿，在选址时，不仅要遵循《幼儿园标准化建设基本标准（试行）》的要求，而且要照顾到幼儿的生理特点和心理特点，真正从"有利于幼儿发展，为家长提供便利"的角度出发，甄选那些更适宜的场地，建设科学的园所。

一般情况下，这样的场所需要满足以下几个方面的要求：

①周围自然环境比较好，日照充足，没有高层建筑遮挡。

②地势相对平缓，高度差异不太大，便于布置建筑功能分区、出入口、室外活动场地。

③面积应该达到规范、额定要求，应该有足够的室外活动场地及绿化面积。

④远离粉尘、有害气体、噪音、污水沟、垃圾存放站等污染源。

⑤周围交通比较便捷，既方便家长接送孩子，又避免交通干扰，以保证幼儿的人身安全。

2. 园所建设要合法

在幼儿园的建设过程中，应当严格遵循《托儿所、幼儿园建筑设计规范》以及其他国家标准和规定的要求。参与幼儿园校舍工程勘察、设计、施工、监理工作的单位及人员，应当具备国家规定的资质条件。在校舍的建设过程中，必须坚持"先报批后建设""先勘察、后设计、再施工"的程序，严禁边勘察、边设计、边施工的"三边"工程，更不允许出现"三无"（无建设用地规划许可证、无建设工程施工许可证、无土地使用证）工程。

另外，在设计园所时，管理者应建设适合幼儿心理的优美环境，培养儿童的美好情操，陶冶儿童的心灵，寓幼儿教育于娱乐之中，让孩子喜欢幼儿园的房子。一般情况下，幼儿园园所设计分为建筑物和室外活动场地两部分，在设计时，要从使用功能、场地面积、安全性等方面着手，还应考虑当地的地理环境、气候特点和文化习俗，无论建筑物设计还是室外活动场地设计，都应符合本土特点，便于幼儿开展教学游戏和各种大型活动。

3. 园所验收要严格

在建筑工程完工之后，建设单位要依法组织验收，未经验收或者验收达不到规定要求和标准的，不得投入使用。

在验收的过程中，除了工程质量问题以外，从保护幼儿安全角度出发，根据《托儿所、幼儿园建筑设计规范》，幼儿园管理者还要关注以下几个方面：

①幼儿卫生间无论采用沟槽式便池还是坐便器，均应有 120 厘米高的架空隔板，并加设幼儿扶手。

②楼梯除设成人扶手外，还应在靠墙一侧设幼儿扶手，其高度不应超出 60 厘米。

③楼梯踏步的高度不应大于 15 厘米，宽度不应小于 26 厘米。

④幼儿经常出入的门应符合下列规定：距地 60～120 厘米高度内不应装易碎玻璃；在距地 70 厘米处宜加设幼儿专用拉手；门的双面均宜平滑、无棱角；不应设置门槛和弹簧门；外门宜设纱门。

⑤在幼儿安全疏散和经常出入的通道内不应设台阶。必要时可设防滑坡道，其坡度不应大于 1:12。

⑥活动室、音体活动室的窗台距地面高度不宜大于 60 厘米。楼层无室外阳台时应设护栏。距地面 130 厘米内不应设平开窗。

⑦阳台、屋顶平台的护栏净高不应小于 120 厘米，内侧不应设支撑。护栏宜采用垂直装饰，其净空距离不应大于 11 厘米。

（二）园所装修环保绿色

随着家长对幼儿园环境的要求越来越高，幼儿园装修环境也在不断地发生改善与改变。幼儿园装修环境是否有益于幼儿的健康发展，是否符合幼儿的需求，是否能确保幼儿的安全，都成了幼儿园管理者需要着重考虑的问题。

1. 装修材料的选择

园所建成后，装修就成为幼儿园管理必须要考虑的问题。虽然现在很多人都持有"轻装修，重装饰"的理念，但是整洁、明快的园所环境是让幼儿在

园快乐生活的必要保障。因此,必要的、简略的装修还是非常重要的。

在装修过程中,材料的选择是保证装修效果和装修安全的前提条件。幼儿园管理者一定要对装修材料严格把关。

下面,笔者简单介绍几种传统的和新型的适于幼儿园使用的装修材料,供大家参考。

（1）瓷砖

瓷砖又称釉面砖,是幼儿园装修中必不可少的材料,在制作的过程中,会加入一种陶瓷色料,同时会加入锆英砂作为乳浊剂,而锆英砂中有含量比较高的天然放射性元素。

一般劣质瓷砖中放射性物质的含量比较高,会对人体造成伤害,因此一定要到正规的建材市场购买品牌产品,还要向经销商索要产品放射性检测报告,最好选择A级类别的瓷砖。如果对瓷砖的安全性有疑问,还可以请专业机构对瓷砖进行放射性检测,从而有效避免室内放射性物质的污染。

（2）木制地板

市面上的木制地板分为实木地板、复合地板和强化地板三种。实木地板是由天然木材经烘干、加工后制成的,没有污染。复合地板是将实木面板、芯板和底板纵横交错排列,用胶水粘起来,并在高温下压制而成。由于复合地板各结构层要用胶水固定,因此不可避免地会产生有害物质。按照标准,复合地板必须达到E1级的要求（甲醛释放量≤1.5毫克/升）并在产品标志上标明才能销售。强化地板的结构类似复合地板,是用高密度板作为基材,再加上装饰表层与底层组成。

（3）壁纸

从环保的角度来说,壁纸的材质构成可分为纯纸、无纺纸、布、纱线、PVC材料等。在购买壁纸时,幼儿园管理者可以查看壁纸是否具有QB/T30805-1999《聚氯乙烯壁纸》和GB18585-2001《壁纸中有害物质限量》的检测报告。另外,还可以采用"一闻、二擦、三拉、四烧、五试水"的简单办法进行辨别:

①闻气味。翻开壁纸样本,闻气味,如有异味则是合成纸,天然材质的

壁纸只有极淡的草木香味。

②摸、擦。高端壁纸手感细腻,一般化学壁纸手感粗糙;拿半湿布用力擦拭壁纸表面,如有掉色或磨损,则说明工艺不过关。

③拉扯。用力拉扯壁纸样本页面,好壁纸不易变形、容易复原,含塑壁纸极易变形、难复原。

④火烧。天然材质的壁纸燃烧时没有黑烟和刺激性气味,燃烧后的灰尘也是白色的;如果冒黑烟、有臭味则是含塑壁纸,质量和环保性能没有保障。

⑤试水。先在壁纸背面滴几滴水,看是否有水渍透过纸面,如果没有,则说明无透气性;再把一小部分壁纸泡入水中,用手指刮壁纸表面和背面,看其是否褪色或泡烂。

现在市面上还有一种液体壁纸,它是一种新型内墙装饰水性涂料,由天然贝壳类生物壳体内提取的表层物、各类环保乳液和助剂组成,无毒无味,健康环保,也可以在幼儿园使用。

(4)亚克力装饰板

"亚克力"的化学名称为聚甲烯酸甲酯,是一种开发较早的热塑性塑料,具有较好的透明性、化学稳定性,易染色,易加工,外观优美。在幼儿园装修设计中可局部用于幼儿园墙面装饰点缀、宣传栏、食谱栏、展示栏及各种展示牌的制作。

(5)软木

软木俗称木栓、栓皮,是植物木栓层非常发达的树种的外皮产物,茎和根加粗生长后的表面保护组织。软木的品种、规格较多,可根据需要进行设计,拼装出各种图案和色泽,施工简便,直接粘贴在墙面或地面即可。软木因其天然环保、可重复粘贴、可钻图钉等特点,广泛用于幼儿园活动室软木教学墙、家园联系栏、作品展示墙的制作等。

当然,幼儿园装修还有其他材料,比如涂料、电路、灯具等,幼儿园管理者要注意选择那些环保的、安全的、无污染的产品,以保证幼儿在一个健康安全的环境中学习成长。

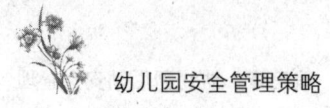

2. 装修细节的考量

安全性是幼儿园装修设计时需要考虑的重点之一。由于3—6岁的幼儿正处于活泼好动、好奇心强的阶段，因此在装修设计时，幼儿园管理者要和设计人员提前考虑需要注意的安全事项，并在设计和实施过程中进行细节处理，以保护幼儿的活动安全。

①幼儿经常接触的130厘米以下的墙面应该是光滑的，不宜粗糙，以免幼儿触摸导致擦伤。

②室内墙面宜采用光滑易清洁的材料，墙角、窗台、暖气罩、窗口竖边等棱角部位必须做成小圆角。

③活动室、寝室及音体活动室宜为暖性、弹性地面；幼儿经常出入的通道应为防滑地面；卫生间应为易清洗、不渗水并防滑的地面。

④幼儿用房选用的灯具应避免眩光。寄宿制托儿所、幼儿园的寝室宜设置夜间巡视照明设施。

⑤活动室、音体活动室可根据需要预留电视天线插座，并设置带接地孔的、安全密闭的、安装高度不低于170厘米的电源插座。

另外，在装修过程中，如果有幼儿在园活动，所装修的场所一定要用栏杆围挡，并张贴警示标志，以免幼儿误入受伤。

3. 装修过程的监管

在装修过程中，对施工人员进行监管是保证装修质量的重要手段。现实生活中，装修中以假乱真、以次充好的现象多在装修的全包或半包工程发生。虽然消费者都在装修合同中规定了具体的装修材料的品牌，但是很多都没有详细到具体的型号和规格，也没有规定这些材料的购买地点，一些装修公司就会用假冒的材料代替，如果所选用的产品不具有安全性，那么装修出来的园所，其安全质量也就很难保证了。

因此，幼儿园管理者在装修园所时，首先应该在装修合同中写明所用材料的具体品牌、型号、购买地点等信息，并要求收款凭据上注明建材产品的名称、等级、品牌，并索取质量责任单，以做到查证时有理有据。另外，在整个装修过程中，幼儿园应该委派相关人员进行监督，以便随时发现问题，及时修正。

综上所述，幼儿园作为面向3—6岁幼儿的特殊公共场所，其建筑设计与装修与中小学校完全不同。无论其风格如何、使用的材质有什么变化，始终离不开贴近幼儿生活、方便幼儿学习的宗旨和原则，只要符合"教育性、安全性、环保性、美观性、童趣性"的原则，就是合格的园所。

二、设施安全始于排查

《中华人民共和国教育法》第26条、第73条和《中华人民共和国未成年人保护法》第16条、第52条明确规定，幼儿园建筑物和其他设施要符合标准，保证幼儿在校内的人身安全，如果明知校舍或其他设施有危险而不采取措施，造成人员重大伤亡的，将依法追究直接责任人的刑事责任。园所建设并投入使用后，为保证其安全性和美观性，需要幼儿园定期对园所内的相关设施、设备开展安全检查，及时发现隐患并进行维护，以保证师幼在园的活动安全。

（一）楼外设施排查——杜绝安全隐患

幼儿园楼体外面的设施主要包括操场上的大型玩具、建筑物外墙上的空调等设备。这些设施长期放在室外，经受风吹雨打、日光照射，势必造成油漆脱落或零件老化，需要定期排查，以消除安全隐患。尤其像滑梯、攀登架、小城堡、海洋球、蹦蹦床、秋千、跷跷板等大型玩具，幼儿每天在户外活动中都会用到，对它们的检查与维护尤为重要。

【案例3-2】

户外活动时间到了，冯老师带着班级里的幼儿来到操场上。操场上有一架大型玩具，虽然已经购置多年，但是由于其功能比较齐全，仍是孩子们最喜欢的玩具之一。幼儿们都跃跃欲试，想马上到玩具上去练练身手。

可是冯老师并没有让孩子们去玩，他一边让孩子们站在原地，想想在玩玩具的时候应该注意哪些事项，一边围着大型玩具查看起来。

她在查看的过程中，从地上捡到一根很大的螺丝，发现它是从滑梯与踏板之间的连接处掉落下来的，用手使劲摇晃滑梯，滑梯竟然动了起来。

冯老师举起螺丝，对孩子们说："这个滑梯坏了，如果玩会发生危险，我们现在需要去找张叔叔对滑梯进行检修。"

孩子们同意了，他们和冯老师一起找来一块小黑板，写上"危险"的字样，悬挂在明显的地方，并派了3个小朋友站在滑梯旁，对其他小朋友进行提醒，剩下的小朋友和冯老师一起去找维修室的张叔叔，请他把滑梯修好。

（河北省保定市青年路幼儿园　黄翠英）

案例中的冯老师头脑中始终有"安全第一"的意识，在组织幼儿进行户外活动时，最先做的事情就是检查场地与设备的安全。正是由于她的这种责任感，才避免了安全事故的发生。

幼儿园可以组织相关人员成立"维护小组"，定期对幼儿园室外的各种体育器械进行检查，当发现幼儿园校舍、场地、大型设施等存在损坏、变形等情况时，要及时安排人员维护、维修或者更换；安全隐患没有排除之前，应当在存在安全隐患的地方设立警示标志，并采取充分的防护措施防止幼儿接触或使用；如果险情比较严重，幼儿园自身无力解决，应及时上报教育主管部门或其他部门寻求帮助，使出现问题的建筑物或场所能够及时得到修复。

除了定期检查、维护园所外，管理者还需要注意以下问题：

①在大风、大雨等自然灾害过后，应当对园所建筑物和场地树木进行检查。

②在举办大型活动之前，幼儿园应增加临时性的安全检查。

③对于大型玩具（如滑梯、攀登架、小城堡、转椅、蹦蹦床等），幼儿园在购买时还要索取保修凭证，并由专门的技术人员进行安装、调试。

（二）楼内设备排查——保证活动安全

在幼儿园，可能引发安全事故的设施、设备，除了校舍、围墙、场地等建筑设施,还包括幼儿园的楼梯、扶手、通道、门、窗户、阳台、地面、床铺、电源插座、课桌椅等附属设施及设备。如果设计不合理或者监管不到位,则很容易形成安全隐患。

【案例3-3】

小朋友们午睡起床穿好衣服后,陆续去如厕、洗手,准备吃午点。豆豆年龄比较小,等他最后一个起床后,其他小朋友已经坐在小椅子上开始吃点心了,而老师也在忙着帮女孩子梳头。豆豆一个人进入厕所,也许是还没有完全睡醒,他脚下一滑竟摔倒了,头部磕到小便池上,顿时流出血来。老师急忙跑过去询问怎么回事,发现是小便池的尖角惹的祸。

虽然后来经过救治,豆豆的头部伤口没有大碍,但是留下了一个永久的伤疤。在很长一段时间里,每次老师看到豆豆头上的疤痕,脑海里就会浮现出豆豆头部流血的样子,心里就会莫名地紧张起来。

过了几天,幼儿园对所有班级的小便池进行改造,将直角全部改成弧形,并对幼儿园其他场所进行了排查。

(河北省保定市青年路幼儿园 赵锦亨)

本案例中,由于幼儿园建筑设计中细节的疏忽,造成幼儿受伤。如果追究责任,幼儿园管理者负有不可推卸的责任。虽然在事件发生之后,幼儿园对相关的场所进行了安全隐患排查,杜绝了以后类似事故的发生,但是对豆豆小朋友来讲,其受到的伤害却是永久的。

【案例3-4】

一所幼儿园的一扇钢化玻璃门砸到了一位小朋友,而后幼儿园和家长围绕赔偿问题发生了争执。在幼儿园门口,情绪激动的孙大妈指着幼儿园内一间舞蹈教室说:"半年前我带孙子来练习跳舞,我一推,那个钢化大门就突然朝我们倒了下来,那么重的大门一下子砸到我和孙子身上。我爬起来以后,发现我孙子还被压在下面。我用力抬起钢化门,小孙子在底下哭着不能动弹。我一边喊救命一边抬门,才把小孙子救出来了。"据孙大妈说,当时他们把孩子带到附近的二院治疗,由于是锁骨骨折,孩子又太小,二院并未接收,无奈他们只能将其带到省立医院治疗。

(案例改编自胶东在线网,www.jiaodong.net,题目为"幼儿园钢化门倒塌砸伤学生　家长打横幅讨说法")

本案例中,虽然幼儿园使用的钢化门在建造、购买时是合格的,但由于幼儿园对其疏于检查和维护,缺乏相应的安全管理制度,导致其产生安全隐患,进而诱发安全事故,幼儿园应该负有赔偿责任。

保证园内设施、设备的安全,是幼儿园的法定义务,也是师幼在园活动的安全保障。一般情况下,幼儿园在设施设备上出现安全事故,不是由于之前设计的不合理,就是由于后期使用过程中检查维护不到位造成的。

幼儿园管理者应该根据本园情况,建立设施、设备的安全使用和管理制度,建立设施、设备的定期排查制度,安排相关人员对室内的各种设备进行检验、记录,并根据存在的安全问题和隐患情况及时采取更换、维修、隔离、停用、设立警示标志、安排专人值班等措施,以防止发生安全事故。

(三)玩具用具排查——保证游戏安全

幼儿园教育教学中,孩子们游戏占据大部分,与之相配套的教学设施也比其他教育机构更加丰富和复杂。

【案例 3-5】

某民办幼儿园 9 月开园,为了节省资金,园长从网店购买了一些当下非常流行的木制玩具,发放给所有的班级使用。可是不久,幼儿园中的一些孩子就集体出现症状——身上起红疙瘩,又痒又痛。经专业医生诊断,孩子们身上的疙瘩是由于对油漆过敏引起的。原来幼儿园购买的木制玩具外表涂的劣质油漆是导致孩子们过敏的罪魁祸首。

(河北省保定市蠡县幼儿园　刘俊茹)

《幼儿园工作规程》第32条规定，幼儿园的教具、玩具应有教育意义并符合安全、卫生的要求。在购买玩具时，幼儿园要从正规的生产商、经销商处进货，并索取购买凭证，不得从非正规渠道进货。还要注意查看玩具是否标注了生产厂家的名称、厂址、电话、主要材质或成分、适用年龄段、安全警示语等信息，是否有产品合格证，切勿购买"三无"产品及假冒伪劣产品。

【案例3-6】

某园的幼儿在每天吃完早餐后，会根据自己的意愿自由进区活动。一天，按照惯例，冯园长又在园内各班巡视。因为最近一段时间幼儿园正在开展丰富区域材料的活动，她一方面想看看班级教师都投放了哪些材料，另一方面也想了解一下投放的材料是否安全。

她首先走到大班，看到班级里很多孩子已经吃完早餐，进入各个区域中开展活动了。冯园长围着班级区域转了一圈，建筑区的几个男孩子吸引了冯园长的注意。这几个孩子正在用教师最近提供的杏仁露易拉罐、纸抽筒、积木等材料搭建生活小区，冯园长仔细看了看纸抽筒和积木，它们都很安全；可是看到了铁质的杏仁露易拉罐时，她用手摸了摸打开的小口边缘，皱紧了眉头。

冯园长马上把班级教师叫到身边，请她们观察杏仁露易拉罐的瓶口，并说说它们有可能会对孩子造成的危害，带领教师一起想解决的办法。

教师听了冯园长的话后，用KT板剪成大小合适的圆形，盖在杏仁露易拉罐口的一面，并粘贴固定。这样的杏仁露易拉罐再投放在建筑区，就再也不用担心瓶口划破孩子的手了。

(河北省保定市青年路幼儿园 刘雅楠)

《幼儿园管理条例》第19条规定，幼儿园应当建立安全防护制度，严禁使用有毒、有害物质制作教具、玩具。案例中的教师选择杏仁露易拉罐投放在建筑区作为建筑材料，其操作性是可行的，但是其安全性有待商榷。冯园长在日常巡视过程中，发现了教师所提供材料的安全隐患，并提出了整改建议,不仅消除了当下的安全隐患,而且帮助教师树立了更强的安全意识。

根据《学生伤害事故处理办法》第9条的规定,由于学校(幼儿园)提供给学生(幼儿)使用的学具、教育教学和生活设施、设备不符合国家规定的标准,或者存在明显不安全因素而造成学生(幼儿)伤害事故,学校(幼儿园)应当依法承担相应的责任。

因此,幼儿园管理者和教师在制作、购买玩具时应该强化安全意识,从以下几个方面对所提供的材料或购买的玩具把关:

①玩具本身的问题。3岁以下儿童使用的玩具不应含有小零件,3岁以上儿童使用的玩具允许含有小零件,但应在玩具的外包装上或显著部位标有明显的警示标志,以免其被儿童误食而造成儿童窒息。再如:玩具上要没有尖角和锐边,以免其划破、割伤幼儿的皮肤。

②绳索的问题。玩具的绳索不能过长,否则有可能缠绕住幼儿的脖子而对其造成伤害。

③塑料薄膜的问题。市面上很多玩具外面都会附上塑料薄膜,而塑料薄膜有可能被儿童吸入,从而造成儿童窒息。所以,在发给幼儿玩具时,教师一定要提前去除塑料薄膜。

④化学原料的问题。玩具上的油漆、涂料、油墨、纸布多含铅等有毒重金属,一旦进入幼儿体内,则容易造成摄入性金属中毒。幼儿园在购买玩具时,要注意查看相关金属含量是否超标,是否符合国家安全标准。

幼儿园中的设施和玩具是教育教学工作顺利开展的保证。在使用这些器械和材料的过程中,一方面,幼儿园要设立相关的排查制度,定期检查;另一方面也不能忽视对教职工的安全教育。每位教师既要树立安全意识,又要在一日活动中注重自己的安全责任,只要是幼儿能够接触到的物品,就一定要确保其安全性。只有这样,才能确保幼儿的生命安全。

三、门卫安全落在细节

门卫,顾名思义就是门口保卫,是企事业单位的保卫人员依据国家法律和单位的规章制度，严格把守单位的职工、外来人员和车辆进出的大门，实施验证、检查、登记，以维护单位内部秩序，保障人身、财产及其他安全的一种行为。

幼儿园应以"安全第一，严格把关，消除隐患"为指导思想，全面加强门卫安全工作。同时，幼儿园门卫不同于单位、景点、商店、生活区等地方，安全保障的对象是幼儿，因此要以"树文明窗口，架绿色屏障，携家长之手，保幼儿安全"为服务宗旨，以"提高意识，措施到位，认真对待，严格执行"为原则。

（一）完善的管理是安全的前提

门卫工作的特点是保卫人员必须依照国家的法律、法规和单位的规章制度履行职责。要建立必要的制度和流程，明确门卫的职责和义务，合理进行分工，保障门卫工作顺利开展，以达到"用制度约束自己，用流程规范自己，用职责检验自己"的目的。

1. 制度细——不烦琐

有效的管理制度是工作的章程和准则，没有完善的管理制度，任何先进的方法和手段都不能充分发挥作用。制度是执行的基础，执行是制度的实践，没有制度就没有执行；没有执行，就没有管理。

（1）合理制定

门卫工作的主要任务是保证幼儿安全，严禁幼儿单独外出，对出入大门的人员、车辆、物资进行严格检查、检验和登记，防止不法人员混入单位，防止物资丢失，以维护单位内部秩序和人、财、物的安全。幼儿园管理者可根据其工作需要制定或完善相应的制度，如《门卫人员安全职责》《人员出入制度》《车辆出入制度》等。

不同幼儿园会有不同的工作内容和要求，如某幼儿园门卫工作中包含收发工作、安全巡视工作、班级消毒工作等，幼儿园管理者可以根据这些内容制定相应的《门卫收发制度》《巡视巡逻制度》《消毒管理制度》等。

在制定制度时，幼儿园管理者一定要意识到制度不在于数量的多少，而在于内容要合理。合理的制度是门卫管理高标准和规范化的体现,能让门卫工作人员有据可依,有标准可循。

（2）细化标准

在门卫管理的实际工作中,很多事不能一概而论。比如人员出入管理,其中包括正常来园和离园的幼儿及家长；外来办事人员；前来参观、检查、指导工作的人员；送货、维修等工作人员等,不同人员出入应该有不同的管理要求,幼儿园管理者可根据人员出入频率和园所的特殊要求,决定是否需要制定有针对性的安全管理制度。

例如,某幼儿园有25个班级,在园幼儿1000余名。面对这样一个庞大的群体,其门卫管理工作中涉及人员出入的制度分别有《来访人员会客登记制度》《家长接送制度》《早接幼儿登记制度》《送货人员进园登记制度》《施工人员进园登记制度》《参观登记制度》《晚7:30以后进园管理制度》《节假日进园管理制度》《班级外出活动登记制度》《幼儿单独外出拦截制度》等,通过细化这些制度,对不同人员、不同时间进出幼儿园的人员有了相应的要求。

另外,针对不同身份的人员,不同制度有不同的安全保障意义。比如,某园以保障幼儿在园安全为前提的制度包含《家长接送制度》《早接幼儿登记制度》《班级外出活动登记制度》《幼儿单独外出拦截制度》等,其中《家长接送制度》明确规定了接送时间、进园方式、安全要求、家长注意事项等内容；《早接幼儿登记制度》明确规定了早接幼儿的注意事项；《班级外出活动登记制度》要求对外出的幼儿记录详细的外出时间、带出人员信息和教师意见；《幼儿单独外出拦截制度》中规定,在早晚集中接送幼儿的时间段,要由园级领导、安全主管、安全员、保卫人员等组成安全保障小组,负责门口幼儿的出入安全。这些制度有效降低了幼儿单独外出走失的安全隐患。

（3）避免重复

俗话说"细节决定成败",但在幼儿园具体工作中,管理者还要注意避免重复和烦琐,以保证制度发挥最大的管理效能。

以某幼儿园为例。在上述门卫工作管理制度中,《送货人员进园登记制度》和《施工人员进园登记制度》对工作内容、人员情况、管理要求的规定基本相同。在日常工作中,送货人员比较多,比如每天都有给食堂送货的;每月都有多次送办公用品和生活用品的;施工人员是根据幼儿园需要来的,来园次数和人数都不确定。制度太多太细容易让执行者觉得麻烦而"偷懒",造成管理不严格。针对这种情况,管理人员可以根据实际情况将二者合并为《送货、施工人员进园登记制度》,这样既方便了管理,又方便了工作汇总。《晚7:30以后进园管理制度》和《节假日进园管理制度》都是对非工作时间出入的安全管理,因此可以将二者合并为《非工作时间进园管理制度》。

2. 流程细——易操作

幼儿园门卫工作是极其平凡但又非常重要的岗位,是幼儿园安全保障的第一关。以前门卫大多由临时工或勤杂工兼任,就是我们常说的"看门大爷"。近年来,幼儿园暴力事件时有发生,各级教育管理部门对幼儿园安全监管的力度逐步提升,幼儿园管理者安全意识日益增强,门卫工作已基本由保安人员担任。这些人员大多由单位自行聘用或保安公司推荐而来,其文化水平、个人素质参差不齐,同时还具有流动性强等特点,造成群体的行为很难取得一致、效果不易把控的情形。幼儿园管理者将工作制度的要求细化到流程中,可以为门卫人员提供具体的、可操作的标准,使其快速提升工作质量和工作水平。

(1)幼儿及家长出入管理

为保障园所和幼儿接送安全,幼儿园可以制定"家长接送幼儿进园流程"(参见图3-1),以规范门卫管理,使门卫工作常规化、有序化、科学化。同时,要提醒家长严格按照进园流程出入大门,执行接送卡制度,严把幼儿来园、离园关,避免幼儿走失,避免闲杂人进园。在使用接送卡时,一人一卡,每卡只限一位家长使用,无卡者一律禁止入园。

由于在使用接送卡接送过程中,难免会出现这样那样的问题——有的家长因疏忽丢失接送卡;有的家长在接送幼儿时忘记带接送卡;有的家长因为有事来不了找别人代接,代接幼儿的家长又没有接送卡,等等,幼儿园可以制定"无卡家长进园流程"(参见图3-2),向家长说明特殊情况下正确进园的方法。严谨细致的流程可以避免幼儿接送环节的安全隐患。

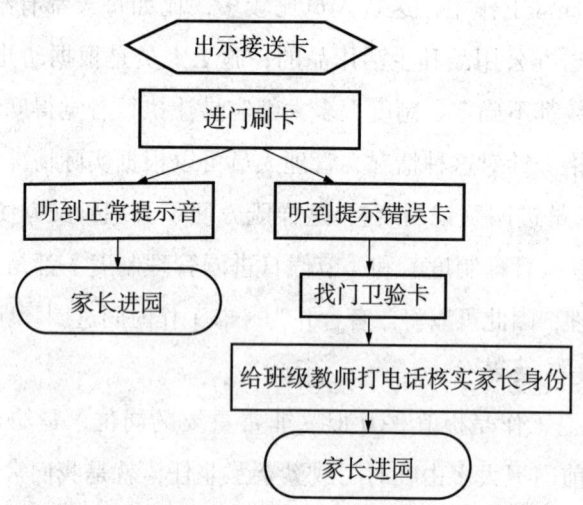

图 3-1　家长接送幼儿进园流程

幼儿园管理者必须强化服务和责任意识，在服务中实施管理，让工作更加规范化；在管理中体现服务，让工作更加人性化，以严格的管理更好地为家长服务。

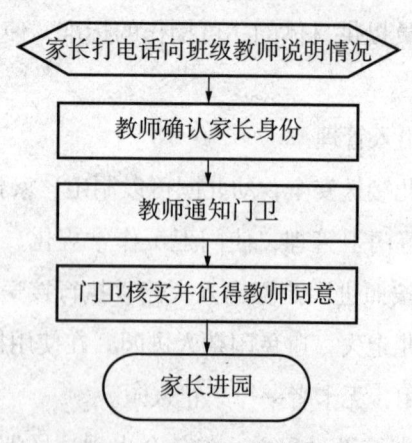

图 3-2　无卡家长进园流程

（2）外来人员及车辆管理

门卫每天迎来送往，会接触到很多人、很多事，通过流程管理固化运作

第三章 幼儿园后勤安全管理

机制和经验，既保证了园内安全，又保证了各类人员尽快适应门卫工作，提高工作质量。

比如某园制定的"外来人员进园流程"（参见图3-3）。流程中详细说明了来访程序，涉及来访者、被访者和门卫，说明了门卫在来访者和被访者之间起到的衔接作用，门卫人员只需要按照流程一步一步认真联系、登记、引导就可以高效地完成来访接待工作。在接待来访中，也可能会遇到一些问题，如不知道要找谁（被访者不明确）、联系不上被访者等情况，如果不符合进园要求，门卫人员可婉拒来访者。

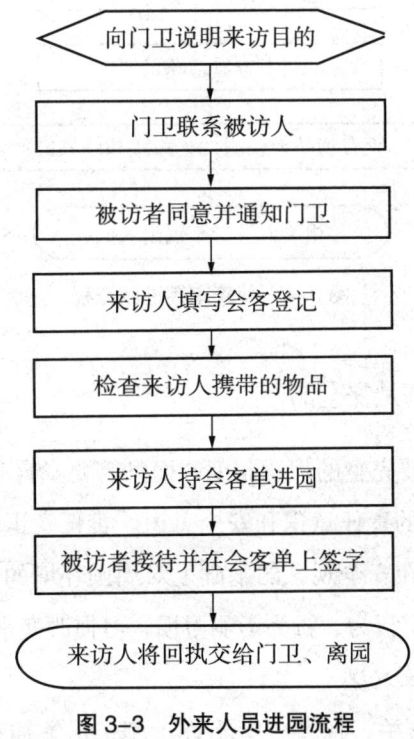

图 3-3 外来人员进园流程

再如，"外来车辆进园流程"（参见图3-4）对车辆的进园目的、进园线路、停放位置等都提出了要求。该流程还明确了领导的监督作用，对车辆进园做了规范管理。

总之，制度的制定要从工作出发，符合本园需要，最终目的是确保幼儿园安全。

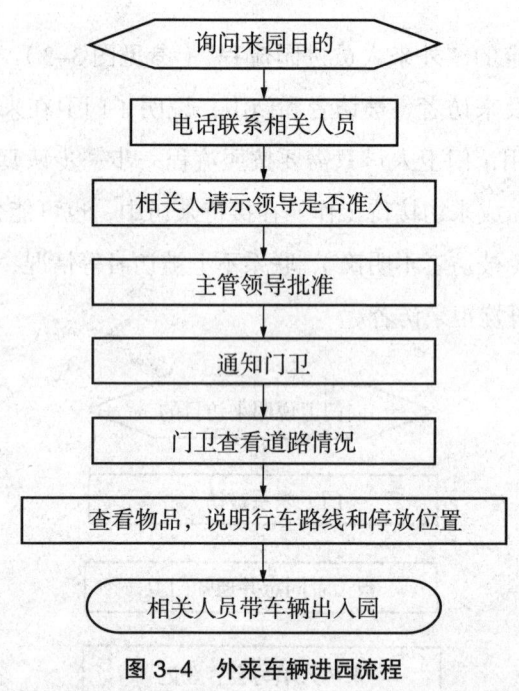

图 3-4 外来车辆进园流程

（二）意识的提高是安全的保障

安全工作不仅需要完整的规章制度，而且需要发自心底的对生命的尊重。门卫工作要求有高度的责任意识和安全意识。责任意识是对工作负责的能力和态度，安全意识是在安全观念的基础上对周围环境的戒备和警觉的心理状态，正所谓"意识决定行为，行为影响习惯，习惯改变素质"。

1. 重执行——细致发现

"上下楼必须扶扶手；在办公室不许奔跑；铅笔插在笔筒内、笔尖须向下……"这是美国一家著名公司的《员工守则》的部分内容。听上去好像有点小题大做，但反映了美国企业的严谨和对安全的重视。

"没有规矩不成方圆"，为了规范管理，严把幼儿来园、离园关，避免幼儿走失，幼儿园最好配备刷卡机，采取"一人一卡"的方法，供家长进门时辨别身份、统计幼儿出入信息。没有卡的外来人员要核实身份后才能进入。

【案例 3-7】

实行接送卡制度的第二天，晚上放学时间，东东的妈妈来园接孩子，到幼儿园门口才发现因急着出门，忘记带接送卡了。这可怎么办呢？东东妈试着随其他家长进园，想"浑水摸鱼"，没想到被细心的保安老张发现了。"麻烦刷一下卡。"东东妈不好意思地说："我走得急忘带接送卡了。""那就麻烦你出去吧，没卡不能进。"任凭东东妈怎么说，负责任的老张就是不让她进园。东东妈一着急冲着老张瞪起眼来："我的孩子没人接，哭了你负责啊！"老张也不干了："我这是对孩子负责任，你怎么还出口伤人？"不远处维持秩序的老赵赶紧走过来，赵师傅是个细心人，说话轻声细语，他向东东妈解释："这位家长你别着急，他也是为你的孩子好，他这么负责任，你的孩子在这里多安全啊。来来来，你告诉我孩子是哪个班的，咱们给老师打个电话核实一下。"听到解决的办法，东东妈才平息了激动的情绪。后来，经过核实身份，东东妈顺利进园接孩子了。

经过这场风波，幼儿园完善了接送制度，没有带卡的家长可以通过打电话向老师确认身份后放行。

（河北省保定市青年路幼儿园　徐晶）

世界上最难把握的是规则的度，度源于素养，而素养则源于日常生活中一点一滴的细节积累。在实际工作中，要善于换位思考，站在家长的角度看问题，变指责为说服。由于家长的个性特点、学识水平、个人素质不同，所以说话、办事的方式方法也存在很大的差异，常常会遇到不理解、不配合、不遵守园内规定的情况。这时，门卫要以诚恳的态度做好对家长的解释说明工作，以便得到家长的理解与支持，用管理者的热心让幼儿开心、家长放心。

2. 重监督——细微排除

常言道"千里之堤，溃于蚁穴"。门卫工作仅靠"做"是不够的，还要有严格的监督管理来确保工作执行到位，同时发现工作中的疏漏和问题，及时提出有效的解决方案。

比如，很多幼儿园都安装有电动门，如果接送幼儿的家长靠得太近，很容易造成夹伤或脚部被碾压，幼儿园管理人员可以在电动门两旁画上安全等候线，并用文字提示家长在等候线外站立，以避免安全事故的发生。

【案例3-8】

　　信息时代，邮购物品逐渐增多。一天，领导到传达室检查工作，看到满地都是邮包。正在这时一位老师进来，很不友好地问门卫："为什么把我的邮包退回去了？"门卫莫名其妙。后来经过了解才知道快递人员来送件时，老师正值主班不能接打电话，所以门卫没有联系上，快递员只好拿走邮件，并通知老师自己到指定地点领取。

　　领导询问门卫为什么不帮老师接收邮件，门卫觉得很委屈，解释说："前两天一位老师来取邮包，邮件包装完好，但打开后，里边的四个化妆品瓶子有两个已经碎了，乳液流得到处都是，最后只能重新发回调换。"虽然当事的教师没有指责门卫，但是对门卫很不满；还有一位退休老师收到孩子寄来的月饼，因为没有接到快递员的电话通知，领取不及时，打开包装时月饼已过期了，退休老师也对门卫很不满。为了避免类似的事情发生，门卫不敢再随便接收邮包了。

　　听到门卫诉苦，幼儿园领导及时完善了收发制度，并结合国家有关规定，从幼儿园实际工作出发，对制度进行了必要的修改，如：为了保证教师专心工作，在不能接听电话时，邮件可由门卫代收；如购买的物品需要验收，可以提前通知门卫等。

（河北省保定市青年路幼儿园　徐晶）

本案例中，当原有的制度已经不能满足现在的需要时，门卫人员就会面临这样、那样的问题；也因为没有明确的规定，在出现问题的时候，教师和门卫、教师和快递员、门卫和快递员之间就会造成误会。管理者要善于发现问题并解决问题，通过完善制度，避免工作人员之间产生误会。

3. 重完善——细心改进

只有从意识上认识安全的重要性，才能从根本上减少不安全因素，创造和谐的工作环境，实现"工作标准化、意识安全化、思想责任化"，幼儿园才能成为真正的幼儿安全的守护者。

【案例 3-9】

某幼儿园有千余名幼儿，地处城市繁华的街道，同一条街道上还有本市一所重点小学和一所重点中学。每到晚上接孩子时，几千名家长在同一时段刷卡进园，使本就车水马龙的街道变得更加拥堵。幼儿园开门的瞬间，家长们蜂拥而至，偶有家长因为拥挤被踩掉了鞋、碰掉了表、丢了接送卡，有的老年人因为行动迟缓，险些被后面的家长挤倒。

细心的后勤主任发现这一现象后，马上着手对幼儿园的接送环节进行了如下完善：第一，改进门口设施，加装了分流通道，家长进入通道后自然分成两个队列，可以有序刷卡进园；第二，在院子里设置家长等候区，调整进园时间，家长分散进园，缓解了进门时的拥挤和道路的拥堵；第三，在等候区内增添新的宣传板块，有温馨的安全提示、流行疾病的防治知识等，使家长们在等待时间里不再枯燥乏味。第四，在等候时间开设晚间广播，向家长介绍园内动态，帮助家长了解幼儿教育理念，交流教育心得，宣传安全。通过这一系列措施，家长可以更加有序地进园，避免了由于拥挤造成家长之间发生磕碰事故。

（河北省保定市青年路幼儿园　徐晶）

没有做不好的工作，只有不负责任的人。本案例中车多、人多是威胁幼儿安全的重要因素之一。为了避免发生意外，幼儿园管理者在工作中发现问题，解决问题，将工作做好、做精，同时也保证了家长和幼儿的生命安全。

（三）良好的沟通是安全的桥梁

安全教育工作不仅是幼儿园的工作内容，而且是家庭教育、社会教育及幼儿终身教育的重要内容。家长在提高安全意识的同时，也应对孩子进行潜移默化、循序渐进的安全教育。同样,对幼儿开展安全教育,也能带动家长,对家长进行必要的安全提示。

1. 家园携手组织活动

只有家庭、社会、学校三者配合起来,孩子才能够更好地健康成长。笔者发现在安全管理工作中,如果幼儿园对家长没有要求和约束,就很容易诱发安全事故。幼儿园管理者应该从幼儿生命健康成长的需求出发,协同家长共同实施安全教育。

【案例 3-10】

某园是一所花园式幼儿园,园内绿草茵茵,花香满园,草坪里卡通雕塑惹人喜爱,让人仿佛置身童话世界。每到接孩子时间,孩子们就像脱缰的小马,飞快地脱离家长的管束,直奔自己喜爱的活动区域。有的家长觉得反正还没有走出幼儿园,也不急着追赶,任由孩子随意乱跑;有的家长只顾跟自己熟识的人聊天,忽视了自己的看护职责,因此经常发生家长找不到幼儿的情况,也影响了幼儿园按时闭园,造成安全隐患。

为此,幼儿园面向全园家长和幼儿开展了"大手牵小手"的主题活动,以"平安幸福"为目的,向家长发出"大手拉小手,安全在行走"的倡议,提示家长和小朋友出入园门时要大手拉小手,高兴而来,平安而归;组织"安全小卫士"在门口执勤,拦截单独外出的幼儿,提示他们要跟家长手牵手。"安全小卫士"在爸爸妈妈的陪同下协助清园管理,提示在院子里玩耍的小朋友按时离园;孩子们用稚嫩的广播向家长介绍安全出行方法和发生意外后解决问题的途径;用展板宣传活动的同时进行安全提示。参与活动的"安全小卫士"和家长们在管理别人的同时,也提高了自己的安全意识,并对全园安全工作起到了引领作用。

(河北省保定市青年路幼儿园 赵锦亨)

本案例中,幼儿园门卫安全管理由单纯的说教转变为家长、幼儿共同参与，这样做既说服了别人，又教育了自己。幼儿园和家长通过真诚的努力，共同为幼儿的安全撑起一把绿色保护伞。

2. 关注服务体现"三细"

常言道"勿以恶小而为之，勿以善小而不为"。门卫工作比较烦琐，很多细微之处需要管理者关心重视。门卫人员也应该充分利用家长资源，及时了解家长所想、所需，服务家长，排除隐患。

（1）细听

生活中有些小细节忽略了不一定会发生危险，但是安全工作不容我们抱有侥幸心理，只有排除各种隐患，才能真正保护幼儿的安全。比如，幼儿离园前，家长等候的时候常在一起聊天，会谈到对幼儿园的一些看法、意见等，此时门卫要注意倾听家长的心声。如家长谈到哪个区域出入不方便；冬天到了，树上的枯枝会不会掉落伤人；网络上出现了某地电动门夹人事件、孩子被电梯卡住，等等，门卫得到信息后，可以向上级领导汇报，该安装的安装，该修剪的修剪，该排查的排查，该修理的修理，将所有安全风险降到最低，保证幼儿的安全。

（2）细想

歌德曾说，"责任就是对自己要求去做的事情有一种爱"。要设身处地地从家长的角度着想，为家长办好事。比如，家长接送孩子使用的车辆都是临时停放的，幼儿园一般不会为家长设置专门的存车处，偶尔会有家长丢车、丢物。幼儿园应当及时利用广播、宣传栏等宣传手段，向家长进行必要的安全提示，在专业人士的指导下向家长提供相应的安全防范方法。有的年轻家长不拘小节，不注重饮食卫生，在幼儿园门口的路边摊给孩子买零食吃。幼儿园应该向家长介绍饮食安全常识，对家长进行善意的提醒。这些事都发生在幼儿园外边，跟幼儿园工作没有直接关系，但是，只有帮助家长提高安全意识，才能为幼儿营造健康、愉快的成长环境。

（3）细做

生活中往往是那些看似无大碍的小节能够体现一个人的责任心，同样，这些小节的积累，往往体现出一所幼儿园的整体素质。幼儿园安全管理工作要从实际工作出发，为家长办实事。比如，冬天下雪路滑，为了保证家长和幼儿的出入安全，遇到雪天，门卫要在入园前清理道路积雪，铲出一条安全通道，并在险要位置张贴安全提示；一年一度的招生报名工作，为避免家长因争抢造成拥挤而忽视对幼儿的看护，幼儿园应提前划分区域，做好指示标志，安排工作人员各自占位，为家长备好纸笔，方便家长及时记录需要注意的内容，节省等候时间。

门卫安全管理工作离不开家长的参与和支持。与家长沟通是幼儿园安全教育顺利进行的前提，其中工作态度是沟通的基础，工作方法是沟通的桥梁。只有架好安全桥，才能保证安全工作顺利通畅！

四、校车安全强在意识

保障校车安全事关幼儿的生命安全，事关千家万户的幸福安康和全社会的和谐稳定。加强幼儿园校车安全管理，建立规范的校车管理制度，是坚持"以人为本，全面贯彻落实科学发展观"的必然要求，是构建和谐社会的重要内容。幼儿园要切实把规范和加强校车安全管理作为一项重要的工作摆在突出位置，抓紧抓好，确保幼儿生命安全。

【案例 3-11】

2014 年 7 月 10 日，湖南湘潭市雨湖区响塘乡金桥村乐乐旺幼儿园所属园车在送幼儿回家途中，经过与湘潭交界的长沙市岳麓区干子村时翻入水库。11 日凌晨 4 时许，事故车辆打捞出水，11 名遇难者遗体全部找到，其中幼儿 8 名，成人 3 名。

（案例来源于今视网，www.jinshi.tv，题目为"湘潭市雨湖区响塘乡金桥村乐乐旺幼儿园所属园车翻入水库"）

【案例 3-12】

2011 年 3 月北京市门头沟区一辆核定载客 49 人、实载 81 名幼儿园师生（其中 76 名儿童）的大客车超速行驶，途中发生事故，造成包括园长和一名 5 岁儿童死亡，3 名儿童受伤。

（案例改编自北方网，news.enorth.com.cn，题目为"网友描述出事校车：孩子一手抱同伴一手拉绳子"）

2012 年，《校车安全管理条例》发布，规定校车是指"依照本条例取得使用许可，用于接送接受义务教育的学生上下学的 7 座以上的载客汽车"。幼儿入园以保障幼儿就近入园和由家长接送为原则，有的幼儿园因为幼儿居住地较分散，从服务家长、满足家长需求的目的出发，继续使用校车。

近年来校车事故频发，事故原因多是超速、超载、车辆不达标、驾驶不规范等造成的。造成事故的原因不是缺乏制度，而是缺乏认识，安全意识不到位，有规章不遵守，有制度不执行。加强校车安全管理一定要提高意识，不能让"安全第一"只是一句标语，要从意识上彻底转变。

（一）完善校车管理

幼儿园管理者应坚持"以人为本"，针对校车管理做到强化责任意识、安全意识，严格校车管理规范，以保证校车使用安全。

1. 严明的用车标准

幼儿园管理者应根据 2012 年发布的《专用校车安全技术条件》（GB24407-2012）和《专用校车学生座椅系统及其车辆固定件的强度》（GB24406-2012）这两项国家强制性标准（以下简称"专用校车安全国家标准"）的要求来检查和甄选使用车辆。校车必须符合国家标准，取得机动车检验合格证明，并已经在公安机关交通管理部门办理注册登记。

另外，幼儿园自备车辆要符合国家技术标准，定期年检，标准合格才能上路。校车司机要坚持每天对车辆进行三检：出车前的检查、行驶中的检查、收车后的检查。校车的每一个座位都要配备安全带，并封闭后门和台阶。严禁使用没有资质的私人运营车辆作为校车接送幼儿，在接送过程中严禁超载。

2. 对司机的严格要求

《校车安全管理条例》规定，校车司机应取得相应准驾车型驾驶证并具有

3年以上驾驶经验，年龄在25周岁以上、不超过60周岁；身心健康，无传染性疾病，无癫痫、精神病等可能危及行车安全的疾病病史，无酗酒、吸毒行为记录；无伤亡事故和不良记录；要有高度的责任感和机敏的反应力，能在危急关头把握时间、化解危险。

3. 制定严密的路线

在校车开通前，幼儿园要考察校车即将行驶的线路，查看有无事故多发地段、有无施工作业路段。《校车安全管理条例》规定，校车行驶路线应当尽量避开急弯、陡坡、临崖、临水的危险路段；确实无法避开的，道路或者交通设施的管理、养护单位应当按照标准对上述危险路段设置安全防护设施、限速标志、警告标牌。在校车开通前，幼儿园要明确告知家长行车路线，确定安全的接送地点。临时改变路线要向家长提前说明情况。

另外，司机要深入了解所有经过的路途路况，选择更加畅通的路线，并能运用自己的驾驶经验"化险为夷"。比如，一般情况下临水路段为危险路段，在行驶过程中能绕行的最好绕行，实在没有其他路可选的情况下，司机要做到平静驾驶、平稳通过。

4. 严谨的交接程序

《中华人民共和国侵权责任法》规定"如果未成年人在幼儿园、学校或者其他教育机构学习、生活期间遭受人身损害，是由于幼儿园、学校或者其他教育机构本身的人员的行为造成的，幼儿园、学校或者其他教育机构未尽到教育、管理职责时，就要承担责任"。只有严格履行校车接送交接程序，才能有效避免漏接、错接、遗忘幼儿等事故发生。

【案例3-13】

2007年4月，甲某乘坐中心幼儿园的校车回家，在通向其居住村的路口处下车后，在家人还未来接的情况下，自己由西向东横过马路回家时，被乙某驾驶的由南向北行驶的拖拉机撞倒，甲某被撞伤后经抢救无效死亡。

（案例改编自华律网，www.66law.cn，题目为"校车接送未尽职　幼童被撞谁担责"）

【案例 3-14】

2011年9月13日,荆州市两名年龄不到4岁的幼儿上幼儿园校车后,竟被司机和接车老师遗忘在校车内。当日,荆州市的气温高达31℃。在校车内闷了8个小时后,两名幼儿的遗体才被发现。

(案例来源于亲宝网,www.qqbaobao.com,题目为"校车安全")

案例3-13中,因为幼儿下车时没有将其交与其监护人,致使幼儿自己横穿马路造成伤亡;案例3-14中,司机和教师下车时没有清点人数,致使幼儿被遗忘在车内,由于高温、缺氧而死亡。幼儿年龄小,认知水平低,生活经验不足,缺乏自我保护意识,遇到问题不能采取有效的措施。幼儿乘坐校车时,清点、交接是一个非常重要的环节。校车司机在接送幼儿时填写交接登记表(参见表3-1)是必要的。

表3-1 幼儿园校车接送交接登记表

日期:_____ 司机:_____ 陪同教师:_____

乘车幼儿	周一		周二		周三		周四		周五	
	家长签字		家长签字		家长签字		家长签字		家长签字	
	送	接	送	接	送	接	送	接	送	接
备注	上车( )人,缺席原因:									
	下车( )人,缺席原因:									

（二）大型活动外出用车安全

环境是重要的教育资源，要充分利用自然环境和社会资源，扩展幼儿生活和学习的空间。幼儿园常会组织一些外出实践活动，如春游、参观科技馆、图书馆、军营、消防队等，以开阔幼儿眼界，培养幼儿美的情操，丰富实践经验，学习更多的知识。因为一些地点路途较远，需要幼儿乘车前往，幼儿园要做好外出流程和安全预案，保证外出安全。

一般情况下，大型活动外出用车安全主要包括以下内容：

①车辆选用。要选用符合国家用车标准、交通标准的车辆，司机有较丰富的驾驶经验。用车前签订用车安全协议。

②路线踩点。要实地走访考察外出经过的路线，观察路况是否安全，绕开施工路段和车流量大的路段。如果有多条道路可选，可在预案中制订多个备选方案，一旦出行道路出现意外，可及时更换其他方案。

③车辆检查。幼儿乘车前，要上车查看车内有无座椅损坏或其他危险，对车辆进行消毒。幼儿下车后，要有专人到车厢内，从车尾部开始对全车进行排查，查看有无遗漏的幼儿和遗漏的物品。

④上下车保卫。幼儿出入大门时，如果汽车停在幼儿园外边，要有专门人员保护幼儿安全，包括拦截过往的自行车、电动车、行人，给幼儿留出上下车通道；幼儿上下车时，车门处有专人接送幼儿，教师负责组织已上下车的幼儿。

⑤清点人数。幼儿上下车完毕后，要及时清点人数，确保幼儿无丢失遗漏。

⑥安全教育。活动前对幼儿进行必要的乘车安全教育。

（三）幼儿乘车安全知识

幼儿是在交通事故中最易受伤的群体，幼儿园应对幼儿进行必要的乘车安全教育，对校车进行安全监督。

1. 乘坐校车注意事项

①不坐在司机旁边。司机旁边的副驾驶座位其实是最危险的地方，一旦发生意外很容易受到伤害。

②系好安全带。刹车的时候,由于惯性的作用人容易向前倾倒,一定要记得系好安全带。

③不离开自己的座位。上车后坐在自己的位子上,不要乱跑,避免急刹车时摔倒。不大声喧哗,避免分散司机的注意力。

④身体任何部位不伸出车外。避免被过往的车辆碰到。

⑤行驶中严禁打闹。车辆在拐弯、刹车时,惯性非常大,避免发生意外伤害。

⑥行驶时不能做的事。不吃东西或喝饮料,避免行车中由于颠簸和急刹车造成食物或饮料误入呼吸道;不吃棒棒糖、烤串儿等,以免车辆颠簸时刺伤喉咙;不乱扔垃圾,保持车内清洁卫生。

⑦乘车时不要随意按动车上的任何按钮或打开车窗。幼儿缺乏辨别能力,随意按动按钮或打开车窗容易发生意外事故。

⑧不在车上睡觉。一是避免万一发生意外情况,幼儿不能在第一时间做出反应保护自己;二是避免发生被老师遗漏的情况。

⑨上下车听指挥。上下车一定要等司机把车停在安全的地方后,按照教师的安排有序地上下车,不拥挤、不打闹。

2. 候车安全注意事项

①按时候车。家长陪同幼儿按照约定的时间提前到达指定地点,等候时间不要过长,提前5分钟即可;等车时不要站在车道(包括机动车道、非机动车道)上,也不要在车道上玩耍、奔跑,以免被车碰撞。

②做好看护。家长要看护好幼儿,避免因家长的疏忽而造成幼儿走失或被拐骗。不要让幼儿自己等候校车。

③安静候车。等车时不追逐打闹,不乱扔杂物,不破坏附近公物。

④上车不强行。校车到来停稳后,家长与陪同教师交接,由陪同教师看护孩子有序上车。要求幼儿上车时扶住车把手,尽量不扶其他地方,尤其是车门,避免夹伤手臂。

⑤不带危险物品。上车前教师与家长要检查幼儿携带的物品,不能携带如油类、爆竹、小刀(包括其他尖锐物品)等危险物上车。

⑥马上入座。上车后马上坐到指定座位并立即扣好安全带。

3. 下车安全注意事项

①查看环境。开门前,教师查看车周围有没有自行车、电动车等经过,确认安全再打开门,防止幼儿被后边冲过来的车辆撞伤。

②做好交接。家长要提前到达接送点等候幼儿。如果幼儿下车时家长没到,不能让幼儿单独下车,应由教师继续看护并及时与家长联系。

③避开盲区。车辆都有盲区,下车后要迅速带幼儿离开校车,不要在校车周围尤其是车后跟随,以免发生意外事故。

④特殊情况。如果出现物品丢失或其他特殊情况,要及时向陪护教师反映,不要让幼儿自己上车寻找。

平安是福,安全是金。做好校车安全管理不仅要靠良好的社会机制,还需要工作人员的责任心和社会不同机构的监管,唯有如此,才能保证师幼的生命安全,让每个孩子都健康成长。

第二节 食品及卫生安全管理

食品安全及卫生保健工作是后勤管理的重要组成部分,它与幼儿的身心健康发展息息相关。这两大重要工作实施得如何,直接影响并制约着幼儿园的发展。按照《幼儿园工作规程》与《幼儿园教育指导纲要》的指示精神,幼儿园需要严格贯彻实施《中华人民共和国卫生部托幼机构管理办法》中的相关要求,切实履行食品安全和卫生保健制度,为幼儿的健康发展奠定基础。

一、把好食品安全关

随着社会不断进步、经济全球化不断深入,人们的饮食文化日益多样,食品安全成为备受关注的热门话题。前些年的"苏丹红事件""三鹿奶粉事件",近些年的"禽流感""口蹄疫"等疾病,无不牵动着民众的心,而"毒腐竹""漂白口蘑"等恶性食品安全事件也引发了人们对食品安全的高度关注,幼儿园管理者更要加强对食品安全的监管力度,以保证幼儿的身体安全。

【案例 3-15】

　　2001 年 7 月 3 日,重庆一媒体报道,一些不法厂商用"毛发水"兑制的有毒酱油已流入市场,其中 76 吨已被市民买走,剩余 9 吨被当场查封。毛发水含有砷、铅等有害物质,且在配兑酱油时加入的酱色中含有可致人惊厥,甚至诱发癫痫症的 4-甲基咪唑。

(案例来源于北方网,news.enorth.com.cn,题目为
"卫生部通报重庆市查处'毛发水'酱油案件")

【案例 3-16】

　　2001 年 7 月 29 日,广东省卫生监督所对广州天平架牛利岗真实惠货仓商场出售的大米进行了监督检查,发现其销售的部分大米存在卫生问题。广东省卫生厅立即组织广州市卫生、公安、粮食等部门对白云区江夏生活小区的"永康精米厂""港兴精米厂""泰京精业厂"等 3 家劣质大米生产加工窝点进行了突击检查,发现"永康精米厂"等 3 家大米生产加工点没有卫生许可证,不具备大米生产加工的条件,现场堆放的"原料米"来源不明,已经发霉、生虫并有异味。这些发霉变质的"原料米"经过去皮、漂白、抛光和添加矿物油等工序,被加工成 40 多种假冒的优质品牌大米,通过粮油批发市场销往各地,牟取暴利。经广东省卫生检验中心检验,这些劣质米"黄曲霉毒素 B1"超标。

(案例来源于搜狐新闻网,news.sohu.com,题目为
"350 吨毒大米流入市场　广州展开地毯式搜查")

　　看了以上两则案例,读者一定会感到触目惊心。目前在我国的食品生产加工领域,80% 以上为 10 人以下的手工作坊,工艺落后,卫生条件极差;

20%～30%没有达到行业标准，超量使用食品添加剂的现象比较严重，食品营养指标达不到要求。幼儿园管理者一定要严把采购关，并从以下几个方面做起，严禁危险食品流入园所，杜绝幼儿食用不合格产品，保证幼儿身体的健康。

（一）明确责任，合法经营

对于幼儿园食堂的管理，国家有明文规定不允许以外包形式经营，这是不可逾越的警戒线。幼儿园管理者一定要明确幼儿园对食品安全的责任，明确义务：取得食品卫生许可，保证食品卫生安全，加强自身食品卫生管理，接受依法实施的监督检查，做好食品安全管理与监察。

1. 完善食品安全管理机构

幼儿园要建立食品安全管理机构，必须成立以幼儿园园长为第一责任人的食品安全管理小组，将各级管理人员以及直接参与餐饮环节的人员纳入小组，明确各级人员的管理职责，依照级别划归责任，完善层级管理目标和内容，层层落实责任制，实现一岗双责的管理目标。

2. 完善食品管理规章制度

机构的良性运行离不开正确的规章制度做保障。幼儿园可以实行"餐饮单位量化分级"管理模式，让制度变得更加精细化和科学化，比如，《食品原料采购索证制度》要求采购过程中要查验卫生许可证、检验或检疫合格证或化验单，农副产品要定点采购、与供货商签订供货合同、明确质量要求等，严格落实岗位责任制；《库房管理制度》要求要有入库验收登记，遵循先进先出原则；《食品添加剂的管理制度》规定了色素、亚硝酸盐、酵母等食品添加剂的使用与管理；粗加工管理、烹调加工管理、配餐管理、留样试尝制度、餐用具消毒保洁等各生产环节的卫生管理制度以及操作规程、从业人员健康检查和卫生知识培训、患病调离等卫生管理制度。充分体现了岗位责任、卫生把关、质量奖惩等几方面的管理内容。

3. 落实食品生产经营者权利

幼儿园接受卫生监督部门的检查和监督指导，食品生产单位可以行使要求公开办事依据、公开办事程序、知晓监督结果的权利，可以依法保护自身合法权益，如对餐饮制作技术资料保密，对监督员滥用职权、玩忽职守、营私舞弊予以控告，对处罚决定不服提起行政诉讼并寻求国家赔偿。

4. 承担违法生产经营食品的法律责任

作为食品生产单位，幼儿园如果发生违法行为，必须承担相应的法律责任，包括行政处罚、民事责任和刑事责任三类。行政处罚包括警告、责令改正、取缔、没收违法所得、罚款、吊销卫生许可以及治安处罚等。造成人身伤害和伤亡事故的则要承担一定的民事责任甚至刑事责任。完善的食堂管理是保证食品安全的根源和基础。

（二）提升素养，强化技能

除了后勤管理者外，在幼儿园中从事食品安全工作的最主要的人员是食堂中的操作人员。因此，管理者必须具有专业的知识，更需要有良好的素质，规范自己行为的同时，引领整个团队的行为。这就需要管理者不断加强学习，做专家型的领导，能够敏锐洞悉和发现问题，并用专业知识指导下属的行为，有计划地开展全员培训，使团队规范、自觉、自律。

另外，管理者要根据本园的实际情况，针对《中华人民共和国食品安全法》对食堂从业人员进行培训，要求其熟知《中华人民共和国食品安全法》的详细内容，保证食堂的每一项操作和管理内容都在正常轨道良性运行。

食堂工作人员除了参加上级主管部门组织的教育培训外，还需要不断学习食品卫生知识，在日常工作实践中以法律法规为准绳，不断加深理解，树立意识，规范行为。

一旦发生食品中毒事件，所有与食品安全相关的工作人员要能及时报告，配合主管部门的工作，找到原因，自查、自纠，坚决杜绝私自处理污染物、不报或瞒报。

（三）人员操作，细化管理

食堂是幼儿园的重要组成部分，承担着为师幼提供饮食的重要任务。同时，食堂也是劳动密集型服务业，其加工制作的食品是高风险产品。幼儿园管理者应该从场地、人员入手，严把用人关，紧握操作关，为师幼的食品健康护航。

1. 营造整洁的工作环境

整齐、清洁、卫生的食堂环境是保证食品安全的首要条件，管理者可以采用"常组织、常整顿、常清洁、常规范、常自律"的方法对食堂的各种物品进行管理，让工作人员将食堂内不同物品按位置放置，除了可以保证场所环境的整齐外，还可以形成良好的使用习惯；要加强食堂的卫生管理，要求工作人员及时清理场所垃圾，即用即清；要注意场所的维护管理，发现隐患及时排除，每餐毕及时清洁工具，将垃圾清除干净，要求在操作范围25米内不允许有厕所和垃圾场，同时因为是餐饮场所，更要注意加强虫害、鼠害的控制管理。

2. 选择健康的从业人员

食堂从业人员必须每年到具有健康体检资质的体检单位进行体检，及时办理健康证，持证上岗。还要实行动态健康监测管理，如果食堂人员患痢疾、肝炎等疾病，则必须调离工作岗位。

每次上岗前，食堂人员要做到勤剪指甲、勤理头发、勤洗澡；上岗时穿戴整洁的工作衣帽，把头发全部置于帽内，以免头发和皮屑混入食品中；时刻保持手的清洁卫生，不涂指甲油，不戴戒指，接触食品前必须洗手；不在工作场所吸烟，不面对食品打喷嚏或咳嗽等。

另外，管理人员要做好对食堂人员的晨检工作，当观察到食堂工作人员有腹泻、手外伤、烫伤、皮肤湿疹、长疖子、咽喉疼痛、耳眼鼻溢液、发热、呕吐等症状时，应暂停该人员接触直接入口的食品，采取特殊的防护措施。

3. 采购贮存严格规范

据笔者观察，很多幼儿园之所以发生食品安全事故，大多是由于原材料不合格、采购人员采购"三无"产品引起的。因此，保证食品安全的第一道关卡——食材的选购极为重要。管理者一定要严把食品采购关和验收关，严验"三证"：营业执照、健康证、食品流通证；严检"三期"：购买日期、生产日期、保质期。要保证食材新鲜。食材经过验收合格后入库，要注意摆放合理，便于先进先出；库房要设置在通风干燥处，防止库存物品霉变；食材需要隔墙离地放置；库房要实行"双人双领制"和"双人双锁制"。

4. 进行严谨的食材加工

在加工食品时，食堂人员必须采用新鲜洁净的原料，所使用的调味品、食品添加剂和辅料必须符合卫生标准。食品必须充分加热（中心温度达到70℃以上），四季豆、青皮红肉鱼等必须确保煮熟、煮透方可食用。禁止使用河豚、发芽马铃薯和有毒的野生蘑菇等含有毒素的原料加工食品。严禁加工以猪内脏，特别是猪肺、猪肝等原料制作的食品。肉类（水产品）洗涤池与蔬菜（果蔬）洗涤池分开使用。蔬菜必须在流动的水中浸泡30分钟后方可用于加工。禁止在粗加工间内进行餐具的洗涤和消毒工作。生熟要分开（包括食品、容器、用具等）。在无冷藏设备的情况下，不得给幼儿食用隔餐、隔夜的剩余食品。剩余食品的冷藏时间不得超过24小时。冷藏食品（包括剩余食品）在确认没有变质的情况下，必须经高温处理后方可食用。

5. 实施分类制作供应

食材原料在制作过程中要在粗加工区和细加工区分区进行，同时要严格按照生熟分开、禽肉类分开存放的原则，容器、工具等要进行标签化管理，专用器皿要单独存放。幼儿园一般都使用餐盘或餐桶供餐，更要注意专桶（盘）专用。备餐要适合孩子的细、烂、软的食用特点，如花生、蚕豆等豆制品除特别注意要加工成熟外，还要留心进行前期的加工处理，弄成小颗粒状，以防止幼儿误吸。

另外，食堂人员在操作前应清洗、消毒手部；认真检查待供应食品，发现有品质异常的，不得供应。操作时要避免食品受到污染。在烹饪后至食用前需要存放较长时间（超过2小时）的食品，应当在高于60℃或低于10℃的条件下存放。食品在烹饪后至食用前一般不超过2小时；食品烧熟煮透的中心温度不低于70℃。

6. 使用干净的餐具用具

餐具用具一般采用"一清、二洗、三消"的方法进行管理。幼儿园因服务群体的特殊性，一般清理残渣的工作可以在班级内初次操作，残渣清除完毕后洗涤。因为洗涤灵等洗涤制剂使用过量会对儿童身体健康造成影响，所以洗涤制剂最好采用食用碱。清洗干净后进行消毒，最好的消毒方法是物理蒸汽消毒，消毒时间控制在15～20分钟。消毒完成后必须将餐具放置在密封性能较好的保洁设备中保存。

除此之外，为了保证食品安全，幼儿园还要注意消毒设施、加热冷藏设备的投入和使用，如紫外线消毒灯、热力消毒柜以及加热保温和冷藏、保洁设施，可满足空气消毒、餐饮具消毒和食品保存的需要。要注意成品、半成品分开存放。另外还要注意一点，务必不能忽视对抹布的清洁消毒，应及时更换抹布。

7. 严格执行留样管理

食堂设专门人员负责留样工作。当日供应的各种菜肴，每种取100克留样，用专门留样的用具装好后加盖放在冰箱冷藏室，留样48小时，并做好记录。存放留样的冰箱必须保持清洁，避免污染留样。留样的专用碗、盘等用具使用后要清洁、消毒，以备下次使用。

二、用心督查卫生安全

幼儿园是孩子生活与游戏的集体场所，为保证每一名幼儿的健康成长，幼儿园必须做好相应的消毒工作。卫生消毒工作对幼儿园来说是常规工作，但要真正做好此项工作并非易事。经卫生部修订的《托儿所、幼儿园卫生保健制度》指出，"托幼机构卫生保健工作的主要任务是贯彻预防为主、保教结合的工作方针，为集体儿童创造良好的生活环境，预防控制传染病，降低常见病的发病率，培养健康的生活习惯，保障儿童的身心健康"。

做好幼儿园的环境卫生工作，严防各种传染病的发生，是幼儿园安全管理工作的重要内容。

（一）采用不同策略，防控传染病

幼儿园是幼儿学习、生活的场所，是人群比较密集的地方，也是疾病容易传播的场所。由于3～6岁的幼儿年龄小,身体各系统发育还不完善,自身的抵抗力比较低,因此易感染各种疾病。为了幼儿健康成长,在幼儿园里做好预防和控制传染病工作是非常重要的。

1. 加强晨午检工作,隔离传染源

为了能够及时发现传染源,幼儿园管理者可以根据本园实际情况,加强对幼儿晨午检工作的力度,如采取保健医检查、班上教师检查相结合的方式。晨间,保健医在晨检室观察来园幼儿的精神、健康状况,发现异常及时询问家长原因并做好记录(参见表3-2)。教师可以采用"一摸二看三问四查"的方法,观察幼儿的精神、脸色,询问幼儿在家的健康状况。在传染病高发季节,保健医会采用对幼儿口腔喷药等方式帮助幼儿预防疾病,做有重点的检查(如是否发热、咽喉是否红肿、腮部有无肿大、皮肤有无皮疹等),有效防止传染病的发生。

表3-2 某园晨午检异常情况记录表

日期	姓名	班级	晨检情况			午检情况	
			体温、精神、口腔、皮肤等	家长代诉	处理	体温、精神、口腔、皮肤等	处理

幼儿园教师发现患传染病的幼儿应立即向园内领导和保健医汇报,同时在第一时间由保健医上报上级主管部门和疾控中心。医务人员实行首诊负责制。带班教师应在第一时间将幼儿带到隔离室进行隔离,保健医能确诊的要及时与患儿家长取得联系,将患儿带走,回家进行隔离治疗;不能确诊的,待家长来园后将患儿带到医院进行诊治,确诊后家长要及时通知班级老师和医务室。教师要对本班幼儿,尤其是与患儿密切接触的幼儿进行细致的观察,一旦发现可疑症状要及时隔离观察。

2. 实行报告制度,避免疫情传播

为了有效控制传染病的爆发流行,国家卫生疾控部门曾多次下发关于学校传染病疫情报告的文件。学校传染病疫情报告可依据《学校和托幼机构传染病疫情报告工作规范(试行)》执行。

①报告内容及时限。在同一班级,1天内有3例或者连续3天内有多个学生(5例以上)患病,并有相似症状(如发热、皮疹、腹泻、呕吐、黄疸等)或者共同用餐、饮水史时,学校(幼儿园)疫情报告人应当在24小时内上报相关信息。

②学校和托幼机构发现传染病或疑似传染病病人时,学校(幼儿园)疫情报告人应当立即上报相关信息。

③个别学生出现不明原因的高热、呼吸急促或剧烈呕吐、腹泻等症状时,学校(幼儿园)疫情报告人应当在24小时内上报相关信息。

④学校(幼儿园)发生群体性不明原因疾病或者其他突发公共卫生事件时,学校(幼儿园)疫情报告人应当在24小时内上报相关信息。

患儿所在的班级应在卫生防疫部门专业人员指导下进行严格的消毒,对患儿使用过的器具要单独进行清洗消毒。患儿返园时,须将医院出具的病愈证明交给保健医,教师方可接收。应针对传染病的传播途径采取有效措施,如加强饮食卫生以预防消化道传染病、保持室内空气流通或进行空气消毒以预防呼吸道传染病等。保健医要认真填写传染病报告记录表(参见表3-3)。

表 3-3　某园传染病报告记录表

幼儿姓名	性别	年龄	班级	发病日期	诊断日期	报告日期	患病情况												处理办法		
							麻疹	风疹	百日咳	白喉	猩红热	水痘	腮腺炎	脑炎	流感	胸膜炎	伤寒	痢疾	麻痹症	肝炎	留园	回家	住院

3. 做好卫生消毒，提供干净场所

学龄前儿童正处于生长发育的关键时期，他们生长发育迅速，但身体尚未发育完善，适应环境和抵抗疾病的能力较弱，属于易感人群。幼儿园的生活接触较密集，易暴发流行传染病。虽然随着全社会公共卫生条件的不断改善，一些传染病基本被控制，但手足口病、流感、腮腺炎、水痘等在幼儿园每年仍有流行。做好幼儿园各环节的卫生消毒工作，对传染病的预防和控制尤为重要。

（1）卫生清洁管理

整洁优美的幼儿园环境不仅可使师幼赏心悦目，而且会对班级幼儿的品格修养起到潜移默化的教育作用。幼儿园各个班级的活动室、寝室、盥洗室的环境卫生如何，不仅体现出班级的整体风貌，而且与班集体的建设紧密相关。搞好班级环境卫生，既是培养幼儿卫生习惯的良好契机，也是锻炼其劳动技能、培养其优良品质的有利途径。

一般情况下，班级的卫生清洁工作包括以下几个方面的内容：

①托幼机构应当建立室内外环境卫生清扫和检查制度，每周全面检查1次并记录，为儿童提供整洁、安全、舒适的环境；室内应当有防蚊、蝇、鼠、虫以及防暑和防寒设备，并放置在儿童接触不到的地方。集中消毒应在儿童离园（所）后进行。

②保持室内阳光充足、空气清新。采取湿式清扫方式清洁地面。每日定时打扫，保持地面干燥。

③枕席、凉席每日用温水擦拭，被褥每月曝晒1~2次，床上用品每月清洗1~2次；保持玩具、图书表面的清洁卫生，每周至少进行1次玩具清洗，每2周翻晒图书1次。

④桌椅用具的清洁：每日用消毒液擦一遍，不能一块抹布一用到底，每抹一张桌子，抹布要清洗一下。每周用消毒液擦一遍椅子，每周擦洗一次纱门纱窗，每日晨间用消毒液抹一遍家具、窗台、门把手，空调和电扇在不用时要罩起来。

⑤厕所、洗手池的清洁：厕所每天早晚各用消毒液冲洗清刷一遍，保证无垢、无异味。便器每次用后及时清洗干净；卫生洁具各班要专用专放并做好标记。洗手池每日用碱水或肥皂水擦拭，早、午各一遍。簸箕、扫把要放在幼儿碰不到的地方，拖把每日使用后用清水冲净。要在专用水池洗拖把、痰盂、抹布、扫把、垃圾桶等。抹布用后及时清洗干净，晾晒干燥后存放；拖布清洗后晾晒或沥干后存放。

⑥餐具的清洁：餐具原则上要求在食堂清洗消毒，特殊情况下在班级清洗，要求有专用洗碗盆或桶，不得做他用。洗碗前用碱水或洗涤剂将油腻洗净，然后用清水冲洗两遍，洗好的餐具要放在专用容器里，进餐前消毒使用，不得将餐具倒在洗手池里洗。筷子要一日三餐蒸气消毒。保温桶是每天给幼儿用来盛开水用的，一般每周清洗消毒一次。每天晨间打扫，应将保温桶四周及盖子、壶嘴用消毒液擦洗一遍。每周清洗内胆两次，传染病流行季节要每天消毒。

（2）物品消毒管理

一般情况下，幼儿园常用的消毒方式按照其目的的不同可以分为预防性消毒和疫源性消毒。预防性消毒是指在未发现传染源的情况下，对可能被病原体污染的物品、场所和人体进行消毒。托幼机构使用的餐具、毛巾、玩具、便器、餐桌等均应按要求进行日常预防性消毒。预防性消毒的目的是切断传染病的传播途径，是预防传染病的重要环节。疫源性消毒是指对有传染源（病者或病原携带者）存在的地区进行消毒，以免病原体向外传播。具体操作方法如下：

①室内空气：每日开窗通风是控制疾病流行或传染病发生的有效措施。在通风良好的情况下，每天开窗通风 2～3 次，每次 15～30 分钟。即使使用空调，也应坚持用此方法。建议定时开窗通风以保持室内空气清新。

另外，在传染病流行季节每天用紫外线消毒灯消毒 2 次，可选择每天上午和下午幼儿不在室内时消毒，消毒前关好门窗，消毒时间不少于 30 分钟，消毒完毕通风 10～20 分钟后再让幼儿进入。

②洗漱用品：幼儿的口杯专人专用，每天清洗一次，清洗时注意杯口附近要重点清洗，洗干净后放入消毒柜消毒，保证幼儿早上入园后能用上干净的口杯。每天用 1∶100 的消毒液擦拭杯架，然后再用清水抹布擦净残留的消毒液。餐巾和毛巾要先用洗涤剂浸泡搓洗，如蒸煮消毒，要浸没水后蒸煮 20～30 分钟。消毒时不要叠得太厚，最多不超过 10 层。另外餐巾、毛巾可放在阳光下曝晒，两巾之间的距离要间隔 10 厘米以上，上、下、左、右不能碰到一起。盛餐巾的容器应与餐巾同时消毒。

③餐饮用品：开饭前（后）用 1∶100 的消毒液浸泡过的抹布擦餐桌，再用清水抹布擦净残留的消毒液，可擦一张桌洗一次。洗碗时先用洗涤剂将油腻洗净，再用清水冲洗两遍，洗好的餐具放在专用的容器内，进餐前用消毒柜消毒。

④玩具：一般每周清洗消毒一次，可用肥皂粉清洗，冲洗干净后放在阳光下晒 2 小时，毛绒玩具、布玩具等可放在消毒柜消毒；铁制玩具、木玩具可以用 1∶100 的消毒液擦拭或日光消毒；装玩具的筐用 1∶100 的消毒液浸泡消毒 10 分钟；幼儿使用的剪刀、尺子放消毒柜消毒；室外大型玩具通过日光照射消毒，但要定期冲洗除尘。

⑤厕所、便池：用后随时冲洗干净并保持干燥，保持内外清洁，无积粪、尿垢，无异味。厕所地面、门把手、冲水把手及便池每天用 1∶100 的消毒液拖洗冲刷一次。

⑥被褥：幼儿用的垫被和盖被一般每周日晒一次，每次晒 3～4 小时。床单、枕套、被套每月清洗一次，用开水烫、日晒。

⑦呕吐物、排泄物：小儿的呕吐物、排泄物应尽快清扫干净，地面、拖

把用 1∶50 的消毒液消毒。

⑧环境消毒：教室门把手、水龙头每天用 1∶100 的消毒液消毒。注意用消毒液擦拭过的物体表面，必须要用清水抹布擦去残留的消毒液。在传染病流行季节，注意消毒液的浓度应调整为 1∶50。

（二）开展健康教育，培养良好的卫生习惯

教育家陈鹤琴先生认为，"人类的动作十之八九是习惯，而这种习惯又大多是幼年养成的"。培养幼儿良好的习惯对其一生的发展都是有益的。但是，笔者在工作中观察发现，当前入园幼儿大多为独生子女，在成人的娇惯下，很多幼儿生活自理能力差，没有养成基本的卫生习惯。幼儿教师有责任也有义务从幼儿入园第一天开始，就在生活中培养幼儿的生活自理能力，帮助他们养成良好的卫生习惯，让每个幼儿都能成长为健康文明的现代人。

1. 根据幼儿特点，确定培养要求

一般情况下，在园生活的幼儿按照其年龄段分为小、中、大班。幼儿年龄不同，其能力也存在着巨大的差异。幼儿教师应该在了解班级幼儿年龄特点的基础上，根据幼儿的不同能力提出不同层次、不同阶段的要求，这样，能够让培养工作更加有计划性和目的性。

如某园在"幼儿能正确洗手"这一卫生习惯的培养过程中，对小、中、大班的培养目标是这样的（参见表 3-4）：

表 3-4　幼儿洗手的要求

班级	洗手要求
小班	在老师帮助下将袖子卷起，学习自己冲湿手、打肥皂、搓左右手，在老师的帮助下放下衣袖。
中班	自己卷起袖子，知道洗干净手心、手背、手指，放下衣袖。
大班	自己卷起袖子，打开水龙头，淋湿双手；关水龙头，打肥皂，搓洗手心、手背、手指缝、手腕；打开水龙头，洗净肥皂沫，关上水龙头；甩水入池；用自己的毛巾擦手；放下衣袖。

另外，针对"幼儿进餐后残渣处理"，对小、中、大班幼儿的培养目标是这样的（参见表3-5）：

表3-5　幼儿进餐后残渣处理的要求

班级	残渣处理要求
小班	不撒饭、不漏饭；知道把食物残渣放进残渣盘。
中班	饭后能用小抹布将自己碗边的残渣擦拭到残渣盘，并将残渣倒入垃圾桶。
大班	饭后能在整理自己桌面残渣的基础上，擦拭、整理班级餐桌，保持桌面卫生。

教师针对不同年龄段的幼儿提出了符合其能力特点的要求，让其先完成比较容易的任务后再逐渐增加难度。这样不仅会增强幼儿学习自我服务技能的兴趣，而且可以增强其自信，让其从内心觉得可以做自己的小主人。

2. 运用游戏教学，丰富幼儿卫生常识

幼儿阶段的卫生常识主要包括个人卫生习惯、用眼卫生、饮食卫生等。这些常识对幼儿来说相对比较枯燥，教师应以游戏的方式激发幼儿的兴趣，让他们更好地理解这些常识，将其变为幼儿的已有经验并能在生活中加以运用。

如某园教师为了让幼儿了解"勤洗澡的重要性"，就在语言活动中通过讲"不爱洗澡的小猪"的故事，让幼儿了解小猪由于不爱洗澡而导致没有朋友的困境；然后，教师让幼儿分别扮演故事中的不同角色，引导幼儿想出帮助小猪的办法。通过角色游戏教育幼儿注意保持个人卫生，做讲卫生的好孩子。

再如为了让幼儿能够掌握正确的刷牙方法，某教师设计了律动游戏，创编了活泼的音乐，并编写了琅琅上口的儿歌——"小牙刷，手中拿，我呀张开小嘴巴，刷左面，刷右面，上下里外都刷刷，刷得干净没蛀牙，我的牙齿白花花"。幼儿边唱歌曲，边随着音乐伸出右手食指做动作。律动游戏不仅让幼儿掌握了刷牙的基本动作，而且具有趣味性，这种学习卫生常识的方法既轻松活泼又有趣。

3. 开展值日生活动，增强幼儿榜样意识

在幼儿园里，幼儿之间的交往十分频繁。在日常教学中，可让生活卫生习惯较差的幼儿多与生活卫生习惯好的幼儿交往，利用同伴的影响，促进他们逐渐养成良好的生活卫生习惯。例如，根据幼儿的实际情况，在班里选出做得最好的小朋友当值日生，每天由该小朋友细致检查每个幼儿的生活卫生情况，对做得好的给予奖励，让更多有进步的小朋友当值日生，促使他们向生活卫生习惯好的幼儿学习。对于在没有提醒的情况下，饭前、便后主动洗手的幼儿，可以及时给予鼓励，可以摸摸孩子的头、说一句鼓励的话。还可以在幼儿午睡前，教育幼儿将脱下的衣服叠放整齐，养成良好的收拾整理的习惯。

（三）运用家园共育，促进幼儿身心和谐发展

《幼儿园教育指导纲要》指出，"家庭是幼儿园重要的合作伙伴，应本着尊重、平等、合作的原则，争取家长的理解、支持和主动参与，并积极支持、帮助家长提高教育能力"。同样的道理，幼儿健康教育的成败在很大程度上也取决于家庭教育和幼儿园教育是否配合得好。如果配合得好，幼儿的健康教育就如锦上添花；如果配合得不好，幼儿的健康教育就会出现这样或那样的问题。

父母是幼儿的"第一任老师"，为了让孩子们能够健康成长，幼儿教师有必要对家长进行健康方面的宣传和指导，提升他们的健康教育理念，家园共育，促进幼儿身心和谐发展。

1. 组织家庭教育讲座，提升理念

要培养幼儿良好的卫生习惯，家长首先必须具备科学的、正确的保健知识和行为习惯。教师可以在班级中开办健康讲座，面对面地对家长进行指导和宣传，确保家庭教育沿着科学、正确的方向发展，使家长能够在家庭中更好地督促幼儿讲究卫生。

2. 开设"家园健康宣传栏"，宣传常识

"家园健康宣传栏"是幼儿园与家长联系最直接、最普遍的形式，是对家长进行家庭教育指导的重要阵地。教师可以在班级中单独设立关于健康教育的宣传栏，根据本班幼儿的发展及家长的需要，张贴相关的健康教育常识和

方法，对家长进行有目的的、有针对性的宣传和指导。

3. 运用家长学校，提升家庭教育技能

家长学校是帮助家长树立正确理念、习得正确家教方法的课堂。教师可以利用"家长开放日""家长会"等，反复向家长宣传幼儿园关于幼儿保健卫生的要求，鼓励家长自觉配合幼儿园的工作，协助孩子养成良好的卫生习惯。

同时，要提醒家长在家庭中做好幼儿的榜样，要求孩子去做的，自己一定要做到。如要求孩子勤换衣服、勤洗澡，自己首先要做到；要求孩子勤剪指甲，妈妈就不能为了美留着长指甲，涂各色指甲油。这些细小的行为都会对孩子造成潜移默化的影响。

另外，教师还可以利用家长学校组织的各种活动，教给家长一些培养幼儿卫生习惯的小技巧，如通过儿歌教幼儿学习洗脸、刷牙的步骤；以图片的方式来告诉幼儿正确的洗澡、擦桌子的步骤等。

总之，家园合力是对幼儿进行健康教育、培养幼儿形成良好卫生习惯的最有效方法。只有幼儿教师和家长持之以恒、密切合作、互相配合、循序渐进，才能让幼儿形成良好的卫生习惯，为其一生的健康、幸福奠定基础。

第三节　财物安全管理

幼儿园工作的主要目的是保障幼儿的健康成长并实现良好的教育。而要实现幼儿园规范化的操作和良好的发展，为教育教学工作提供必要的经济和物质条件，幼儿园管理者就必须重视对园所财物的安全管理，在注重教育工作的同时，保证财物工作的安全、畅通，才能为幼儿园的持续发展提供必要的条件。

一、财务安全管理严规范

财务管理是在实现幼儿园整体经济目标的前提下,对固定资产及无形资产等的购置、资金的融通和投资以及利润支配的管理行为。

财务管理的主要内容包括预算管理、收支管理、资产管理、财务分析管理等。随着学前教育越来越受到重视,国家及社会各方投资越来越大,如何保证幼儿园的财务安全,减少或避免其出现不必要的损失,是幼儿园管理者应该考虑的重点问题。

(一)完善财务安全管理制度

俗话说得好,制度是执行的保障。如果一所幼儿园没有完善的财务安全管理制度,那么就很容易造成制度落实不到位或者在执行制度的过程中出现问题。

【案例 3-17】

王某某从师范学校毕业后被分配到南阳市宛城区某小学工作。2011年9月,他被调到宛城区某幼儿园担任会计。

2011年10月,王某某偶然看到一家彩票网站,上面令人眼花缭乱的宣传和展出的一些中大奖的幸运者的照片使他怦然心动。他开始购买彩票,从一注、两注到十几注、几十注,买彩票的筹码逐渐加大。工资花完后,王某某想到了保存在自己手里的巨额公款。

2013年3月1日,幼儿园清算财务账目时,王某某发现自己购买彩票竟造成园所账面亏空多达16万元。他决定铤而走险,进行一场豪赌,希望能中大奖改变自己的命运并填补亏空。

3月11日,王某某动用了26万元公款购买彩票,以为撒下大网,一定会有回报。不料,其所买的彩票全部未中奖,赔得血本无归。4月1日,王某某走进宛城区人民检察院投案自首。

(案例来源于中国新闻网,www.chinanews.com,题目为"幼儿园会计梦想一夜暴富 1天挪26万公款买彩票")

案例中的王某某之所以能够随意挪用幼儿园的公款购买彩票，其根本原因在于该园所的财务管理制度不健全。如果园所遵循"财务人员两条线"的原则，做到"出纳、会计各尽其职，互相制约"，就能够避免王某某私自挪用公款事件的发生。

要想加强对本园财务安全制度的管理，幼儿园管理者要从以下几方面着手：

①要按照规定配备专门的财务管理人员，财务专用章应由专人保管，严禁一人保管支付款项所需的全部印章。

②要对各项费用类别和报销形式给出详细标准和要求，严格执行审批报销手续，实行"一支笔"审批制度。每一笔业务发生后，要办理经办人、证明人、核定人、审批人签名手续，与业务相关的单据、材料出入库手续、工程预决算表、购件清单、工时统计表等所有原始资料都要附后。

③要对实际工作中的各项收支按照规定程序进行审核，要严格控制费用支出，尽量减少不合理和不必要的开支。

④要明确资金的来源渠道和使用方向，对幼儿园的各项资产要及时登记，对固定资产要定期清查，建立专项管理档案；固定资产的修理、存放地点更换要及时记录，固定资产出借、出租必须由领导审批，超过使用年限和损坏的固定资产须经单位领导批准后才能报废注销，大件固定资产报废须报上级主管部门和财政部门审批。

⑤要按照国家规定配备具有岗位证书的财务人员，会计人员和出纳人员在日常工作中要做到"日清月结，账账相符"；有财务人员调动或因故离职的，必须按规定与接管人员办理交接手续，没有办好交接手续的人员不得离职。

（二）增强财务人员风险意识

目前很多幼儿园管理者比较注重本园教师的专业素质，但是对没有从事一线教学工作的其他人员的专业要求则比较低，甚至在个别私立幼儿园，从事财务工作的人员大多是管理者的亲戚或好友，有的根本没有经过相关培训，也不具有会计师资格，这是不利于园所资金的合理调配与科学运用的。在遇到紧急情况或突发状况时，由于其缺乏专业素养，很容易误入坏人设置的陷阱或圈套。

【案例 3-18】

冬日一天凌晨 5 点多，某园的采暖工去厕所，发现有两个戴着手套的人在园所的财务室外鬼鬼祟祟，形迹非常可疑。采暖工大喊了一声"谁"，这两人急匆匆地翻过幼儿园的铁栏杆围墙逃跑了。采暖工赶紧喊来园所的门卫一起冲出去追赶，但是没有抓到人。

回到园所后，采暖工和门卫一同返回财务室，发现防盗门虚掩着，窗户的防盗网也被剪开，物品有被翻动的痕迹。

采暖工和门卫马上将这一情况上报给幼儿园管理人员，管理人员和财务人员赶到后，经过检查，发现除丢失了一部公用笔记本电脑以外，放在抽屉里的前一天家长刚刚上交的 5000 多元保育费也不见了。

（河北省保定市蠡县幼儿园　刘俊茹）

本案例中，小偷之所以能够得逞，主要原因就是幼儿园的财务人员在下班前没有将贵重物品妥善处理。要避免以上事件的发生，幼儿园管理者应该从以下几个方面入手，加强对财务室物品以及财务人员专业素养的管理。

①要从实际出发，甄选符合幼儿园财务岗位要求的工作人员，并对其业务素质和工作资格进行岗前考核，确保其具有承担本岗位工作的能力；针对已在工作岗位上的财务人员，幼儿园管理者要对其开展安全常识培训，以丰富其财务安全知识。

②要强化对财务人员的风险意识，可以借助社会上已经发生的财务室被盗、网络诈骗等案件，提醒财务人员保持警觉，避免由于人为因素造成幼儿园经费受到损失。

③要从安全的角度考虑财务室在园所中的位置；安装 24 小时监控设备和防盗设施，安装红外线报警器，以防被盗。

④严格贵重物品保管制度，做到"物品专柜锁，现金不过夜"，不给违法犯罪分子留下可乘之机。

（三）严格财务支出专款专用

幼儿园的财务支出是指园所开展教学、科研及其他活动发生的各项资金消耗和损失，主要包括事业支出、经营支出、自筹基本建设支出、拨出经费、上缴上级支出等。

幼儿园从有关部门获得的指定用途的专项资金，应当"专款专用"，按要求单独核算并定期报告资金的使用情况。项目完成后，上报专项资金支出决算和使用效果的书面报告，并接受有关部门的检查、验收。

【案例 3-19】

北京某双语幼儿园的孩子每月伙食费要收 500 元。可是，让家长们感到疑惑不解的是，孩子在幼儿园吃过晚饭后回家总是喊饿，而且在体检中，还有些孩子营养不良。2011 年 11 月，一位家长在幼儿园的卫生间里意外捡到一个账本，账本显示，幼儿园每月的伙食费有一半未用在孩子身上，竟然连老师们出游时喝的啤酒、二锅头等都是用孩子的伙食费买的。得知真相的家长们非常愤怒，他们将此事反映给相关部门，目前该幼儿园园长已经被撤职。

（案例摘编自浙江在线教育网，edu.zjol.com.cn，题目为"北京一幼儿园克扣孩子伙食费　老师花销算在孩子头上"）

案例中所涉及的伙食费属于代收费内容。国家发展和改革委员会、教育部、财政部三部委制定的《幼儿园收费管理暂行办法》中明确规定，幼儿园为在园幼儿教育、生活提供方便而代收代管的费用，应遵循"家长自愿、据实收取、及时结算、定期公布"的原则。收取的伙食费必须全部用于幼儿膳食支出，按月结算，结余要按规定清退。

幼儿伙食费也不得用于支付其他间接费用，如节假日发放给幼儿的礼品、留样食品的成本等，这些费用不应由幼儿伙食费承担，而应纳入幼儿园行政账面支出。

另外，幼儿园财务人员应与伙食管理的相关人员加强沟通与协调，财务人员应每月做好幼儿伙食费收支余汇总表,所有与购买膳食用品相关的票据及送货清单编入会计凭证;及时向园长及相关人员汇报伙食费账面的盈余情况,根据盈余情况适量调节,有计划地均衡安排幼儿膳食,并将每月的收支结余情况张榜公示,接受幼儿家长的监督。

除了以上提到的财务人员需要注意的安全事项之外,幼儿园管理者还要加强对本园财务预算情况的管理,科学编制财务预算,科学统筹园所经费,明确各种开支项目,以免出现财政亏空。

①编制预算必须坚持"量入为出,收支平衡"的总原则。收入预算坚持积极稳妥原则;支出预算坚持"统筹兼顾、保证重点、注重效益、勤俭节约"原则,不得编制赤字预算。幼儿园预算内、外一切财务收支均须纳入预算范围,统一核算,统一管理。

②要做好园所的年终资产资金清理工作,对比和核实往来款项、收支情况,从而保证预、结算报告的实效性。在收支管理中,要坚决杜绝乱收费,规范收费行为,并逐条明确收费的具体内容和依据;费用支出要严格按照收支两条线进行管理,确保支出的规范与合理。

③幼儿园与其他单位的往来账目,要与自身的收支账目分项记录,已经完成审核程序的款项和支出要及时核销。

④要在幼儿园内部实行财务公开制度,每月或每学期公示园所财务账目和款项的往来情况,建立幼儿园财务审计监管机制,对财务人员的经费使用行为进行相应监管,以避免出现失误,为幼儿园带来损失。

二、物品安全管理重流程

这里的"物品"是指幼儿园原有或购进的所有物品,包括房舍、场地、设备、大型机具、玩教具及各类家具、用具等。这些物品的使用是对幼儿园教育教学工作的有力支持,同时也是保证幼儿园教育教学质量的基本条件。做好幼儿园物品安全管理,不仅可以保证教育教学活动的顺利开展,同时也可以避免园所资产的流失。

（一）物品采买严谨节约

"采买"是指在采购计划及采购进度计划确定后的一系列购买事项。采买的主要内容包括：采购申请、确定供货商、询价、报价评审、定标、签订采购合同或下订单等。在这一过程中，参与操作的人员要以满足教学、后勤需求，保质保量为原则，并努力做到严谨节约，减少浪费。

【案例 3-20】

　　某园是一所走国际化路线的私立幼儿园。为了打造幼儿园的形象，树立高端幼儿园的品牌，园长的理念就是幼儿园中一切的物品都要用最高端的、最前沿的。为此，园长专门安排自己最好的姐妹全权负责幼儿园各项物品的采买工作。

　　这个姐妹很重视这份工作，在几个月时间里就为幼儿园购置了大量设备、器械、家具和玩具，把幼儿园的各个角落、班级以及库房都堆得满满的。

　　园长刚开始对这个姐妹的工作成果很认可。但是，当查看完所有的账目后，却发现幼儿园采买物品的钱款已经远远超过了预期，而且，很多物品在购买的时候物价过高，有些玩具并不适合幼儿阶段的孩子游戏或玩耍，很多钱花得根本不值。

（河北省保定市青年路幼儿园　李扬）

案例中的园长因为是首次创业，对幼儿园物品采买缺乏管理经验，认为自己的好姐妹有能力，可以胜任幼儿园采买的工作，这样的思维和做法从一开始就是错误的。

负责幼儿园采买工作的人员好比家中的"账房先生""管家婆"，其只有了解市场行情，才能在幼儿园财力范围内本着"货比三家，物美价廉"的原则，做好幼儿园的物品采购工作。

为了避免在采买过程中发生浪费，有经验的幼儿园都会制定物品采买流程（参见图 3-5），以流程图的形式把采买工作的各个环节一一罗列出来，让参与采买的人员各自明确工作职责。

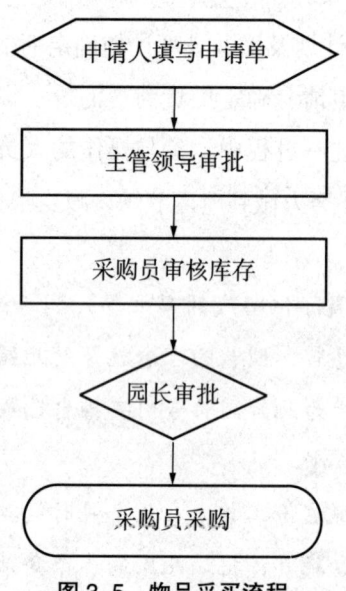

图 3-5　物品采买流程

购置成批量或价值较高的固定资产时，幼儿园应以招投标的方式集中采购，这样不仅可以降低购置成本，减少浪费，还可以通过签订采购合同的方式保证采购物品的质量，防止园所权益受损。

（二）物品验收严中有细

无论是在班级还是在各个处室，所使用的各种设备、家具、工具和材料都是由幼儿园购买后配给的。这些物品要经过采购、验收、发放各个环节，其中采购是首要环节，发放与使用是最终目的，而验收环节非常重要。如果采购的产品质量不合格或者存在安全隐患，就很容易发生安全事故。

【案例 3-21】

某园为了迎接9月的新生入园，园长的朋友联系了一家生产不锈钢日用品的厂家，定制了一批不锈钢小水杯供幼儿使用。

小水杯到货后发放到了各班级。刚开始使用时，班级教师对水杯比较满意，觉得大小合适，又不怕摔，很好用。但是过了两个星期后，老师们发现小水杯的把儿陆陆续续地开焊，而且有部分水杯中间出现裂缝，有的小朋友在喝水的时候不小心把嘴唇划破了。

老师们觉得这件事情很严重，纷纷把损坏的水杯拿到后勤园长办公室。后勤园长检查了杯子，意识到这是质量问题，于是赶紧要求厂家退货，并带领后勤相关人员制定了"物品验收流程"（参见图3-6）。要求必须严格按照流程验收所购物品，以保证物品的质量过关。

（河北省保定市青年路幼儿园 陈扬）

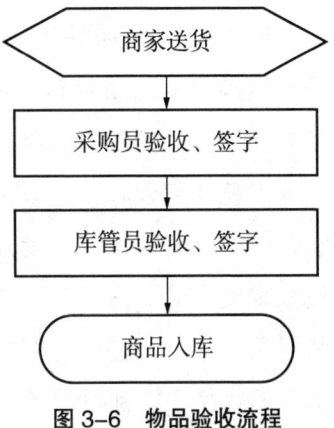

图3-6 物品验收流程

案例中的幼儿园在定制水杯后没有执行严格的验收程序，就发放和使用水杯，这样的做法肯定是错误的。在后来使用的过程中，教师发现了水杯的问题并上报给后勤园长处理，及时将这批不合格产品退货，追回购物款，这样做避免了幼儿园经济上的损失。

幼儿园管理者不仅要对物品的采购进行严格管理，还要关注物品的验收环节，以"促进幼儿学习、方便教师工作、保证师幼安全"为前提，做到严格把关、次品必废，让每件物品都能物尽其用，物有所值。

首先，幼儿园内要成立物品验收小组，所采购的物品要经多人验收，避免残次品入园；其次，物品在验收合格后方能入库，不符合标准的物品要及时退换处理；最后，在使用的过程中，如果发现所购物品有产品质量问题，必须马上停止使用并通知生产厂家，沟通退换事宜。

幼儿园内的所有物品都是为了完成保教计划而设置的，只有那些质量达标、使用安全的物品才能保证师幼正常使用，因此，严格验收所购物品很重要。

（三）物品清查专人负责

幼儿园的各种物品一般由总务处统一管理、分配和调配。通常情况下，幼儿园涉及的物品包括日常消耗品、低值耐久品和固定资产。日常消耗品主要指纸张、肥皂、洗涤液等日常必需品；低值耐久品是指单位价值比较小或者使用年限在一年以内、不能作为固定资产的劳动资料；固定资产大致包括房屋和建筑物、专用设备、一般设备、文具和陈列品、图书以及其他固定资产等。由于日常消耗品和低值耐久品具有时间性（一段时间里就消耗殆尽了），房屋和建筑物又具有固定性（不能被带走或丢失），故本节提到的物品主要针对设备、文具、图书、家具等固定资产内容。

【案例 3-22】

某园在每年9月新生入园之前，都会组织全园班级搬家，即原来的小班和中班要升入现在的中班和大班，他们所在的班级要从低一层的活动室搬到高一层的活动室，这样做一方面有利于年龄小的幼儿上下楼梯的方便，另一方面也有利于管理者对班级的巡视与管理。

按照惯例，今年8月末幼儿园又组织各班级开始规模浩大的搬家活动。在教师们忙东忙西的同时，幼儿园管理者也没有闲着。他们分别到各个班级观察、了解，除了提示教师把班级的各种物品清点清楚，还提醒教师尽量不要丢弃用过的玩具和材料，以减少不必要的浪费。

另外，在搬家结束后，幼儿园的资产管理员还会到各班级对所有的固定资产项目进行核查。虽然班级每年都会搬家，但是由于由保管员会同班主任一同清点核对，在交接班时按照清单移交物品，所以，从没有丢过东西。

（河北省保定市青年路幼儿园　崔颖）

从上面的案例可以知道，班级固定资产核查是防止班级资产流失的重要环节，对于其他处室的资产核查也具有相同的效力。幼儿园管理者应该确保各处室、场所的固定资产有专人负责。例如班级内的各种用具、玩教具、电器等，由各班班主任负责管理；食堂厨具、用具、设备由炊事组长负责管理；医疗、卫生、保健设备及药品由医务室负责管理，并建立相应的物品登记表，以便幼儿园资产管理员定期查对。运用这样的方法，可以避免相互推诿、互踢皮球，保证幼儿园资产的安全。

幼儿园应该设定专门的检查人员，并参照"固定资产检查流程"（参见图3-7），做好园内各项固定资产的检查工作：一是需要资产管理员的耐心、恒心与信心，面对烦琐的数据要做到心中有数，按计划进行；二是资产管理员要认真检查固定资产的使用情况，指导班级教师将各种固定资产复位；三是对于那些已经破损、过时的固定资产，资产保管员应根据具体情况与出纳员对其增减、报销、报废等变动情况进行盘查并列表登记，制作一式两份清单，其中一份存档，另一份由保管员保存，以明晰固定资产的内容。

另外，幼儿教师和其他工作人员也应该从自身做起，加强对班级和处室的固定资产的管理，最好做到分类放置、一目了然，丢失物品时能及时发现（参见表3-6）。

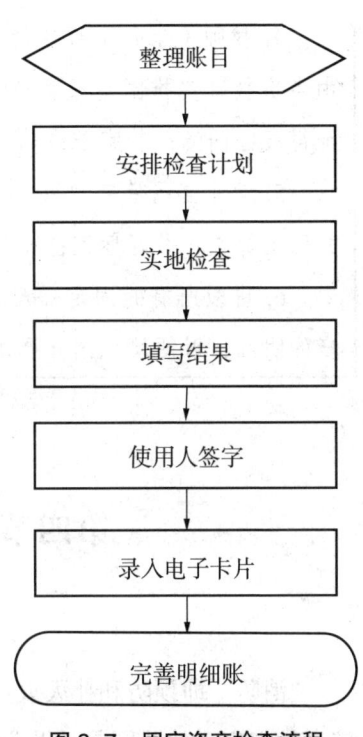

图3-7 固定资产检查流程

表3-6 某园班级物品管理实施方案

为了加强班级物品安全管理，规范物品摆放规律，使班级环境优美、整齐、干净，避免物品丢失，培养幼儿良好的生活习惯，特制订本方案。 　　1. 由各班教师根据本班教学要求和幼儿的身高、年龄、数量等特点，领取并设置班级各种橱柜；按照拿取方便的原则安排、摆放。

续表

> 2. 各班设有带锁门的橱柜三个，用于存放教师私人用品、幼儿贵重物品和领取的幼儿园教学用品。
>
> 3. 幼儿使用的水杯、毛巾应按本班幼儿数量领取，整齐放置在固定位置，做上标记，专人专用。
>
> 4. 教师（家长）可在幼儿衣物隐蔽处写上姓名，便于区分；幼儿衣物由各班教师安排固定放置位置，贴上标签、做好标记；幼儿拿取衣物时要征得教师同意；若家长或幼儿将衣物弄乱，教师要将其摆放好。
>
> 5. 幼儿自己带来的图书、玩具等材料，由各班教师安排固定地点放置，并贴上标签、做好标记；相同的材料或用具要写上幼儿的姓名，以免混淆。
>
> 6. 班级所有的固定资产需要定点放置，做好标签；要逐一列出固定资产的明细，以便幼儿园开展清查工作。

第四节　幼儿园消防管理

"消防"即预防和扑灭火灾。火灾是一种不受时间、空间限制，发生频率较高的灾害。幼儿园是幼儿学习和生活的主要场所，也是未成年人大量聚集的特殊场所。幼儿园里主要是3～6岁的孩子，他们年龄小，活泼好动，个人表现欲强，自我约束能力差，缺乏生活经验，缺少安全意识，自我保护、救护能力差，做事前没有对危险的预测判断，一旦遇到险情发生，大多不会主动消除而只会被动承受。消防安全工作不仅关系到正常的校园秩序，关系到幼儿正常的学习和生活，而且关系到幼儿能否健康成长，关系到祖国的未来和希望。

一、了解火灾隐患

对于即将发生的危险，只有深入了解，知其优劣，才能做到避强击弱，有效防御。为了有效预防火灾，应找出容易引发火灾的环节，了解火灾发生的规律和特点，排除隐患，才能做到防患于未然。

（一）常见的起火原因

很多幼儿园发生火灾是由潜在的安全隐患引起，因此，找到这些深藏的安全隐患并及时解决它们是保护幼儿的前提。

1. 责任意识不到位

火灾通常情况下不是天灾，而是人们的行为错误导致的。因此，培养消防安全意识，时时、处处、事事注意行为安全和保障环境安全，可以最大限度地预防或减少火灾危害。在发生火灾的情况下能及时、正确地应对，是保护生命财产安全必须具备的基本素质。

【案例 3-23】

> 2010 年 1 月 17 日中午，北京市朝阳区一家无照经营的幼儿园内发生火灾，致使一名 2 岁女童被烧死。经查，事故发生系该园员工李彦巧将取暖用电热器放置于床上后，离开幼儿园去买菜，导致失火。27 岁的幼儿园园长王荣花因消防责任事故罪被朝阳法院判处有期徒刑 2 年；42 岁的幼儿园员工李彦巧因过失致人死亡罪被判处有期徒刑 3 年。
>
> （案例来源于慧聪消防网，info.fire.hc360.com，题目为"盘点近年幼儿园火灾事故 关注生命安全"）

在上面的案例中，幼儿园消防安全管理制度不健全，缺少新教师上岗培训，没有消防应急预案，缺乏相应的消防安全知识和灭火自救技能，因此才酿成惨剧。

幼儿园消防工作要制度健全、执行到位、监督检查严格细致、事故处理严肃认真，从思想认识上提高教职工遵守制度的自觉性。

2. 设备设施不达标

设备设施的完善是消防安全保障的前提。在现行《建筑设计防火规范》中，对不同规模的托幼机构消防设施都有明确要求，比如面积超过300平米及以上的托幼机构需要设置消火栓系统、应急照明系统、火灾自动报警系统和自动喷淋系统以及灭火器。幼儿园通常使用的干粉灭火器一般每年要更换一次灭火剂。这些都是对设备设施的基本要求。

【案例3-24】

1994年12月8日，新疆克拉玛依市发生恶性火灾事故，造成325人死亡、132人受伤。死者中288人是学生，其余37人是老师、家长和工作人员。火灾是由于舞台上方的光柱灯（1000W）与纱幕距离过近，高温灯具烤燃纱幕造成的。堆放的杂物助燃并产生大量有害的浓烟。疏散过程中，安全门不能正常打开，不能及时有效地组织人员疏散，以致造成重大伤亡。

（案例来源于互动百科网，www.baike.com，题目为"新疆克拉玛依大火"）

国家对特殊场所有明确的消防安全规定，但管理和组织人员消防意识淡薄，安装、使用电器设备不符合防火规定，消防设施不到位，组织疏散不利，造成了重大安全事故。

3. 操作流程不规范

做任何事都要有标准，不按照标准执行，轻则达不到目的，重则因小失大造成事故。2007年4月安徽某大学的学生食堂内的厨房发生火灾，过火面积约30平方米，无人员伤亡。火灾原因是厨房工作人员给锅内的油加热，操作时脱岗，油温过高造成油自燃起火。

4. 物品使用不得当

容易引起火灾的物品有很多，根据幼儿园使用需要，可以分为以下几类：

①电器类：包括班级经常使用的电视、电脑、空调、热水器，食堂经常

使用的电饼铛、烤箱、蒸箱、消毒柜、切菜机、和面机等，多功能厅里常配的聚光灯、音响、大屏幕、控制台等，这些物品都属于大功率电器。

②生活类：教室里的窗帘、被褥、毛绒玩具、塑料用品、装饰用的纱幔、木格，适应幼儿在园生活需要的玩具柜、储物柜、桌椅、床等。

③学习类：孩子们常用的书、纸、笔，操作用的插板、积木、拼图等。

④其他：如有的条件较差的幼儿园使用煤火取暖、夏天燃蚊香驱蚊等。

电器使用时间过长、线路老化、超负荷工作，会过热、过载并形成隐患。生活和学习用品大多是可燃物，一旦遇到明火容易发生火灾。

5. *受外界的影响*

很多幼儿园火灾是由周边火患引发的，如2015年9月福建宁德蕉城区的菊池大厦发生火灾，位于大厦内的某幼儿园多名小朋友被困。2015年7月，济南某幼儿园旁边的垃圾站和烧烤店之间的过道起火，浓烟弥漫校园，幸好扑救及时，未对幼儿园造成影响。其他如春节期间燃放烟花爆竹，清明祭祀烧纸，如果明火落到校园内，也可能会引发火灾。

（二）火灾发生的特点

幼儿园是教育场所，建筑设计属居住式用房，有教室、寝室、洗漱室、厨房、走廊、锅炉房等，教职工大多为女性，每班有3~4名教师和30~40名幼儿（该数据来自大多数城市公立园），物品主要有生活用品、学习用品、玩教具等。受使用功能、建筑特点、人员、物品等因素的影响，幼儿园火灾有如下特点：

①电气火患多发。随着社会现代化程度的提高，电器品种越来越丰富，电器使用越来越频繁。用电设备的增加，电线超负荷工作，电器线路老化，未及时检查、更新更换，电器设备安装不当，操作不当或电器产品质量低劣，私拉乱接电线或不懂得安全用电常识等，这些都是火灾隐患。

②不当操作突出。有数据统计，因违反安全操作规程和生活中不当操作而引发的火灾占全年火灾总数的1/3，消防安全意识薄弱、心存侥幸，缺少使用常识，造成大量的动态性火灾隐患，这是最难控制的隐患。

③疏散抢救困难。火灾发生时，孩子受到高温、浓烟和火势威胁，即使参与过消防演习的幼儿，也会因身体的不适和紧张的气氛而感到恐惧，会本能地逃生、躲藏或者原地哭闹。如果火灾发生在夜间或被大火引发的高温浓烟影响，更难发现被困幼儿，给疏散带来困难。

④影响范围大。每名幼儿都是家长眼中的"宝"，当孩子生命受到威胁的时候，家长得知情况后都会情绪激动，有的家长可能会失去理智，不听劝阻，擅自行动或提出各种不理智的要求，这会增加火场的工作量和复杂性。

二、完善管理体系

幼儿园消防管理，首先应从制度上给予安全保障，定期排查消防隐患，以防为主，保证安全。

（一）制定消防制度和应急预案

1. 消防安全制度

幼儿园建立健全消防安全制度，对安全工作具有重要的指导意义。其中，疏散设施的管理包括防火门、疏散指示标志、应急照明等；消防设施的管理包括消防栓、灭火器、消防水池等；用电安全如严禁私接电线、严禁超负荷用电、及时关闭电源、严禁私自使用大功率电器等；燃气和电气设备安全如规范操作流程、专业人员安装调试、定期维护、防雷防电检查等。幼儿园可根据需要，将以上内容有机结合，完善本园的消防安全制度。

2. 应急预案

应急预案是应急救援准备工作的核心内容，是及时、有序、有效地开展应急救援工作的重要保障。它明确了突发事故发生之前、发生的过程中以及刚刚结束之后谁负责做什么、何时做以及相应的策略和资源准备等。针对可能发生的事故和后果的严重程度，为应急准备和应急响应的各个方面预先做出详细的安排，是事故应急救援工作的行动指南。针对消防安全管理，可制定《走火逃生应急疏散预案》《防雷电预案》等。

（二）完善、健全消防设施

《中小学幼儿园安全管理办法》对幼儿园消防管理明确规定：配置紧急照明装置和消防设施与器材，保证学校教学楼、图书馆、实验室、师生宿舍等场所的照明、消防条件符合国家安全规定；学校应当落实消防安全制度和消防工作责任制，对于消防设施和器材应加强日常维护，保证其能够有效使用，并设置消防安全标志，保证疏散通道、安全出口和消防车通道畅通。根据建筑规模和办园规模，对幼儿园消防建筑和设施配备也有不同要求，幼儿园可以向当地消防部门咨询，以保证消防设施到位。

（三）定期开展消防隐患排查

消防隐患排查包括积极整改不符合消防安全标准的设备设施；保证现有消防设施、器材的使用性能；查找起火隐患；检查危险物品的管理。有效的排查能及时发现隐患并排除隐患，避免发生火灾。

1. 认真对待上级检查

与消防及供电公司人员配合，检测电源线路安装是否合理、电线是否老化，各种消防设备设施是否合格、到位，及时给灭火器补压。对上级部门提出的问题，认真回答，不隐瞒、不谎报；对上级部门提出的问题，积极整改，限期完成。

2. 仔细开展园内排查

《中华人民共和国消防法》规定：医院、养老院、寄宿制学校、托儿所、幼儿园应当加强夜间防火巡查；其他单位可以根据需要组织防火巡查。幼儿园要有严格的安全隐患排查制度，责任到人，做好排查记录。

安全检查本着全、细、严的工作原则，坚持"三查"，即日排查、周检查、月督查，对幼儿园的园舍院落、设备设施、电线电缆、锅炉围墙、室内玩具、寝室用品、幼儿活动场所、用电安全、食堂管理、大型玩具等进行全面的检查维修，杜绝漏查或迟查，消除一切安全隐患。做好隐患排查记录（参见表3-7），及时上报和反馈发现的问题，不能及时解决的要由督查人监督限期完成。

表3-7 某园消防安全排查登记表

检查人：_____

排查内容	排查时间	排查位置	发现问题	解决时间	督查人
消防栓					
灭火器					
指示灯					
警示标					
消防水池					
其 他					
备注	不能及时修复完成的，需注明原因并写明完成时间。				

一般情况下，幼儿园防火巡查应当包括下列内容：用火、用电是否违规；安全出口、疏散通道是否畅通；灭火器、消防栓、消防水池是否正常；应急灯、疏散指示标志、消防警示牌是否完好；常闭式防火门是否处于关闭状态；防火卷帘下是否堆放物品；易燃易爆危险品储存有无违章等。

三、开展教育活动

《中华人民共和国消防法》针对学校消防宣传教育提出：各类学校应当将消防安全知识纳入教学内容，每学期至少组织一次专题消防安全宣传教育。幼儿园要坚持预防为主，防治结合，将安全教育常规化，对教师、幼儿进行不同形式的安全教育，增强幼儿的自我防护能力。

（一）教职工安全培训

聘请专业消防人员为教职工讲解消防知识，如学习消防安全"四个能力"——检查消除火灾隐患能力、扑救初起火灾能力、组织疏散逃生能力、消防宣传教育能力。增强教职工的自我防范意识和自救能力,学习防护用品的使用方法,以便遇到突发事件能够成功自救、安全疏散和保护幼儿。开展"火灾事故安全讨论",结合实例进行安全分析,从岗位职责、工作方法、问题处理办法、法律解析等多方面讨论,增强教职工的责任感,寻找科学的解决方式,熟悉适用法律知识等。组织灭火实操培训,了解防护用品应对不同环境、不同起火方式的知识,提高实际应对技能。

(二)幼儿安全教育

《幼儿园教育指导纲要》指出,"幼儿园的教育内容是全面的、启蒙性的,可以相对划分为健康、语言、社会、科学、艺术等五个领域,也可做其他不同的划分。各领域的内容相互渗透,从不同的角度促进幼儿情感、态度、能力、知识、技能等方面的发展"。幼儿园要将消防安全教育纳入日常教育活动,运用多种形式对幼儿进行安全教育。

1. 安全教育进课堂

通过教育活动,教给幼儿必要的安全知识,记住报警电话和报警时须提供的重要信息,如家庭地址、父母电话、火情大小等;认识消防标志;学习逃生技能和简单的防范措施。

①认识简单的消防标志。

②正确的逃生方法。火灾发生时,听老师和相关人员的指挥,逆风而行;如果火灾发生在自己所处楼层之上,那么要迅速往下跑;逃离时最好用湿毛巾掩住口鼻,并尽量避免大声呼喊;身处浓烟区时,要以弯腰姿势匍匐前进;身上着火时,不要跑,要躺下来不断翻滚压灭火苗。

③火灾的防范措施。告诉孩子不要玩火、不要随意玩电器设备,可在成人指导下使用简单的电器;学会报警,知道火警电话119,记住自己居住地的名称;知道哪些是危险品,如烟花爆竹、燃(煤)气灶、火柴、打火机等;知道向附近的人求救以寻求帮助。

④给家长的安全提示。不要把报纸之类的可燃物放在炉子、加热器、暖风机、使用中的电吹风等器具的旁边;不要忘记正在烧、烤、蒸、煮的东西;

吸烟的家长不要在床上、沙发上吸烟，烟蒂要彻底熄灭后再扔掉；不要多个电器设备共用一个插座；用完燃（煤）气灶后，要及时关掉阀门；不要把孩子单独留在家中；不要损坏公共场所的消防设施和器材。

2. 多种形式的主题

以"发生火灾怎么办"的主题活动为例，带幼儿去消防科技馆或消防大队参观，通过观看录像、图片等，使幼儿初步感知火对人们的帮助和火灾的危害，亲身体验安全自救的方法和技能，并在消防官兵的带领下，通过模拟逃生的演练，学会保护自己，提高自我保护的能力。

3. 创造良好的环境

区域活动是一种重要的幼儿自主活动形式，它以快乐和满足为目的，以操作、摆弄为途径的自主性学习活动，是幼儿主动寻求问题解决的一种独特方式。设置"小小消防队"，带领幼儿充分利用废旧材料制作消防车、灭火器等模拟游戏道具，让幼儿通过角色扮演，感悟到火灾的危害，学会使用报警电话和自救方法，增强自我保护意识。提供各种消防车、模拟消防用具、安全逃生、防火等知识的图片，阅读关于消防知识的图书，通过多种感官认识丰富幼儿的防火逃生经验。

4. 标签及提示语的运用

在电器开关及闸门处张贴"禁止触摸"的标志；在放置消防栓处布置火警电话119的图示；在幼儿经常活动的场所和区域张贴"禁止吸烟"的标志；在多功能厅、配电室张贴"小心触电"的标志，提示幼儿不随便玩弄消防器材标志等。

四、实施消防演习

消防演习活动是幼儿园安全工作的重要环节，是发生突发事件时保证全体师生安全迅速撤离危险区的有力手段，是将人员伤亡和物资损失降到最低的有效方法。幼儿园要定期组织消防演练，让教师和幼儿在实践中巩固消防知识，掌握消防技能。

（一）演习方案的制订

组织消防演习前，要统一思想，明确目标，确定具体的演习过程。要预想到演习中可能出现哪些问题、哪些隐患，在重点位置、重点环节加强防范，以免在演习中发生意外。演习方案要有明确的组织结构，做好人员分工，说明详细的时间、路线和演习内容，活动结束要进行总结（参考表3-8）。

表3-8 某幼儿园消防演习疏散方案

一、演习目的 通过此次消防演习，使全园教职工及幼儿对消防安全知识有进一步的了解，掌握初步的逃生技能，提高大家的自我保护意识，确保我园在发生火灾等突发事件时，各项应急工作能够高效有序地进行，最大限度地减少人员伤亡和财产损失。 二、组织机构 1.总指挥：×××（园长） 职责：负责组织协调、指挥整体疏散撤离行动。 2.现场指挥：×1、×2、×3 职责：×1负责指挥A区的疏散撤离行动 　　　×2负责指挥B区的疏散撤离行动 　　　×3负责指挥C区的疏散撤离行动 3.组织筹备工作：××× 职责：负责演习方案的制订及具体活动的组织筹备。 4.各楼层指挥： A区：一层（略）　二层（略）　三层（略） C区：一层（略）　二层（略）　三层（略） 职责：负责指挥协调各楼层班级的疏散撤离。 5.各个场地负责人 医疗点：略 中央广场班级的疏导安置：略 南院操场班级的疏导安置：略 北院操场班级的疏导安置：略 西面空地班级的疏导安置：略 疏散路线：各班按预案路线撤离

续表

三、具体工作人员安排 人员 1：负责场地话筒及音箱 人员 2：负责录像 人员 3：负责照相 人员 4：负责灭火演习材料的准备 人员 5：负责点火及灭火演练 其他小组成员各负其责，按消防预案密切配合各项工作。 **四、演习时间** 5 月 15 日上午 9:00 以后随时开始 **五、演习过程** 1. 消防总指挥拉响警铃 2. 各班级及各部门按指定路线有序疏散撤离 3. 各班级撤离到指定地点后，教师清点本班幼儿人数，并向本区域负责人报告 4. 各区域负责人汇总记录各班级教师及幼儿人数，并将本区域人员引领到中央广场集合 5. 各区域负责人向总指挥报告本区域的人数 6. 营救（现场解说） 7. 总指挥讲话 8. 灭火演练 9. 演习结束

（二）演习前的准备

演习前要对人员、环境、物品进行安全布置和排查，以保证演习顺利开展。一是人员到位。演习前要给组织机构中的成员集中开会，分配任务，明确各自职责。二是安全人员要对所有逃生线路进行安全排查，保证周边设施完好、道路畅通。三是检查演习的场地和使用的物品有无损坏。

【案例 3-25】

某幼儿园正在进行消防演习。火警铃声一响，教师迅速组织幼儿用湿毛巾捂住口鼻向疏散口跑去。在快速跑的过程中，走廊里的一幅壁画由于震动掉落下来，孩子们受到惊吓，一个小朋友的手臂被划伤了。

（河北省保定市青年路幼儿园　徐晶）

从以上案例可以看出，演习前的安全检查是非常有必要的，要排除所有的不利因素，保证活动顺利进行。

（三）演习内容

对寄宿学生应当开展经常性的安全用火用电、疏散逃生教育。每年至少组织一次消防演习。各地教育主管部门对幼儿园安全要求也不能放松，一般情况下，幼儿园消防演习至少每半年组织一次。

《中华人民共和国消防法》规定"要制定符合本单位实际的灭火和应急疏散预案，并实施演练"。幼儿园每学期可以设计不同的演习目标，有计划有目的地组织各种消防演习活动，可以在演习中增加情境，以丰富演习内容。

以下内容供幼儿园消防演习活动参考：

①响铃逃生演练：听到报警铃声后，教师能够快速反应，组织幼儿用湿毛巾掩住口鼻，用正确的方法疏散。

②讲解灭火器的使用方法，教师和幼儿实际操作灭火器。

③设置医疗救护站，模拟救助伤员。

④观看消防员演习：观看消防员穿脱消防服，讲解消防服的功效，认识消防车，观看消防员连接、铺设水带和演练灭火。

⑤教幼儿认识消防装备，如破拆工具、消防服、防毒面具等，组织班级开展消防逃生演练。

在大多数幼儿园，从事后勤工作的人员比较少，但是其所分管的内容比较多，也相对比较繁杂，负责幼儿园后勤工作的领导需要理清工作思路，明确各方面人员的安全职责，为一线教育教学工作提供有力的保障。

第四章

幼儿心理安全管理

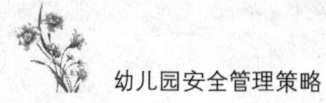

曾经有一位家长这样说:"只要孩子在幼儿园健健康康的,不出什么问题,学不学东西我不在乎。"这位家长的言辞虽然有些偏颇,但是代表了大多数家长的心声。那么,什么是健康呢?世界卫生组织提出"健康是一种身体上、精神上和社会适应上的完好状态,而不是没有疾病及虚弱现象",其中包含三层含义:一是身体一定是健康的,没有生理疾病;二是精神一定是健康的,能保持一种高效而满意的心理状态,没有心理疾病;三是具有良好的社会适应能力,能很好地应对社会生活以及人际交往。

作为基层教育机构,幼儿教师不仅要全方位保证幼儿的生命安全,而且要从卫生保健、环境创设方面保证他们的身体健康和心理健康,教育引导他们习得社会化经验,为他们一生的发展奠定良好的基础。

第一节 创设温馨环境,营造安全心理氛围

心理健康是指人的基本心理活动的过程完整、内容协调一致,即认识、情感、意志、行为、人格完整和协调,能适应社会,与社会保持同步。心理学家指出,幼儿的心理是否健康不仅关系到身体的正常发育,而且会影响其今后的人生发展方向。

幼儿教师及家长应该充分了解幼儿的个性、心理发展规律,掌握对幼儿实施心理健康教育的要点,在努力提高自身心理素质的同时,以健康的人格影响幼儿,以温馨和谐的环境感染幼儿,以友爱互动的群体氛围帮助幼儿建立积极的情绪体验与平等友善的同伴关系,从而使幼儿获得身心和谐发展。

一、和谐的班级

陈鹤琴先生曾经说过:"对于小孩子来说,怎样的环境就得到怎样的刺激,得到怎样的印象。"也就是说,幼儿是在不同的环境中建立起相应的行为

习惯和行为方式的。幼儿的学习乃至整个发展过程都是在与环境的交互作用中完成的，环境是幼儿成长的摇篮，更是影响他们个性心理品质形成的关键。针对幼儿情绪不稳定、好奇心强、喜欢探索等特点，幼儿教师需要在班级中创设一种自由、开放、和谐的氛围，提供幼儿感兴趣的活动材料，使幼儿获得积极的情绪体验，从而形成健康的心理品质。

（一）让班级成为幼儿的"家"

人们通常把幼儿园称为孩子的"家"，把教师比喻成幼儿的"妈妈"。虽然这种比喻对幼儿园和教师提出了更高的要求，但这确实是所有幼儿园和幼儿教师应该追求的理想和目标。

【案例4-1】

还有几天，小一班的幼儿就要来园了。瑶瑶老师从市场上买来了一些糖果色的纱布，还从家中带来了一些印有卡通图案的薄棉布。她想用这些材料来装饰班级的窗户、桌子，使班级像家一样温馨。

9月1日，孩子们正式来园了，他们在班级里看到了童话故事里才有的纱窗帘、花桌布；进入班级的活动区"娃娃家"，看到了可爱的玩具娃娃、色彩鲜艳的小床、梳妆台、小沙发、柔软的小靠垫；摸到了有趣的厨房灶具和不同食品的玩具……他们好喜欢这个地方。每天来到幼儿园后，小朋友们就进入这个区域忙碌起来：在小厨房里"切切茄子、洗洗干净，炒呀炒呀，饭菜香香"；在小卧室里抱抱、哄哄"宝宝睡觉觉"；在客厅里"看看电视"，累了在小靠垫上休息一下，在地毯上躺一躺……小朋友们俨然成为了班级的小主人。

（河北省保定市青年路幼儿园　张恺）

案例中，瑶瑶老师根据小班幼儿的特点，用彩色纱布和棉布等自然、柔软的材料装饰班级，使其有了家的温馨；另外，瑶瑶老师还在班级布置了"娃娃家"，投放厨房应有的物品和材料，让幼儿通过角色扮演，感受到家庭的氛围，这样的做法既巧妙，又使幼儿锻炼了不同的技能。

（二）用爱呵护每个幼儿成长

生活中，我们经常听到大家说——"作为教师，首先是要爱孩子"。那么这个"爱"字都包含哪些内容呢？笔者认为，它拥有非常丰富的内涵，包含如温暖、关怀、宽容、安慰、鼓励、奖赏、赞扬、信任、支持等。幼儿教师对孩子的爱应该像妈妈的爱那样，是平等的、无条件的。只有让每个幼儿都沐浴在爱的阳光下，他们才会有安全感，才能适应幼儿园的环境，学会与同伴、教师交往。

【案例4-2】

苏霍姆林斯基是苏联教育家，他曾在乌克兰一所乡村中学任校长。曾发生过这样一件事：校园的花房里开出了一朵很大的玫瑰花，全校的学生从没见过这样大的玫瑰花，就都赶来看。有一天早晨，苏霍姆林斯基正在花园里散步，看到幼儿园的一个小朋友跑过来把那朵玫瑰花摘下来拿在手里，正要往外走。苏霍姆林斯基很想知道这个小女孩为什么摘那朵花，就弯下腰亲切地问："小朋友，你为什么要摘那朵玫瑰花呢？"小女孩很认真地回答："我奶奶病了，病得很重，我告诉她学校里开了这么大的玫瑰花，她不相信，我摘下来拿回去让她看看，看完就送回来。"听了孩子天真的回答，苏霍姆林斯基牵着小女孩到花房里又摘了两朵玫瑰花，并对小女孩说："这两朵玫瑰花一朵是奖励你的，因为你是一个有爱心的孩子；另一朵是送给你妈妈的，因为她养育了你这样一个好孩子。"

（河北省保定市青年路幼儿园 陆红）

看到案例中的故事，不知道读者会有什么想法？如果你遇到了这样的小女孩，也会像苏霍姆林斯基这样做吗？你会不会批评这个小女孩——"花房里的花是给大家观赏的，不能摘，这样做太自私了"！你会不会给这个小女孩讲道理——"好宝宝都明白，花儿好看我不摘"。

可是苏霍姆林斯基没有这样做，他蹲下来，仔细倾听孩子的想法，了解在他人看来是错误行为的背后的原因。他没有被传统的道德说教束缚，反而用送给小女孩两朵玫瑰花的方式，表扬了小女孩对奶奶的孝心。

幼儿教师不仅要对这件事情进行反思，还要学习苏霍姆林斯基对待幼儿的方式。

1. 走近幼儿，聆听心声

蒙台梭利认为"要教育幼儿就要了解幼儿"。笔者认为要了解幼儿就必须走近幼儿，仔细倾听他们内心的声音。只有这样，才能真正了解他们的想法和感受，才能对幼儿的心理需求做出及时而细致的回应，解决幼儿成长中出现的问题。

【案例4-3】

孩子们中午起床后，王老师像往常一样坐在小椅子上，为每个留长发的小女孩梳辫子。每到这个时候，男孩子尧尧就凑过来看，眼里满是羡慕。王老师笑着对他说："尧尧你是男孩子，头发那么短，不用梳的，快去吃午点吧！"听了王老师的话，尧尧露出无奈的表情，悻悻地走开了。

今天，尧尧又凑了过来，王老师刚要劝其离开，却发现他的头发已经变长了，而且后脑勺的部分还翘了起来。王老师说："尧尧，你的头发有点乱，我给你梳一下吧。"尧尧使劲点点头，乖乖地站到王老师前面，王老师的手一边扶着他的脸颊，一边把他的头发梳整齐。

王老师看到尧尧很高兴，就问他："你为什么喜欢老师给你梳头呢？"尧尧说："因为我想和你多待一会儿，我喜欢你。"听了尧尧的话，王老师感到很欣慰，她回应尧尧："我也喜欢你，以后每天我都给你梳一梳头发吧！"从那以后，王老师改变了只给留长发的女孩子梳头的习惯，每天午睡起床后，王老师也会给那些短头发的男孩子梳一梳头发。

（河北省保定市青年路幼儿园　张静雨）

很多时候，只从幼儿的行为表现上进行分析，是无法了解幼儿内心的真实想法的。这与成人和幼儿在学识、阅历、语言表述、情感交流等方面存在较大的差异有关。教师要学会从幼儿的角度去理解他们的语言和行为,"必须会变成小孩子,才配做孩子的先生",要尽可能听明白幼儿言说的意义与理由,以及所传递的情趣、情绪及言外之意、弦外之音,这样才能对他们的行为做出合适的反馈或者提出恰当的要求。

在案例4-3中,我们欣喜地看到,王老师通过与尧尧的沟通反思了自己的行为,改进了日常安排。这样的做法是可取的,值得其他教师借鉴。

2. 尊重幼儿,多些宽容

美国著名社会心理学家马斯洛有一句话:"最健康的自尊是建立在当之无愧的来自他人的尊重之上。"尊重幼儿是幼儿心理健康成长的前提,是幼儿人格和谐发展的保证;尊重幼儿是让教师放弃长者的身份,以宽容之心对待每一位幼儿,改变幼儿听命于教师的惯例。

【案例4-4】

早晨入园的时候,小宇的妈妈递给菲菲老师一小袋东西,说:"这是小宇昨天从幼儿园拿回家的玩具,我已经批评他了,他爸爸气得要打他。"菲菲老师接过袋子一看,是活动区的小熊玩具。菲菲老师没有马上批评小宇,而是安慰了小宇妈妈一番,告诉她会解决好的。

在区域活动时,菲菲老师把小宇叫到一边,小声地问他:"你喜欢活动区的这个小熊,是吗?"小宇点点头,菲菲老师说:"喜欢可以和妈妈说,让妈妈给你买;也可以和老师说,获得老师的准许后再拿回家玩。但是不告诉老师就自己拿回家是不对的。既然你喜欢这个小熊,那你就再拿回家玩一次,明天再带回来吧!"小宇听了菲菲老师的话,高兴地点点头。

(河北省保定市青年路幼儿园 黄会平)

案例中的菲菲老师在了解到小宇把玩具带回家的原因后,没有在众人面前批评他,而是以悄悄谈话的方式引导他学会分析对错,告诉他正确的做法,这样的方式不仅尊重了幼儿,而且避免了以后类似事情的发生。

当幼儿在日常生活中出现这样或那样的不当行为时,教师应尽量以正面教育来引导，要正视幼儿之间的差异，多一些指导，少一些评判，让幼儿始终感受到教师对他们发自内心的爱。

二、友好的同伴

和谐的同伴关系，是指年龄相近的孩子有相近的兴趣和价值观，彼此能友好地相处、认同彼此的行为标准，而且对所属群体有归属感。

在日常生活中我们不难发现，一般在同伴中受欢迎的幼儿大都会表现出自信、大方的个性特点，各种能力都比较强；而在群体中被排斥或被忽视的幼儿则往往会有孤独、自卑心理，表现出呆板、孤立、冷漠等个性特点。教师应该引导幼儿通过交往、合作、分享等来构建和谐互助的群体关系，帮助孩子建立良好的同伴关系。

【案例4-5】

早晨，刘老师刚进班级，就听到门口传来一阵号啕大哭："我不去，我不上幼儿园！"

刘老师走到班级门口一看，本班的小雅哭得像个泪人儿似的，双手死死地拽着外婆的裤脚，就是不肯进入班级。刘老师感到很奇怪，小雅平常是一个特别乖巧的孩子，今天怎么这么大脾气呢？刘老师上前询问原因，她外婆无奈地说："不知道是怎么回事，这几天她在家反复说'不想上幼儿园'！"刘老师轻轻拉过小雅的手，安慰她说："小雅是个乖孩子，奶奶还要去买菜呢！我们一起来玩打陀螺的游戏，好不好？"小雅边抽噎边点头，被刘老师牵着走进活动室。

刘老师一边带着小雅玩游戏，一边询问："以前你来幼儿园都很开心，为什么这几天不想来幼儿园了呀？"

"因为文文抓我的脸，还叫其他小朋友不要跟我玩！"小雅满脸怨气地说。原来小雅不想来幼儿园，主要原因是前几天她与文文在玩游戏的时候，因为争抢玩具发生了纠纷。文文不但抓了小雅的脸，还让其他的女孩都不要跟小雅玩，小雅感到被孤立，就采取了消极回避的方法，

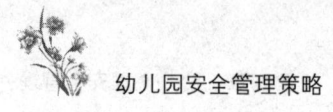

不想上幼儿园了。

(河北省保定市青年路幼儿园　梁雪静)

案例中小雅由于与同伴发生冲突，被其他同伴孤立，导致其对幼儿园产生恐惧、排斥心理。一方面，教师应该带领幼儿了解与同伴发生矛盾时正确解决问题的方法，帮助幼儿建立良好的同伴关系；另一方面，教师在了解到小雅被同伴孤立的情况后，应该引导全体幼儿讨论，让幼儿懂得大家都是朋友，不能因各种原因孤立同伴。

此外，教师还可以引导幼儿自带玩具到幼儿园与大家分享；教给幼儿一些基本的社会交往的规范礼仪，通过"以大带小"活动认识、结交更多的朋友；鼓励幼儿在园积极帮助同伴等，运用这些方法培养其积极乐观、自信自强的心理品质，创造友好的同伴交往氛围。

三、互爱的家庭

家庭对孩子的影响是持久的和潜移默化的。有研究表明：0—6岁幼儿生活的家庭环境决定着幼儿长大成人之后的心理健康。换句话说，成人的心理问题以及犯罪等一些社会问题很大程度上源于0—6岁的家庭教育。年龄越小的幼儿，家庭环境的创设、亲子模式的优化对其良好性格的培养越重要。

在气氛紧张、父母关系不和谐的家庭里，父亲和母亲通常烦躁不安、性情暴躁、言语粗鲁、对长辈缺少孝敬甚至虐待。还没有独立生活能力、完全依赖父母的幼儿，在这样的环境中容易情绪紧张。长此以往，会使孩子形成孤僻、自私、玩世不恭等不良品质，对其心理健康造成负面影响。

幼儿教师应引导家长从以下几个方面入手，为幼儿营造互敬互爱的家庭氛围，让幼儿在轻松、和谐的家庭环境中快乐成长。

(一)言语上尊重幼儿

专家认为，父母在教育孩子时所说的话语对孩子有深刻的影响。失控的、不恰当的语言会影响到孩子心理的发展。

【案例4-6】

中二班的润润是个眉清目秀的小女孩,不太爱说话,不喜欢和小朋友交流,大家玩游戏时,她总是远远地看着,面对新鲜的事物经常会露出胆怯的表情。王老师通过家访了解到润润上幼儿园之前一直由乡下的爷爷、奶奶带,因为要上幼儿园,所以才从乡下搬到城里与父母同住。因为怕润润淘气,在生活中,如果润润犯了一些小错或者做了家长不让做的事情,妈妈就会用"你再这样做,我就不要你了""你不听话,我就把你送到爷爷、奶奶家去,不让你回来了"之类的话来吓唬她。殊不知妈妈无心的言语,在润润的心里却变成了可怕的恐吓,润润渐渐形成了胆怯、自卑的心理。

(河北省保定市青年路幼儿园 桂楠)

父母的一言一行都会影响幼儿的心理健康,家长与幼儿进行言语上的交流时一定要注意从尊重幼儿的角度出发,运用适宜的语言。

1. 言语不要太严厉

任何对孩子太严厉、苛求甚至打骂的做法都是错误的,容易使孩子形成自卑、胆怯、逃避等不健康心理,或导致孩子产生反抗、残暴、说谎、离家出走等异常行为。同时,吓唬孩子会使父母丧失在孩子心目中的权威性,也许一时有效果,长久则容易造成孩子的逆反心理,导致其对父母以后的一切告诫都不服从。

2. 言语上不要太关心

如果父母在家庭生活中过分关心孩子或者经常过分夸奖孩子,容易使孩子过度以自我为中心,成为自高自大的人,这样的孩子在生活中不易被同伴接受,如果在生活中遇到挫折,也会对孩子的心理造成沉重的打击。当然,孩子做事取得了成绩,略表赞许是可以的,家长在赞许的时候,必须要针对具体的事情,让孩子知道自己优点的同时也感到父母的赞许是真诚的。

3. 言语中不能有嘲笑

父母一定要有"孩子是一个具有独立人格的人"的概念，不要因为孩子小就嘲笑、批评孩子，否则不仅会造成孩子害羞或怀恨在心，还会大大伤害孩子的自尊心，让其性格变得脆弱和敏感，不利于其心理健康成长。

（二）行为上引导幼儿

儿童对一种家庭气氛的心理承受力表现在他对家庭成员（主要是父母）形象的适应和接受上；父母在家庭生活中扮演的角色最直接地影响着儿童的心理健康。

苏霍姆林斯基指出，"父母自身的行为对孩子有重大的影响。不要以为只有你们同孩子谈话和教导孩子、吩咐孩子时才是在教育孩子。在你们生活的每一瞬间，甚至当你们不在家的时候，都是在教育孩子。你们怎样穿衣、怎样跟别人说话、怎样表示欢欣和不快、怎样对待朋友和仇敌、怎样笑、怎样读报……所有这一切，对孩子都有很大的教育意义"。

【案例 4-7】

涛涛在班里是一个让老师比较头疼的孩子。每天他都会与小朋友之间发生冲突，老师都需要苦口婆心地给他讲道理。

一天，在区域活动中，涛涛又因为争抢积木和小磊争执起来，还用指甲抓破了小磊的胳膊。刘老师很生气，要求涛涛坐在小椅子上反省 5 分钟，想好怎么解决这件事情再继续游戏。

游戏中断了，涛涛顺势躺在积木里，并用脚将其他小朋友搭建的房子都推倒，大哭大闹起来。刘老师用手去拉涛涛，想把他拉起来，涛涛抓着老师的手臂，用脚狠狠地踢刘老师的肚子，刘老师一下子摔在了地上。

看到涛涛的反应如此强烈，刘老师给涛涛的家长打了电话。二十分钟后，涛涛的爸爸和妈妈赶到幼儿园。爸爸见到儿子，板着脸，没有说一句话，抬脚就踹孩子，幸亏刘老师眼疾手快拦了下来。

涛涛的爸爸咬牙切齿地说："我看你小子是一天不打，上房揭瓦！"刘老师发现涛涛也瞪圆了眼睛，跟自己的父亲怒目相对。刘老师终于知道为什么每次涛涛与小朋友发生纠纷的时候，总是用暴力解决了。

（河北省保定市青年路幼儿园　赵景梅）

本案例中，从涛涛处理自己与同伴之间的矛盾与其父亲处理儿子的攻击性行为中，可以看出其父亲不恰当的处理方法已经对涛涛造成了不良的影响。生活中，父亲总是用暴力手段来发泄自己对儿子的不满，而涛涛也学会了用同样的方式来对待自己遇到的不开心的事情。

家长在孩子面前就是一面镜子，要想让孩子成为什么样的人，家长首先必须要成为什么样的人，在教育孩子的过程中，要善于用正确的行为来为孩子做好的示范。

1. 做民主、开明的家长

在家庭生活中，父母对孩子来说既是长辈，又是朋友。要学会理解和尊重孩子，站在孩子的角度想问题，才能发现他们的内心世界，千万不能按照自己的主观意志随心所欲、揠苗助长；当家庭内部出现矛盾和分歧时，切忌急躁、粗暴，要尽可能地热心肠、冷处理，把复杂的问题简单化。尊重孩子的独立人格、作风民主、和蔼可亲的父母会使孩子身心都得到健康成长。

2. 做乐观、向上的家长

家庭中所有成员之间的相互尊重、理解、信任和关心是治家、教子的基础。父母积极向上的精神风貌和高尚的审美情趣对孩子有强大的感染力，因此父母在生活中应自觉控制自己的不良情绪，以乐观向上的精神风貌面对孩子，让孩子感到家庭是温暖的。

当今全社会都在大力倡导和谐、开放。每个幼儿都是一棵稚嫩的小苗，每一颗童心都需要健康、和谐的环境来呵护。无论是幼儿园，还是教师、家长，都有责任和义务遵循"以幼儿发展为本"的原则，创设更能适应幼儿心理健康发展的环境，引导幼儿的行为，疏导幼儿的心理，使每个幼儿都快乐地成长。

第二节 通过广泛观察，发现幼儿的心理问题

现代心理学研究表明：心理健康是一个人智力和人格发展、潜能开发、道德品质形成、积极适应社会的前提，是一个人整体素质形成和发展的基础。3～6岁的幼儿正处在心理成长发展和人格形成的关键时期，他们有巨大的发展潜力，可塑性也比较强。在这一时期，如果幼儿由于各种因素在心理上出现了问题，那么很可能会影响其一生的发展。

观察是指在自然条件下，有目的、有计划地系统观察幼儿的言语和行为的活动，是了解幼儿心理活动和发展规律的重要方法，同时也是发现幼儿心理问题的重要途径。

一般情况下，针对幼儿的观察主要包括生活中的观察、家庭中的观察和作品中的观察。

一、生活中的观察

幼儿从早晨进园到傍晚离园的每一刻都离不开老师的组织、引领，生活在幼儿园，其一举一动都被教师看在眼中，如果教师具有一颗善于观察的心，那么就可以通过幼儿的言行判断其内心的想法，发现其可能存在的心理问题。

【案例4-8】

中四班的邓老师发现班级中的宁宁最近总是"说谎"，为了详细了解其"说谎"行为的具体内容和表现，邓老师加强了对宁宁的观察，并做了以下记录：

3月10日，星期一。中午吃完了午饭，小朋友们如厕后，正准备脱下衣服午睡。前几天没有来园的宁宁突然趴在桌子上，大声说："老师，我肚子痛。"我以为她的肚子着凉了，就拿热水袋帮她捂了一会儿，但

是她还说肚子痛。没办法,我只能给宁宁的父母打电话,让他们带孩子去医院看一看。小朋友们午睡起床后,宁宁的妈妈把孩子送了回来,她爸爸对我说:"我们已经到医院看了,做了一些检查,医生说没有问题。"待宁宁的父母离开后,我关切地问宁宁:"你的肚子还疼吗?"宁宁小声说:"不疼了,但是我的胳膊有点疼。"

3月15日,星期五。一早,宁宁的妈妈把她送到幼儿园后,偷偷把我拉到一边悄悄地说:"昨天晚上她没有穿袜子回家,还说是老师不让她穿袜子的。老师让很多小朋友都不穿袜子。"听了宁宁妈妈的话,我觉得很吃惊,刚想跟家长解释一下。宁宁的妈妈又说:"我知道这是宁宁瞎说的,只是不知道她为什么要这样说,希望老师能够帮助了解一下。"送走宁宁妈妈后,我和班级的其他两位老师针对宁宁的说法进行了沟通,得知昨天下午宁宁尿裤子了,袜子有可能也湿了,所以她脱了袜子,并杜撰了一个理由说给妈妈听。我又询问了宁宁,看看她是不是这样想的,宁宁点点头。

(河北省保定市青年路幼儿园 刘凡)

案例中的邓老师发现了宁宁的"说谎"行为,针对宁宁的这种行为,邓老师做了比较详细的记录。我们通常将这样的观察称为"个案观察",是教师针对一些特殊孩子或者针对一些孩子的特殊方面专门进行的观察。为达成对幼儿行为的客观判断,一般需要进行较长时间的追踪观察,而其记录的方式属于叙事性观察。

通过生活中的观察与记录,教师可以获得幼儿外在行为的表现,并通过对这些行为的分析,初步获得对幼儿心理活动的判断,再参照幼儿心理学方面的理论,对幼儿是否存在心理问题进行初步的判断。

幼儿常见的心理问题及表现参见表4–1。

表4-1 幼儿常见心理问题及表现

常见心理问题	具体行为表现
多动	喜欢跑动、爬上爬下;集体教育活动中不能专心听讲,摇椅子、离位走动,注意力不集中,易受环境干扰而分心;喜欢做小动作,如咬指甲、咬衣角等;脾气暴躁,情绪自控能力差,经常为了一些小事喊叫或哭闹;不考虑后果,还可能会突然做出一些危险举动或破坏性的行为。
焦虑	对陌生环境反应敏感,缺乏自信,情绪低落,无端哭闹;对尚未发生的事情或日常生活中一些微不足道的小事过分关注,并伴有无根据的烦恼。
恐惧	对于一些没有危险或基本没有危险的东西也感到害怕,而且这种害怕表现得特别明显,如听到打雷闪电就极度紧张、抱头乱窜;经常在睡梦中惊醒、大声哭闹甚至梦游等。
攻击	身体攻击,如推人、咬人、拽人;言语攻击,如骂人等;对物品毫不爱惜,有摔打的癖好,表现出攻击性。

二、家庭中的观察

家庭是伴随幼儿一生的场所,父母是与幼儿生活时间最长,同时也是最了解幼儿的人。如果孩子心理上出现问题,任何一个负责的父母都会在第一时间有所察觉。但是在实际生活中,我们却发现有些孩子明明存在一些异常的行为和表现,家长却无动于衷。究其原因,主要还是因为家长往往从特殊的角度看待自己的孩子,对孩子的某些不良表现给予合理化解释,甚至"护短",过于维护自己的孩子,看不清存在的问题甚至贻误了矫正孩子心理问题的最佳时机。

"父母是孩子的第一任老师",面对教育孩子这门"学问"时,家长一定要学习一些儿童心理学知识,用客观的眼光来看待孩子,用正确的方法来引导孩子,让幼儿的心理健康成长。

（一）观察要细心

幼儿的心理活动具有一定的隐蔽性，不像外在行为和情绪变化那样容易看出来。家长在生活中一定要注意细心观察孩子的表现，从而对幼儿进行准确的判断。

【案例 4-9】

最近一段时间，小力的妈妈在给孩子剪指甲的时候，发现他的每个手指甲盖都是秃秃的。小力的妈妈询问了班级教师和家里的其他成员，大家都说没有给小力剪指甲，那么小力的指甲去哪儿了呢？于是，小力的妈妈开始在生活中仔细观察，她发现当小力看情节紧张的动画片时，就会把手指放进嘴巴里啃一啃；和经常出门在外的爸爸在一起的时候，也会把手指放进嘴巴里啃一啃。

小力的妈妈感觉这是一个问题，就查找了相关的资料，得知一般情况下孩子啃指甲的原因有两个：一个是身体缺乏微量元素，另一个是感觉到压力、紧张或者不适。于是，小力的妈妈带着他去医院做了检查，排除了缺乏微量元素的可能。小力的妈妈意识到小力啃指甲的行为和紧张情绪有关，孩子通过啃指甲的方法来缓解自己的压力。如果长期下去，可能会造成孩子内向、容易焦虑。于是，她调换了家中的动画片，选择情节舒缓的内容，并与小力的爸爸做了沟通，让他花更多的时间回家陪伴孩子，和孩子做亲子游戏，减少父女之间的陌生感。

经过一段时间的调整，小力啃指甲的行为越来越少了，小力的妈妈总算松了一口气。

（河北省保定市青年路幼儿园　段硕）

案例中小力的妈妈是一位善于观察的母亲。通过小力身体上的异常情况，发现孩子内心存在的紧张情绪，并以正确的方法加以引导，保护了孩子的心理健康。

生活中，孩子身上很多异常的表现都是其情绪波动、感到压力的表现，如平时明亮活泼的眼睛突然变得暗淡呆滞,而且总是回避成人的目光,表明孩子此时心事重重;平时滔滔不绝、喜欢说笑的孩子,突然说话吞吞吐吐,表明他心里有了矛盾;平时吃嘛嘛香的孩子,没有生病却胃口不好,表明他有心事。

只要家长能够从细微处了解孩子的变化,就能发现其中的端倪,从而采取措施,帮助孩子恢复正常的心理状态。

(二)交谈要深入

了解和判断幼儿的心理状况,观察只是明确其行为异常的方法和手段,要想得知行为背后的原因,需要家长和孩子之间通过交谈来进行沟通。

【案例 4-10】

强强是大班的小朋友,从小班入园那一天起就没有哭过,每天都高高兴兴地上幼儿园。这几天不知怎么了,每天妈妈送他去幼儿园,强强都说:"我不想去幼儿园。"因为和之前的表现差异很大,强强的妈妈觉得很奇怪,仔细询问其原因,强强只是一口咬定:"幼儿园不好,我不想去幼儿园。"

为了帮助强强缓解心理压力,强强的妈妈说:"好,我们先不去幼儿园。不过,我们要好好谈一谈。"以下是谈话内容:

妈妈:你以前不是挺喜欢幼儿园的吗?现在为什么不喜欢上幼儿园了呢?是不是老师批评你了?

强强:没有,老师可喜欢我呢。

妈妈:是不是上课你没有回答问题,觉得不好意思?

强强:不是。

妈妈:你和好朋友吵架了?

强强:没有,我和东东每天都在一起玩,根本不会吵架。

妈妈:既然和老师、好朋友都相处得挺好的,那你为什么不想上幼儿园呢?

强强脸涨得通红,大声说:鑫鑫他们老笑话我,说我胖得像头猪,说我到毕业的时候就长得像大象那么胖了,他们都嘲笑我,我不想上幼儿园!

说完,强强就趴在妈妈的肩膀上大哭起来。

(河北省保定市青年路幼儿园 刘凡)

通过和强强交谈,妈妈了解到孩子不愿意上幼儿园的原因,同时也判断出给孩子造成心理压力的因素来自同伴的嘲笑。强强的妈妈可以将这些信息反馈给孩子所在班级的教师,由教师采取一些教育策略,如给小朋友们讲一讲每个人都有优缺点的道理,引导小朋友们发现同伴的长处,切勿讥讽嘲笑同伴,从而减轻孩子的心理压力。

通常情况下,年龄越大的孩子在生活中遇到挫折或失败时,越不愿意与成人分享,尤其被别人伤害自尊时,更不愿意轻易向成人表露或者求助。这时候就需要成人耐心交流,获取孩子内心的想法,通过不同的途径帮助孩子走出心理的困境。

家长与孩子交谈时需要注意以下问题:一是家长要把握谈话的方向,对已经显露出情绪的孩子,为了避免孩子的对立与顾虑,可以先安慰再谈话。这样不仅有利于在孩子心目中建立自己的良好形象,而且有利于问题的解决。二是家长与孩子之间的谈话最好是双向的交流,即家长和孩子都说,这样可以谈得更深入。三是在谈话过程中不要怕孩子反驳,孩子在反驳中能说出更多的心里话,这样会使谈话更有针对性。四是在谈话前,要营造良好的家庭氛围,如果家长认为有必要,可以找心理医生来协助,以求行之有效地解决孩子的心理问题。

三、作品中的观察

从字面上理解,作品是通过作者的创作活动产生的具有独创性且以一定有形形式表现出来的智力成果,它主要包括文字作品、口语作品、音乐作品、戏剧作品、美术作品、立体作品等。虽然3～6岁的幼儿年龄偏小、能力偏弱，但是在幼儿园中他们接受的是全面发展的教育，通过观察其不同的作品，也能对其心理状况有初步的判断。

（一）绘画作品的观察

弗洛伊德精神分析学派理论认为，孩子内心无意识的东西可从绘画中反映出来。幼儿的绘画作品是其潜意识的表现，画面上的符号或色彩都具有特殊的象征意义。因此，只要细心观察幼儿的绘画作品，便可以分析出他们的心理状况、情绪波动，甚至潜在的一些不健康心理。

【案例4-11】

平平是一个口吃的男孩，也许是因为口语表达能力较弱，他与小朋友之间的交往很少，与同伴之间的关系也比较紧张。在园生活中，他最喜欢的活动就是绘画。

今天，又到了区域活动时间，平平如往常一样，选择了自己最喜欢的美工区，并兴奋地拿起画笔，在三张纸上分别画了三个小朋友。第一个小朋友站着，手里拿着一根长长的棍子；第二个小朋友坐在洗澡盆里；第三个小朋友只画了脸部，没有身体。三个小朋友都画了一字型的眉毛，弯钩一样的鼻子，还有浓重的、紧闭的嘴巴。

富有教学经验的董老师在看过平平的作品后做了如下分析：平平把所有小朋友的嘴巴都加重、加粗表现，表明他对自己口吃这种生理缺陷的在意；作品用笔粗重，说明其攻击性较强；笔墨呈棍棒型，表明其内心处于敌对状态。

通过观察平平的作品，董老师感到平平内心存在的压力，为了帮助平平缓解这些压力，她与平平的家长积极沟通并提出了解决措施，同时在幼儿园中给予平平更多的鼓励和关注。经过一段时间的努力，平平的作品有了很大变化，他和同伴之间的关系也得到了有效缓解。

（河北省保定市青年路幼儿园　部杰）

心理学家和艺术治疗师罗宾认为，孩子们绘画的目的有可能是为了掌握绘画的方法或表现自我，也有可能是为了缓解心理压力和表达情绪问题。对于案例中的平平，笔者认为其更倾向于后者。儿童美术教育家罗恩菲尔德研究发现，如果儿童不断夸大或歪曲人物形象的某一部分，往往是因为儿童这一部位不正常或有障碍。本案例中，教师通过对平平作品的分析，了解到平平对自己身体缺陷的关注，发现其存在自卑心理，于是在生活中进行相应的调适，收到了较好的效果。

幼儿绘画作品的用色习惯和构图特点往往能够投射出幼儿的心理特征。如有的幼儿喜欢用冷色调，黑色、灰色充斥整个画面，也有的幼儿表现为用色单一，不会换色，这些特点通常反映出幼儿的情绪波动较大或比较喜欢沉默、独处；有的幼儿经常把人画得很小，并放在画面的一个角落，这类作品往往表现出幼儿胆小、拘谨或不自信；有的幼儿的画面色彩斑斓，而且所有的景物都在笑，这样的幼儿内心也同样充满阳光。

教师可以根据画面上的线、形、色的组合与象征来分析幼儿的心理状况，研究和判断幼儿的问题行为，"早发现、早治疗"，使每一个幼儿都能健康茁壮地成长。

（二）沙盘作品的观察

这里所说的沙盘指的是"沙盘游戏"，又称为"箱庭游戏"，它是幼儿在教师的陪伴下，从沙具架上自由挑选沙具，并在盛有细沙的特制箱子里进行自我表达的一种心理辅导方法。

通常情况下，沙盘游戏的材料包括：沙箱、细沙和各种各样的摆饰品，如人物、动物、家庭摆设、建筑物、交通工具、自然风景、战争武器、生活用品、体育用品、食品、衣服、医疗器具等。沙盘游戏广泛应用于治疗儿童学习困难、情感障碍、攻击行为、适应障碍、创伤后应激障碍等；对儿童多动症、注意力不集中、厌学、沉默内向、抑郁症、焦虑症等心理疾病均有较好疗效；对儿童自我概念、人际关系、个人心智成长、自信心等方面的发展有非常好的帮助；在辅助儿童自闭症、阿斯伯格症等广泛性发育障碍康复方面有一定的帮助。同时，教师也可以通过幼儿拼摆沙盘中的摆饰类别和造型，对幼儿的心理活动进行判断，观察其可能存在的心理问题。

【案例 4-12】

　　6 岁的小敏今天第一次玩沙盘游戏。李老师将她带到沙盘边，对她说："这里有很多好玩的玩具，现在你可以随意用这些玩具，在沙箱里任意拼摆。"

　　小敏仔细看了看沙箱，用手轻轻地把沙子铺平，然后问李老师："我可以开始了吗？"李老师点点头。小敏开始了游戏。她选择了四个不同的房子，放在沙箱的四周，然后又分别放置了女孩、小狗、男人、小猫、大树、汽车、餐具等。

　　过了一会儿，她说："我摆好了。"李老师说："请你介绍一下自己的作品吧！"

　　小敏指着沙箱里的摆饰品开始逐一介绍："这些房子分别是女孩、小狗、男人和小猫的家，大树下面摆满了好吃的东西，小女孩可以邀请所有的好朋友来家里做客，但是不邀请这个男人，因为他总是喝酒；吃完饭后，大家可以坐汽车去外面玩，也可以旅游。"

　　李老师做了详细的记录并给小敏的作品拍了照片。李老师对小敏的作品分析如下：小敏的沙盘中房子的数量比较多，按照象征意义来理解，表明其内心需要寻求庇护，而且其自我防御意识较强，具有自我封闭的心理；另外，通过小敏的介绍，李老师发现小敏不喜欢喝酒的人，可能在其家庭中存在这样的人。

　　沙盘游戏结束后，李老师将自己观察后的分析与小敏的家人沟通，说明了自己的判断，其家人对李老师的评价给予了肯定，并反思了家庭中存在的问题。

（河北省保定市青年路幼儿园　刘玉）

　　案例中李老师通过小敏的沙盘作品，对其内心的想法进行了客观的判断并与其家长沟通，达成对小敏教育的共识，避免了其产生心理问题，这样的做法是行之有效的。

在日常的沙盘游戏中，幼儿教师不但可以通过幼儿作品发现其可能存在的心理问题，还可以对幼儿的心理问题进行调适，让幼儿在操作中舒缓和放松心理压力。有条件的幼儿园都可以开展沙盘游戏，以便教师观察幼儿的心理特征。

在开展沙盘游戏中，教师要态度温和地引导幼儿完成作品并说出自己的想法；教师可以用画略图或拍照的形式记录幼儿所拿的玩具以及玩具在沙盘上摆放的顺序和移动的过程；另外，教师还应记录下幼儿制作沙盘的态度、表现，在游戏中期和最后拍下沙盘作品（一般正面俯冲和斜面俯冲角度各一张照片），作为分析和判断的依据。

四、观察中的注意事项

由于幼儿存在的心理问题具有很强的隐蔽性，无论教师还是家长，在对幼儿进行日常观察时需要注意以下方面：

（一）观察要有计划、有目的

由于幼儿一日活动内容比较多，活动形式也比较丰富，对于幼儿心理状况的观察，成人要提前做好准备，有目的、有计划，明确观察的中心和范围，只有这样才能保证将观察活动落到实处。

为达成以上目的，成人需要做好以下准备：一是确定观察的对象、环境和条件，在整体观察的情况下有侧重点；二是拟好必要的观察提纲，确定观察的内容以及观察的方法，包括观察以后要解决哪些问题。

为了让观察更有效，成人可以先利用下面的表格对幼儿的行为进行初步的判断，然后再据此对幼儿的某一异常行为进行比较系统和科学的观察（参见表4–2）。

表 4-2　幼儿常见异常行为评价表

序号	行为表现	是否存在
1	说话口吃（即说话不流畅、拖拉、发音延长、停顿）	
2	说话吐字不清、含糊、发音错误，以致说出来的很多话别人听不懂	
3	听别人说话、理解别人语言的能力明显比同龄儿童差	
4	过分害怕某些动物或某些特殊环境	
5	入园 1 个月后仍然不愿意来园	
6	好发脾气，在受到挫折或要求未满足时会出现攻击行为	
7	特别好动，注意力不集中，很难安静下来从事某项活动或游戏	
8	做噩梦，从睡梦中惊醒	
9	孤僻离群，不能与小朋友一起玩，甚至与父母交往也存在困难	
10	吸吮手指，咬手指甲	
11	夹着双腿用力摩擦	
12	做怪相，如频繁眨眼、挤眉弄眼、摇头、摆头、口中发出响声	

（二）观察不能影响幼儿的正常活动

成人对幼儿的态度和看法会直接影响幼儿的心理状况，因此成人在对幼儿进行观察时一定要尽量隐蔽自己，最好不让幼儿觉察到，以免干扰幼儿的正常活动。

在班级中观察时，教师最好站在室内的一个角落；在家庭中观察时，家长最好在隐蔽处放置一台摄像机，通过这些方法，在不影响幼儿的情况下进行观察，这样得到的材料也会更加真实可信。

（三）观察不能带有主观和偏见

成人对幼儿的观察结果一定要客观公正，所有带有主观性的判断都会对观察结果造成一定的影响。教师和家长应该在观察中将看到的全部事实记录下来，避免以偏概全。比如，教师可以在班级中运用分组观察的方式，制定统一的"评判幼儿心理行为的标准"，并根据标准对幼儿的行为进行记录和比较，从中发现幼儿之间存在的差异；再如家长可以用录音机、照相机等设备记录幼儿行为的全过程，并与教师和专业人员一起反复推敲录制的内容，以获得更科学的评价。

另外，如果成人是用描述的方式来记录幼儿的行为，那么一定注意要用不带任何感情色彩的"白描"方式，只详细记录幼儿的言行，不掺杂个人判断，这样更有利于对幼儿心理状况做出分析。因为幼儿心理活动经常表现不稳定，行为也往往带有偶然性，所以成人要多观察，记录要周密完整、全盘记录，不能随意。

总之，观察是了解幼儿心理状况的最有效的方法和途径。在对幼儿进行观察时，一方面，成人要认识到幼儿与成人是一样的，他们有自己的需要和权利，即使在成人的观察过程中也应当受到充分的尊重；另一方面，成人的观察要尽可能地隐蔽，不要当着幼儿的面议论自己在观察中看到的情形，更不能对幼儿的行为随意褒贬。只有以关怀、接纳、尊重的态度对待幼儿，用各种方法观察幼儿的心理活动，才能发现幼儿存在的心理问题，及时进行干预和诊治，避免造成幼儿的心理异常。

第三节　运用策略，维护幼儿的心理健康

人们通常认为只有成人才会有心理压力，才会出现这样、那样的心理问题，而幼儿的年龄小，发育不完全，不可能产生什么心理压力，更不会出现什么心理问题。然而事实并非如此，伴随着社会与经济的快速发展，越来越多的人改变了以往的生活方式，变得更加浮躁，而身处其中的幼儿也在这种变化中或多或少地承受着各式各样的压力。如果幼儿的心理压力不能得到及时的缓解，那么势必会产生负面情绪，导致其性格偏激、懦弱、自卑等，这

样的影响有可能会伴随孩子的一生。

学龄前幼儿的心理压力的主要来源有：父母、教师、同伴和环境适应。父母与幼儿之间的关系、教师与幼儿之间的互动、幼儿与同伴之间的相处、幼儿自身对环境的适应等都会对幼儿的心理造成深远的影响，是不容忽视的内容。

一、从成人入手，满足幼儿的心理安全需求

美国心理学家马斯洛把人类的需求分为生理需求、安全需求、社交需求（爱与归属的需求）、尊重需求和自我实现需求五类，依次由较低层次向较高层次递进。无论成人还是幼儿，在满足生理需求的基础上，还要满足安全需求，获得爱与归属感，二者是一样的。

马斯洛提出，"安全需求包括对人身安全、生活稳定以及免遭痛苦、威胁或疾病等的需求；社交需求包括对友谊、爱情以及隶属关系的需求"。这些都是维持幼儿心理健康的基本条件。

一般情况下，幼儿情绪焦虑集中体现在刚入园时，这一时期也被称为"幼儿心理断奶期"。每到新生入园的时候，缓解幼儿入园时的分离焦虑便成为幼儿教师工作的重中之重。有效缓解幼儿入园焦虑不仅关系到幼儿身心的健康，更是实施教育工作的基础。

【案例 4-13】

早晨，3 岁的煜煜又是由妈妈抱着来到班级门口的。她哭着对妈妈说："我不上幼儿园，幼儿园不好。"妈妈说："别哭了，妈妈下了班就来接你。"王老师看到后，热情地迎了过去，说："煜煜，老师都想你了，今天我们还一起玩'乘着白云荡秋千'的游戏，好吗？"王老师边说边把煜煜抱过来。煜煜抱着心爱的小熊玩具，对王老师说："老师，我不想睡觉。"王老师说："好的，你先抱着小熊维尼去吃早饭，一会儿我们再说这个问题"。煜煜有点不情愿地抱着小熊去吃早饭了。

整个上午，煜煜虽然时刻抱着小熊，但仍然和王老师一起做了游戏，

有时候还开心地大笑。

午睡时间到了,王老师对小朋友们说:"看看哪个小朋友先躺下,把小鞋子摆整齐,头枕在枕头上,把小被子盖好。王老师给小朋友们唱摇篮曲,你们就可以美美地睡一觉了。"小朋友们陆续躺下,煜煜说:"老师,我不睡觉。"王老师说:"不睡觉没关系,你可以在小床上躺一会儿,让小熊维尼休息一下。"听了王老师的话,煜煜抱着小熊躺了下来。王老师一边唱着摇篮曲,一边挨个抚摸小朋友,当走到煜煜身边时,她已经搂着小熊睡着了。

(河北省保定市青年路幼儿园　赵景梅)

案例中的煜煜是一名刚入园的小班幼儿,正处于分离焦虑期。为抵制幼儿园这一新的环境,就提出"我不睡觉"这一要求。班级的王老师知道煜煜提出的要求是不可能实现的,但是她没有强行制止,而是用其他借口转移话题,让煜煜顺着自己的思路,跟随幼儿园的作息时间活动,这样的做法很巧妙,也很有效。

二、提升幼儿对环境的适应能力

人们通常将幼儿接触到的环境分为物质环境和心理环境,其中物质环境包括幼儿园的活动室、户外活动场地以及各种设施、设备、材料与环境布置等;心理环境包括幼儿生活、学习和游戏的全部心理空间。

环境适应能力是幼儿必须具备的一种能力,《指南》中指出,应使幼儿"换新环境时较少出现身体不适……能较快融入新的人际关系环境"。提升幼儿的环境适应能力是避免其由于环境变化而产生心理问题的重要内容。当孩子身处新环境时,老师应该让孩子多观察新的环境,引起孩子对新环境的好奇心和兴趣,从而尽快适应。

【案例4-14】
　　6月的一天上午,董老师正在组织小班幼儿听故事。外面忽然刮起了大风,天空中聚集了厚厚的乌云,几乎都把太阳的光线遮住了。

小朋友们察觉到了异样,纷纷把注意力集中到了窗户外面,有的小朋友还说:"老师,天黑了。"

董老师仔细看了看天空,说:"不是天黑了,是要下雨啦。"刚说完这句话,轰隆隆的雷声就传了过来,紧接着打起了闪电,铜钱般大的雨点噼里啪啦地落了下来。

董老师赶紧把活动室的窗户关上,等她再回头时,发现很多孩子抱着自己的头,缩在椅子上;还有几个女孩躲在了桌子下面,用手捂着耳朵,就是不肯出来。

(河北省保定市青年路幼儿园 胡中天)

案例中,董老师班级的幼儿在打雷下雨的时候抱住自己的头、捂住自己的耳朵、藏起来,是由于外界环境的变化,引发了幼儿恐惧的表现。

恐惧是人的一种本能,也是人遇到危险时正常的生理反应。幼儿教师对于幼儿常见的恐惧心理应予以重视,想方设法帮助幼儿克服恐惧,走出心理阴影。

①教师要帮助幼儿了解环境变化的原因。比如,针对打雷下雨,教师可以和幼儿一起观看天气预报,懂得它只是一种天气现象,没有什么可怕的;针对黑暗的房间,要让幼儿懂得房间里之所以很黑,是因为没有光线照进来。

②教师可以带领幼儿阅读一些描述不同环境的图画书,如《卡尔不怕黑》《我不是胆小鬼》等,告诉幼儿当感到恐惧时可以采取的方法和策略,提高他们的心理承受能力。

③孩子感到害怕时,教师要守护在幼儿的身边,用语言和动作安慰他们,给予其心理上的支持;另外要引导幼儿向同伴学习,鼓励他们勇敢面对自己内心的恐惧并争取克服恐惧。

三、从家长入手，支持鼓励幼儿的进步

《幼儿园教育指导纲要》指出，"家长是幼儿园教师的重要合作伙伴；家园配合，使幼儿在园获得的学习经验能够在家庭中得到延续、巩固甚至发展"。作为幼儿教育的伙伴，教师有义务、有责任帮助家长了解自己的孩子是否存在心理问题，并为家长提供相应的指导策略，以解决幼儿出现的心理问题，促进其健康成长。

【案例 4-15】

中五班正在组织图画书阅读活动。小朋友们都专心地听老师讲有趣的故事，只有凡凡恍恍惚惚的。过了一会儿他站了起来，咬着手指头，又望望黑板、看看其他小朋友。他好像在关注某个东西，又好像在沉思。老师讲完故事后，凡凡把一只腿搭在旁边小朋友的椅子上，和旁边的小朋友嬉戏。整个集体活动过程中，他的眼神始终没有关注老师和黑板。

【案例 4-16】

垚垚今年 4 岁了，是班级中个子最高、力气最大的男孩子。他经常会毫无征兆地欺负其他小朋友。如在自由活动时，他用双手拍打身边小朋友的肚子，把小朋友打哭了；在集体教育活动中，他有意拧旁边小朋友的手背，扰乱课堂秩序；在户外活动时，他学着动画片里奥特曼的动作，向其他小朋友指手画脚，把小朋友的衣服弄脏了，甚至打伤了小朋友的眼睛、鼻子。

（河北省保定市青年路幼儿园　胡中天）

以上两个案例中，凡凡对集体教育活动不感兴趣，注意力涣散，经常下座位、做小动作，是多动的表现；垚垚总是没有原因地攻击其他幼儿，是典型的具有攻击性行为的幼儿。

工作中，我们经常会遇到这样的情况，当孩子出现一些心理问题时，大多数家长会很着急、焦虑，如果成人不能采取正确的方式应对，不仅不能帮

助孩子，还有可能让幼儿的心理问题加剧。教师应该指导家长用正确的心态面对孩子出现的问题，积极鼓励孩子的点滴进步。

针对以上案例中幼儿出现的心理问题，家长首先应该保持冷静，可以通过咨询教师、心理专家或查找相应资料，寻求对孩子进行干预的措施。

一般情况下，无论是多动的孩子，还是具有攻击性行为的孩子，在生活中都容易遭到他人的批评。

①家长切记不可采用粗暴的态度对待孩子。每天给孩子几个拥抱，皮肤接触的爱抚有利于让孩子感受亲情的温暖，给孩子情感上的支持。

②家长要时刻关注孩子的进步，及时表扬孩子的进步。如针对多动的孩子，家长可以和教师联系，为孩子制定"一日生活作息表"，请孩子从入园开始帮助老师做一些力所能及的事；然后，按照幼儿在园一日生活常规正常参与各种活动，如果孩子能够在教师的提醒下顺利完成，那么家长就给予表扬。针对具有攻击性行为的孩子，家长可以和孩子约定，如一天没有攻击性行为就奖励一枚贴画，攒够10个小贴画就带孩子到他喜欢的场所去玩，或者攒够20个小贴画就实现他的一个小愿望等，这种强化方式能促使孩子约束自己的不良行为，并重视自己的行为造成的后果。

③针对多动的孩子，家长还可以设计一些有利于中枢神经发展的游戏，如分别穿珠子、捡豆豆、分豆豆（红豆和绿豆混在一起，让他分别挑出来）、手指游戏（抢打四、手指碰碰等），提高孩子的专注力和控制力。

第四节　特殊家庭幼儿心理问题调试

美国社会学家伯吉斯和帕克在合著的《家庭——相互影响的个性之统一体》一书中提出，"家庭是被婚姻、血缘或收养的纽带联合起来的人的群体，各人以其作为父母、夫妻或兄弟姐妹的社会身份相互作用和交往，创造一个共同的文化"。笔者认为，家庭是由婚姻、血缘或收养关系所组成的社会生活的基本单位,而特殊家庭泛指家庭成员缺失或家庭抚养关系不完整的家庭。

一、单亲家庭

单亲家庭是指由父母某一方与孩子组成的家庭。导致单亲家庭出现的原因主要是离婚或丧偶,但随着社会的发展,非婚生子女单亲家庭也越来越多。相关的调查表明,单亲家庭的孩子在儿童期容易出现负面情绪和不良行为。

【案例4-17】

萍萍是中四班的女孩,平时很活泼、开朗。但是,不知道是什么原因,她最近变得不太爱说话,也不怎么和小朋友们做游戏了。

今天,集体教育活动后,王老师弹起琴,带着大家唱起了歌。当唱到歌曲《我的好妈妈》时,萍萍突然哭了起来,并喊着:"我想妈妈!我妈妈什么时候回家呀!"王老师赶紧安慰她,并询问她妈妈的情况。萍萍说自己的爸爸不爱妈妈了,妈妈搬到姥姥家去住,已经很长时间不回家了,她特别想念妈妈。

到了晚上离园的时候,王老师特意把萍萍的表现告诉了她的奶奶。奶奶对萍萍的状况也表现出极大的忧虑,她说:"离婚是大人的事情,可是对孩子造成的伤害却是最严重的。"奶奶表示一定会和萍萍的妈妈联系,让她平时多来看看孩子。

(河北省保定市青年路幼儿园 张艳荣)

案例中的萍萍就是由于父母离异而导致情绪受挫,小小年纪的她就要面对亲情缺失的现实,这显然是非常残酷的。对于离婚、未婚生育、丧失配偶等情况的单亲家庭的幼儿,幼儿教师应该给予更多的关注和爱护。

教师和家长要多寻找他们身上的优点,并运用激励、表扬的形式,让他们感受到来自教师和家人的爱;家长要多陪护幼儿,让他们理解父母离婚只是他们两个人不在一起了,并不意味着他们不爱自己,爸爸妈妈的爱会永远陪伴他们。

二、隔代抚养

现代社会中普遍存在一种现象,幼儿的父母工作比较忙,于是把孩子完全交给爷爷奶奶或者外公外婆照料,这在某种程度上也不利于幼儿的心理健康。隔代抚养的弊端有:其一,祖辈最容易溺爱孩子;其二,祖辈很难或不懂得用现代科学的育儿观念来对待孩子;其三,长时间地让祖辈带孩子,会影响孩子与父母之间的感情,造成亲子之间的隔阂。

【案例4-18】

妍妍的爸爸妈妈都在外地工作,平时都是姥姥送她来园。

现在已经是小班下学期了,其他小朋友早已经适应了幼儿园的生活,可是妍妍每天来园后,还是一直黏着姥姥不放。杜老师热情地跟她打招呼:"来!妍妍,我们一起做游戏吧!"妍妍没有反应。杜老师说:"小朋友们都换上了室内鞋,我们一起到活动室上课了!"妍妍听后无动于衷。只有姥姥蹲下来,亲自帮妍妍脱下外衣,换好室内穿着的鞋子,她才进入活动室。

妍妍在幼儿园的生活也处处不适应。比如她不会擦屁股,每次如厕后,如果老师没有发现,她就不擦屁股,弄得浑身臭烘烘的;她不会自主进餐,老师督促之后才吃一点点,还经常把饭菜洒到其他小朋友身上;她不会和小朋友商量做事,每当有同伴不小心碰到她,她就哭哭啼啼的。久而久之,小朋友们都不太喜欢和她玩。

针对妍妍的情况,杜老师多次和妍妍的姥姥沟通,希望她在家里能够培养妍妍的生活自理能力。可是妍妍的姥姥嘴上答应了,行动上还是照旧,弄得杜老师很无奈。

(河北省保定市青年路幼儿园　张艳荣)

案例中的妍妍是早产儿,体质比较弱。隔代照看孩子的姥姥对其格外宠爱,可谓有求必应。这在某种程度上造成妍妍生活自理能力差;在与其他幼儿的交往中，表现得更加以自我为中心，特别娇气。

一般情况下，隔代抚养的幼儿大致会有两种表现，一种是比较霸道、任性；还有一种就是比较娇气、软弱。无论是哪种情形，在其成长过程中，都会对社会环境不适应，遇到问题时表现得比较脆弱等，造成这种后果的主要原因是祖父母对孩子的溺爱和放纵。

幼儿教师应该针对不同幼儿的表现，采取不同的策略，以帮助他们健康成长。如对于比较胆小的幼儿，教师要给予更多的关心，多拥抱他们，并利用幼儿在园时间，教给他们生活自理的技能和为人处世的方法，增强他们的安全感、归属感和自信心；而对于那些比较强势的幼儿，教师要跟他们讲道理，当他们与同伴发生冲突时要及时制止，必要的时候也可以采用行为矫正中的"隔离术"，将他们与发生矛盾的同伴隔离，从而纠正幼儿的错误行为。

三、留守儿童

留守儿童是指农村儿童父母双方或一方外出到城市打工，而自己留在农村生活的幼儿。他们一般与自己的父亲或母亲中的一人，或者与长辈甚至父母亲的其他亲戚、朋友一起生活。

在当前农村幼儿园，幼儿父母外出打工者居多。即使父母不常年外出，在农活不多的冬夏两季，很多幼儿也很难与父母共同生活。农村幼儿园成了留守儿童的看管所。心理问题是农村留守儿童最值得关注的问题。农村留守儿童生活条件差异很大。父母在外挣钱多的幼儿，由于父母对孩子在情感上存在亏欠，所以会尽可能地满足他们物质上的需求，经常给孩子带回农村没有的食品或玩具。这样，对物质的虚荣使留守儿童慢慢形成了攀比的心理。而父母在外挣钱少、家庭负担重的幼儿，生活是相当拮据的。长期的营养不良加上繁重的家务劳动使幼儿的身体素质极差。物质上的匮乏同样使幼儿产生极度的自卑心理。

长期的单亲监护或隔代监护，甚至是他人监护、无人监护，使留守儿童无法像其他幼儿那样得到父母的关爱，家长也不能随时了解、把握孩子的心理和思想变化。家庭温暖的缺失使留守儿童多在性格方面表现出不同程度的抑郁和孤僻，很难融入正常的同龄人群体。这些心理方面的问题直接影响到幼儿的行为，使他们不论是在家里还是在幼儿园，都经常出现一些与其他孩子不一样的行为，甚至做出超出道德底线的行为。

由于父母双方或一方不在身边，对留守儿童学习方面的帮助和监督大大减少，甚至完全没有，所以孩子在学习方面处于无人过问的状况。据统计，80%以上的留守儿童是由祖父母隔代监护和亲友临时监护。年事已高、文化素质较低的祖辈监护人基本没有能力对幼儿进行科学的家庭教育。对于留守儿童的家庭而言，幼儿园能够看管幼儿即可，而对于他们在幼儿园一日生活中的行为表现、学到了哪些本领，家长根本不会过问。当前，农村幼儿园大多为小学化的教育，枯燥的学习加上家庭对幼儿学习的忽视使幼儿对学习失去了兴趣。

教师和管理者要将农村幼儿园中留守儿童这一特殊群体的教育作为个别化教育的重点。在改善园所条件、加大师资力量、提升教育理念的同时，还要从以下几方面出发，对留守儿童予以特殊关注。

①建立留守儿童档案。教师要给班级中的留守儿童设立成长档案，了解幼儿的具体信息。档案的内容包括幼儿的家庭住址、家庭成员、身体状况；外出父母的务工地址、联系方式和收入状况；留守儿童在家的主要托管人；幼儿的思想状况（最想实现的愿望、最希望做的事情等）、学习情况、所在班级及教师姓名等。

②加强一日生活中对留守儿童的关爱。教师要和幼儿建立信任关系，真正成为他们的朋友。对于生活困难、有自卑心理的留守儿童，教师要给予重点帮助，在群体面前表扬幼儿的长处，帮助其建立自信心。在日常生活中多与幼儿谈心，鼓励幼儿积极参与游戏，和其他幼儿建立良好的伙伴关系。同时，注意在生活中对留守儿童行为的观察，对于出现的如争执、打架等行为，教师要正确引导，帮助其改掉不良的行为习惯。

③加强与幼儿家庭的沟通。教师要经常与留守儿童的监护人保持联系，介绍幼儿的在园情况。针对幼儿成长中出现的问题，教师要与监护人沟通，

说明利害关系，同时提出教养建议。对于父母长期在外的幼儿，教师可以利用网络建立与家长之间的联系，通过网络让父母了解幼儿的在园情况，与家长交流教育方法，建议家长不要忽视对孩子的关爱。

④幼儿园应在条件允许的情况下对留守儿童进行生活上的帮助。如在"六一"儿童节时，园所为留守儿童提供节日礼物；在幼儿生日时，班级共同为其庆祝，并送上祝福；当幼儿生病在家时，教师去幼儿家中看望，带去问候等。

有人说过这样一段话，"生活在批评中的孩子学会了刻薄；生活在敌意中的孩子学会了攻击；生活在鼓励中的孩子学会了自信；生活在表扬中的孩子学会了感激……"成人创设怎样的环境，孩子就会得到怎样的刺激，就会不由自主地朝着那个方向发展。因此，无论是普通家庭还是特殊家庭，我们都应该积极向家长宣传幼儿心理健康教育，帮助他们转变观念，通过家长会、家长开放日、《家园联系册》、家长访谈等不同方式与家长交流，让其在思想意识与行动上与幼儿园保持一致。只有家园同心，共同努力，才能促进幼儿良好个性品质的形成，促进幼儿心理健康成长。

第五章

幼儿园常见事故应对方法与策略

幼儿园安全事故，是指幼儿在园期间和参与的活动处于幼儿园管理范围内时发生的人身伤害事故，既包括幼儿在园内发生的人身伤害事故，又包括幼儿不在园内但属于幼儿园组织的活动中发生的人身伤害事故。

据统计，近些年来，我国5岁以下的儿童，无论是城市还是农村，意外死亡均是第一死因，意外伤害已成为影响幼儿健康成长的第一杀手。

幼儿园管理者和教师只有充分了解幼儿遭受意外伤害的特点，吸取教训，借鉴经验，从科学的角度分析幼儿发生意外伤害的原因，才能做好预防工作，最大限度地减少意外伤害事故。在实际工作中，幼儿园的各个部门应该严格要求自己，在做好自己本职工作的同时，顾全大局，相互配合，力求避免幼儿意外伤害事故的发生。

第一节 班级中常见事故的预防与处理

班级是幼儿在园生活和活动的主要场所，也是幼儿与教师和同伴互动的场所。随着人们教育理念的提升，现在很多幼儿园的班级中都设立了不同的活动区，提供了各式各样的、可操作的材料，可以让幼儿自由、开放地开展各种游戏。这在大大丰富幼儿学习体验的同时，无形中也增加了其意外受伤的几率。

一、游戏中的事故

游戏是幼儿在园活动的主要形式，按照其内容和目的可以分为结构游戏、自由游戏、角色游戏、表演游戏和体育游戏等。

结构游戏是幼儿利用积木、积塑、沙、土等玩具和材料构造物体的游戏；自由游戏是幼儿在有限的范围内可以自由做任何事情，无论他们要什么材料、采用什么方式都可以，成人不对游戏进行直接的干预；角色游戏是幼儿按照自己的意愿，扮演角色，模仿他人的活动和语言，利用真实的或替代的材料以及自身的生活体验和积累的经验进行的一种创造性活动；表演游戏是创造性游戏的一种，是幼儿根据故事和童话的内容，运用语言、动作、表演以及角色扮演进行的游戏；体育游戏是幼儿园体育活动的一种特殊组织形式，是对幼儿园基本的体育活动组织形式的一种补充。

幼儿可以全身心地投入这些游戏中，拼插物品、与同伴互动、自由玩耍、按规则活动等。在这个过程中，有时需要几个同伴共同完成某项作品；有时由于材料不够，需要孩子们相互协商。如果这时玩具材料出现问题或者幼儿之间发生冲突，就容易引发伤害事故。

（一）由自身运动引发的伤害

年龄越小的幼儿，其肌肉力量越弱，身体协调性越差，故而在活动中很难对自己的身体和动作进行有效的控制。同时，年龄越小的幼儿生活经验越少，对其行为所造成的后果缺少预见性。在游戏中，他们往往会由于自身问题而造成擦伤、扭伤、摔跌伤等意外伤害。

1. 擦伤

擦伤是幼儿在园中最常见的意外伤害事故，大多是由于幼儿在走路、跑步中不小心摔倒或碰撞墙面造成的。擦伤大多会出现在膝盖、手臂、手掌和面部，一般伤口比较浅，有少量的血或组织液渗出，局部会有红肿和疼痛感。

【案例 5-1】

齐老师今天要带着小朋友们到操场上玩"小孩、小孩真爱玩"的游戏。齐老师介绍完游戏玩法和规则后，就带领幼儿玩起游戏来。

齐老师首先说"小孩、小孩真爱玩，摸摸这，摸摸那，摸摸大树跑回来"，小朋友们听到老师的口令后，都向大树跑过去。

在跑回来的过程中，欣欣一边跑，一边和旁边的瑶瑶说话，突然跌倒在地上。齐老师当时距离她比较远，根本来不及去扶她，只能眼睁睁地看着她重重地摔倒在地上。等到齐老师冲过去把她扶起来时，发现她的膝盖擦破了一块皮。

（河北省保定市青年路幼儿园　张艳荣）

在户外游戏中，如何引导幼儿避免擦伤事故呢？

①教师要选择防护措施好的场地开展游戏，如塑胶操场、长有青草的草坪等，尽量不要让幼儿在硬质、粗糙的水泥地面奔跑、跳跃。

②提醒幼儿在室内活动时，不要紧靠墙壁，也不要用手摩擦墙面，以免手部擦伤。

如果在工作中遇到幼儿发生类似伤害，教师可以采取以下处理措施：

①检查幼儿的伤处，并清理创面周围的异物。如可以用消毒棉球蘸生理盐水清洗伤口的周围，将异物清除干净。尤其是脸部的擦伤，教师一定要仔细清洗，以免伤口感染，留下疤痕。

②将伤处周围清理干净后，如是轻微擦伤，可以用碘伏棉球消毒，不要涂抹红药水或紫药水，也不要包扎；如伤得较严重，可在涂抹碘伏后，用消毒纱布包扎，要是害怕纱布黏附在创面上，可以在创面上涂抹一些抗生素软膏；如擦伤面积较大或很严重，教师要协同保健医立即将其送往医院接受治疗。切记，无论哪种擦伤，伤口都不要沾水，以免引发感染。

同时，教师和保健医在处理幼儿擦伤时，应该注意不要做出以下几个错误行为：一是没有给幼儿的伤处消毒就用湿毛巾擦拭伤口，这样容易导致创面感染恶化；二是用嘴吸吮擦伤处的淤血，造成伤面感染；三是直接用干棉球擦拭创面血渍，使细棉毛粘在创面上，不易清理。

2. 扭伤

幼儿在幼儿园中参与各种活动，经常会有跑、跳等运动，另外，他们喜欢跑动、追赶等游戏，有时很难控制自己的行为，其手腕、肘部、脚踝等身体部位很容易发生扭伤，轻微的会出现皮肤青紫、淤血、肿胀，重则会出现脱臼甚至导致残疾的事故。

【案例 5-2】

幼儿园新购进一架大型玩具——海盗船，包含滑梯、悬索、高低杠等很多部件。朱老师带着中班的小朋友去参观，了解不同器械的功能和玩法。

朱老师先带着小朋友围着海盗船转了一圈，然后引导小朋友分别说说自己看到了什么、它们可以怎样玩、在玩的时候应该注意哪些问题等；之后，解散队伍，让孩子们自由游戏。

孩子们兴高采烈地玩了起来。快到游戏结束的时候，涛涛小朋友突然大哭起来。朱老师赶紧跑过去仔细询问。原来，刚才在玩高低杠的时候，涛涛把左手臂伸到高杠上，因为脚没有站稳，身体不小心扭了一下，胳膊就不能动了。

朱老师立即带领涛涛到医务室，保健医通过检查判断涛涛的左手臂脱臼了，需要立即送医院救治。

（河北省保定市青年路幼儿园　栗艺文）

为避免以上事故的发生，教师在组织幼儿游戏时，应该注意以下细节：

①游戏中，提醒幼儿不要猛跑，不要猛拉同伴；在组织剧烈运动前，要带领幼儿做好热身活动；不要强制身体有残疾的幼儿参与正常体育游戏，可根据其身体状况安排他做一些适宜的运动。

②在玩大型玩具前，提醒幼儿不要从高处往下跳；在上下台阶时不要跑，要一级一级地走。

③户外活动时，提醒幼儿不要用脚踢、蹬砖块、石头等障碍物。

如果班级中幼儿发生了扭伤，教师和保健医需要采取以下应对措施：

（1）轻微扭伤

先用冷毛巾或冰块冷敷受伤部位，以减轻肿胀；用消毒棉球轻轻按住幼儿的扭伤处，再用绷带轻轻缠绕，固定扭伤处；如幼儿脚踝受伤，应让其平躺休息，并将其受伤的脚踝抬高，下面垫一些可以稳定脚部的软物，如枕头、被子等。

（2）严重扭伤

如果幼儿扭伤比较严重，那么很快会就出现肿胀、淤血、疼痛难忍。教师发现后,不要让幼儿走动,应立即通知保健医,与其一起将幼儿抱起,送往医院救治。在送往医院的过程中,同样要用冷毛巾冷敷幼儿的伤处,以减轻幼儿的痛苦。

如果扭伤发生在幼儿的四肢部位,教师和保健医可以用绷带或布条捆绑小木条的方法,在扭伤处的上、下部位固定包扎,然后将其送往医院救治。

在对受伤幼儿进行处理的过程中,教师和保健医要注意以下细节,以免加重幼儿的伤痛:一是如果幼儿是足部扭伤,不要让其自己走路,以免加重伤情,同时,要立即脱下幼儿的鞋袜,如幼儿感到疼痛,可用剪刀将袜子剪开;二是幼儿扭伤处的绷带不要缠绕过紧,否则容易导致其扭伤处肿胀加重,增加幼儿的疼痛感;三是在不能判断幼儿伤情的情况下,不要擅自按揉伤处,否则容易加重伤情;四是千万不要直接对受伤部位热敷,必须在冷敷后,幼儿不再感到疼痛时才可热敷。热敷可以促进血液循环,有助于恢复。

3. 摔跌伤

摔跌伤是指幼儿在跌倒后,皮肤没有破损,只是伤处有红肿、感到疼痛的伤害。

【案例 5-3】

今天的户外活动游戏是玩大型滑梯。活动前,李老师像往常一样向孩子们介绍了滑梯的玩法以及安全事项,提醒他们玩滑梯时要一个一个来,不能互相推挤。

在玩滑梯的过程中,大家都很开心,李老师也来来回回地巡视。豆豆特别喜欢滑滑梯,从滑梯上滑下来后,又急忙往滑梯上跑。由于没有站稳,豆豆一不小心从滑梯上摔下来,额头上肿了一个大包,手心也擦破了。

(河北省保定市青年路幼儿园 栗艺文)

当幼儿发生摔跌伤时,教师和保健医可以采取以下救护措施:

①千万不要用手揉搓患处,同时提醒幼儿也不要这样做,否则会加剧患处肿胀,人为造成严重淤血。

②教师用冷毛巾敷在幼儿受伤部位,这样可以防止患处淤血凝固;冷敷

至幼儿没有疼痛感后，用湿热毛巾敷在患处，以促进血液循环。

③热敷中，教师和保健医要根据幼儿的伤势变化及疼痛反应，选用一些活血止痛类药物（如云南白药、红花止痛酊等）进行辅助治疗，以促进消肿。

特别需要注意的是，如果幼儿疼痛反应强烈或感到头、胸憋闷、胀痛，教师和保健医要立即将其送往医院检查治疗。

（二）由工具材料引发的伤害

在幼儿园中，除了园舍、设备以外，班级中还有不同教育功能的区域。区域中的工具和材料是由不同材质做成的，幼儿在操作过程中，如果使用不当或疏忽大意，就很容易受到意外伤害。

一般情况下，幼儿在园中由于工具材料引发的伤害事故包括割伤、刺伤、挤伤等。

1. 割伤

幼儿园发生的割伤多是由剪刀、小刀、玻璃或金属制品的边缘造成的，一般情况下，都不会很严重，但是，教师也不能掉以轻心。

【案例 5-4】

陈老师在美工区投放了新的彩纸和图样，请小朋友们为自己的妈妈制作一朵小花，以庆祝母亲节。活动开始前，陈老师像往常一样，详细介绍了制作的方法并提示了不同工具和材料的使用方法。活动开始了，晶晶和小霞都想为妈妈做一朵漂亮的康乃馨花。因为要在花瓣上剪出细细的锯齿，晶晶把彩纸折叠好后，就向坐在对面的小霞借剪刀。小霞刚把花瓣剪完，顺手就把剪刀递了过来，晶晶用手接时，手心正好碰到剪刀的刀刃上，被割出一道口子，流了好多血，不得不终止了为妈妈制作礼物的活动。

（河北省保定市青年路幼儿园　赵锦亨）

案例中的小霞在与同伴递送剪刀的过程中手部受伤，一方面与晶晶不正确的递送方式有关；另一方面也与小霞接剪刀的方式有关。虽然陈老师在活动之前向大家介绍了相应的工具与材料的使用方法，但是，由于幼儿的疏忽和不在意，小霞还是受伤了。

为避免这种伤害，在组织幼儿开展区域游戏或户外游戏时，教师应该注意以下细节：

①开展区域游戏之前，教师一定要向幼儿介绍不同工具材料的使用方法，如：使用剪刀时，手指不要放在刀刃的位置；递送剪刀时要把剪刀的刀刃收紧，自己手握刀刃部分，将刀柄递给对方；活动中不能拿着剪刀乱跑；活动结束后，要把剪刀合拢放到指定位置等。

②开展任何游戏前，教师都要针对活动内容，检查容易对幼儿造成伤害的材料，如木制、竹制、铁制玩具等，看其是否有掉漆、带刺的情况，并及时排除。

割伤按照受伤程度不同，可以分为不同的等级：一是动脉出血，表现为血液颜色鲜红，血流较快，呈喷射状；二是静脉出血，表现为血液颜色紫红，血流较慢，血流量较大且容易凝固；三是毛细血管出血，表现为血液像小水滴一样渗出，色红，易凝结。在生活中，教师和保健医只有准确判断幼儿的割伤类型，才能根据其伤势及时采取相应的急救措施。

（1）轻微割伤

如果幼儿割伤部位的伤口非常小，只有少量血液微微渗出，且伤口没有任何异物，教师可以到保健医处领取创可贴，贴到伤口上即可。

（2）一般割伤

如果幼儿割伤部位的伤口较长且不深，教师和保健医可以首先用碘伏对伤口进行消毒处理；然后用消毒纱布轻轻按压伤口止血；止血后再用碘酒消毒清洗；最后敷上消毒纱布并用绷带包扎好伤处。

在处理一般割伤时，教师和保健医要注意查看伤口处是否有异物，如金属屑、玻璃碎片等。如果有，一定要用医用镊子将异物处理干净，然后再对伤口及周边皮肤消毒——用无菌纱布将伤口包住，用消毒棉球由内向外擦洗创口周围的皮肤。

（3）严重割伤

如果幼儿割伤部位较深、创口较大，甚至伤及动脉、静脉时，教师和保健医要立即对伤口进行包扎，并在伤口上方，距离心脏最近端用宽纱布或布条系牢；同时立刻拨打急救电话或马上送其到最近医院救治。

在这个过程中，如幼儿受伤部位为手臂，教师和保健医要让其手臂放松，适当抬起，手指自然弯曲；如幼儿受伤部位为腿部，教师和保健医要让其平躺，将伤腿抬高或在受伤处下方垫上枕头或靠垫，然后再给受伤部位包扎。

2. 刺伤

刺伤一般是由尖锐的活动材料（如针、图钉、铅笔等）、木制玩具上的毛刺或幼儿园中的花草造成的。刺伤也是幼儿在园较容易受到的意外伤害之一，其特点是危害性较小，但是极易发生。

【案例5-5】

区域时间到了，佳佳、苗苗和圆圆三个人在小医院玩医生和病人的游戏。玩着玩着，佳佳突然哭了起来。董老师赶紧走过去查看，只见佳佳的右手捂着左手的手背，一脸痛苦的表情；而站在旁边的苗苗低着头，手里拿着一支铅笔。董老师查看了一下佳佳的左手，发现伤面有个凹下去的坑。佳佳大声说："苗苗用铅笔扎我。"苗苗说："我是医生，她是病人，她生病了需要扎针才能好呢。"原来，苗苗把铅笔当作"针"来模仿医生给"病人"治病，不想却对同伴造成了伤害。

（河北省保定市青年路幼儿园　刘雅楠）

3～6岁的幼儿喜欢用模仿的方式来反映自己对世界的观察与体验。案例中的佳佳正是由于这个原因才伤了苗苗。

一般情况下，幼儿发生的刺伤事故都是由园内或班级里的带刺物品造成的。教师需要注意以下几个方面：

①要定期检查班级活动室的木制、竹制的家具、椅子、桌子以及玩具材料，看其是否有断裂情况，以免出现木刺、竹刺；另外，班级中用到的所有容易刺伤人的物品，如剪刀、大头针、订书器等，要放在幼儿够不到的地方，

如果幼儿在游戏中需要使用，教师也要合理规划其放置地点，使之方便幼儿取放，同时还要提醒幼儿用完放回原处。

②中大班幼儿已经可以帮助教师做一些力所能及的工作了，例如打扫卫生。为排查安全隐患，教师要对班级墩布、笤帚定期进行检查，可以在其木柄或竹棒外缠绕布条以保护手。

③活动室内的作品最好选用粘贴的方式而不用图钉固定，以免图钉掉落在地上被幼儿误踩；提醒家长不要给孩子带胸针，以免刺伤皮肤。

④提醒幼儿当发现班级或院落里有散落的图钉、钉子、玻璃片等尖锐的物品时，不要放在手中玩耍，要尽快告诉老师；另外，如果发现班级家具、用品、玩具上有刺，也要马上告诉老师，请老师排除危险。

⑤提醒幼儿户外游戏时，不要捡拾小木棍或小竹条，更不能在同伴面前挥舞，以免造成误伤。

如果幼儿被刺伤，教师和保健医可以这样处理：

（1）手指刺伤

手指是幼儿在园容易被刺伤的部位。如果幼儿在操作活动材料或户外游戏时不小心被缝衣针或木刺刺伤，教师和保健医首先要用生理盐水或少量酒精将伤口处清理干净；再用消毒纱布将伤口轻轻擦干；如果伤口内没有异物，消毒后即可，如有异物如木刺等，要用消过毒的镊子顺着异物刺入的方向将刺夹住拔出；最后，用酒精或碘酒为伤口消毒。

需要注意的是，在拔刺的过程中，如果异物外露部分较少，镊子无法夹住，那么可以用消过毒的针轻轻挑开伤口处的外皮，使镊子的着力处变大，以便夹取。另外，如果异物全部刺入幼儿的肌肉中，可用力挤压伤口周围并用消过毒的针将患处适当挑开，使异物外露以便操作。如果幼儿被铁器刺伤或被木刺刺伤时间较长，要带领幼儿注射破伤风针。

在处理的过程中，教师切忌对轻微的刺伤不当回事，如木刺停留在幼儿体内时间较长，容易导致伤口感染发炎，甚者可能诱发破伤风；一定要使用已经消过毒的镊子来拔刺，而且拔刺的方向一定要正确；当幼儿被较大异物刺伤或伤口较深时，教师和保健医不要莽撞行事，最好送幼儿去医院就医。

(2)眼睛刺伤

人们都说"眼睛是心灵的窗口",眼睛不仅有传达情感的作用,而且是人们了解世界、观察社会的重要感觉器官之一。如果幼儿的眼部被刺伤,轻则会影响视力,重则会导致失明。这种伤害无论对幼儿还是对家长来说,都是无法承受的。

如果幼儿在园不小心被异物刺伤眼睛,切忌擅自将异物从幼儿眼部拔出。教师和保健医要立即拨打急救电话,迅速将幼儿送到附近医院救治;在送医过程中,教师可以把幼儿抱入怀中,将其头部轻轻放在自己腹部和腿部之间,双手扶住幼儿脸颊以免行车过程中幼儿头部摇晃而加剧伤情。

(3)脚部刺伤

在户外活动中,幼儿穿的鞋子鞋底比较薄,如果活动场地有玻璃、钉子等异物,那么很容易导致幼儿脚部被刺伤。

这时候,教师和保健医首先要慢慢顺着异物刺入的方向将异物取出,然后让幼儿平躺用手指将伤口处的淤血和残留的异物挤出;用生理盐水或酒精冲洗伤口后,再用消毒纱布把伤口及周围皮肤轻轻擦拭干净,用碘酒给伤口彻底消毒,最后用绷带和纱布将伤口轻轻包住。

在处理的过程中,如伤口小而深,教师和保健医要用不带针头的注射器对准伤口注射生理盐水来清洗伤口;如伤口血流不止,幼儿疼痛难忍,教师和保健医要在清理完伤口后,即刻带领幼儿去医院,以免耽误病情。如幼儿的脚部受伤,教师可以将其垫高,以减少血液流出,并在处理完伤处后带幼儿注射破伤风针剂。

3. 挤伤

幼儿在幼儿园生活、学习,每天除了会接触教师和同伴外,还会接触班级中不同的用品和家具。在使用这些物品的时候,如果方法不正确,很容易造成挤伤。

幼儿在园的挤伤多发生在手指部位,如在开关门、抽屉,移动桌、椅时,不小心被门框、抽屉沿、桌椅挤伤。这样的伤害轻则造成手指肿胀疼痛,重则造成手指表皮破损、淤血甚至指甲脱落,给幼儿身体造成伤害。

【案例 5-6】

新学期开始，小三班来了个插班生——小雨。小雨长得柔柔弱弱，头发也黄黄的，和其他小朋友比起来好像小一岁。小雨的妈妈向小三班秦老师介绍说，小雨是早产儿，身体比较弱，反应也比一般的孩子慢一些，希望得到秦老师的关照。因为小雨情况特殊，秦老师在生活中对其也格外留意。进餐时鼓励她多吃一点儿，户外活动时也比较关照她。

今天，秦老师带领孩子们到操场上做游戏"小白兔跳跳跳"。游戏结束后，秦老师就带他们到饲养角去观察真实的小兔子。走到饲养角，秦老师先提醒小朋友："大家千万不要把手放进护栏的合页里，这里容易夹到手指头。"然后，再让孩子们拿青草喂小兔子。小雨也拿了一把青草，因为其他小朋友都把有利位置占据了，她只好趴在护栏门的附近喂小兔。

在喂小兔的过程中，她不知不觉就把手指放进了合页中，恰巧旁边的小朋友推了一下护栏，小雨的手被挤住了。

（河北省保定市青年路幼儿园　陈扬）

案例中的小雨是一个早产儿，后期的发育也比同龄幼儿慢。在生活中秦老师比较关注她，害怕她会发生意外。虽然老师的工作做得比较到位，但事故还是发生了，分析其原因主要有：一方面，小雨年龄小，在喂兔子的时候已经忘记了老师的嘱咐；另一方面，教师在管理过程中还是没有关注到小雨把手指放进合页的细节。

为避免类似事故发生，教师需要在日常生活中做到以下几点：

①生活中，教师要经常提醒幼儿进出门口时不要拥挤，一个一个来；要养成推拉门上扶手的好习惯，不要直接把手放在门缝处；不要将开关门窗作为游戏，更不要将手指放在门窗的合页处，以免被夹伤。

②游戏中，教师不要让幼儿独自从抽屉中取物品；移动餐桌时要在教师的监管下进行，以免幼儿在搬动桌子时手指被挤伤。

③组织集体游戏时，教师要考虑每个幼儿前后、左右的空间是否安全，在安排座位时，不要让椅子之间靠得太近。

④教师要提醒幼儿,发现别的小朋友手指或其他部位被夹住时,一定要主动帮助其松开夹的物体并及时向老师报告,以便教师采取救治措施。

当幼儿发生挤伤事故时,教师和保健医要及时行动起来,使幼儿受到的伤害降到最低。

①幼儿发生挤伤后,如伤处没有破损,教师和保健医要立即用冷水冲洗受伤部位,也可用冰块冷敷。冷敷后,对伤处消毒,并用纱布进行包扎;如伤处有破损并流血不止,教师和保健医要立即包扎伤口,并让其将受伤的部位高举,以辅助止血。

②如果幼儿受伤处有灰尘等异物,教师和保健医要及时用碘酒清洗、消毒并包扎;如指甲有脱落,要立即送往医院治疗。

(三)由同伴冲突引发的伤害

同伴冲突是幼儿与同伴之间频繁发生的一种社会互动形式,其对幼儿的社会化具有独特的价值,虽然教师都希望班级中的所有幼儿和谐共处、相亲相爱,但事实上,幼儿之间的冲突时有发生。

一般情况下,由于幼儿之间发生的冲突而引发的安全事故主要有抓伤、咬伤和踢伤。

1. 抓伤

抓伤是幼儿在园经常遇到的、由于同伴之间冲突而引发的伤害。年龄越小的幼儿,语言表达能力越差,其行动思维又占主导地位,因此,当他们与同伴发生冲突时,常常会用动作来表达自己的想法,从而导致抓伤事故。

【案例5-7】

深秋的午后,外面的太阳暖洋洋的,董老师带着小朋友们到阳台上晒太阳。阳台上有没有来园的小朋友的椅子,董老师让大家随便找一把小椅子坐下。晗晗和刚刚同时看上了一把小椅子,两人一起坐上去,结果晗晗坐到了大半张椅子,很轻松地就把刚刚挤了下去。刚刚很不服气,他说:"这个椅子是我先看到的。"说着一把把晗晗推下去,自己坐了上去。晗晗站起来,用手拉刚刚,但是,由于刚刚很重,拉不起来,于是晗晗就用手去抓刚刚的衣领，手指甲在刚刚的脖颈处留下了五道抓痕。

（河北省保定市青年路幼儿园　部杰）

案例中，两个小朋友为争抢一把小椅子而发生肢体冲突，作为弱势一方的晗晗，由于力气不如刚刚大，而语言又跟不上，最终用动作表达了自己对刚刚的不满。

教师在生活中应该怎样避免幼儿之间发生抓伤事件呢？

①在日常生活中，要尽量做到防患于未然，一是要把所有幼儿"尽收眼底"，特别是比较好动、曾经出现过攻击行为的幼儿，教师要格外留意，以便发现问题后及时处理；二是要关注幼儿之间的矛盾和冲突，在尊重幼儿、鼓励其自己解决问题的基础上关心事态的发展，不要让流血事件发生。

②教师可以在日常教育活动中告诉幼儿处理自己和同伴之间冲突的正确方法，让幼儿学会运用协商、轮流、等待等方式解决问题，既可以帮助幼儿丰富社会化技巧，同时也可以避免事故发生。

③教师还要经常留意幼儿的指甲，定期为他们修剪。这样，即使幼儿有用手抓同伴的行为，由于其指甲偏短，也不会造成太严重的伤害。

当幼儿被抓伤时，教师和保健医可以采取以下方式处理：

①仔细查看幼儿的受伤情况，判断伤情。

②先用生理盐水清洗伤口，再用碘伏棉球轻轻给幼儿伤口消毒。切忌贴创可贴，以免影响伤口干燥、愈合。

③无论是幼儿的手部、颈部还是脸部被抓伤，都不要让伤处沾水，以免感染。

2. 咬伤

如前所述，3～6岁的幼儿（尤其是小班的幼儿）语言表达能力较差，在与同伴发生冲突时，往往会用动作来表达自己的情感，这样很容易引起咬伤事故。同时，年龄越小的幼儿，其想象力越丰富，很容易将想象中的事物与现实相混淆。在角色游戏中，他们也会不自觉地根据角色的设定，对同伴实施伤害。

【案例 5-8】

今天刘老师给小朋友讲了"青蛙、乌龟和狐狸"的故事。故事结束后,刘老师引导小朋友们戴上头饰进行角色扮演。

小星、虫虫和小美分别选择了自己喜欢的头饰,为小朋友们表演故事。小星扮演狐狸,虫虫扮演青蛙,小美扮演乌龟。刘老师一边说旁白,一边引导三个小朋友给大家表演。当故事讲到"狐狸抱起乌龟就咬"的情节时,小星一把抱住小美,就朝她脸上咬了一口,在小美的脸上留下了浅红色的牙印。

(河北省保定市青年路幼儿园 刘玉)

案例中小星的表现就是把现实与想象相混淆的结果。游戏中,他扮演的是狐狸,于是就把自己想象成狐狸,并做了狐狸应有的行为。因此,无论在生活中,还是在游戏中,教师都要提醒幼儿咬人是不对的,如果与同伴发生冲突,可以告诉老师或者与小朋友协商解决;如果是在做游戏,一定要明白游戏情节是假设的,不能真咬。

如果工作中有类似情形发生,教师首先需要检查幼儿的伤口。如果伤口比较浅,教师和保健医只需用生理盐水冲洗伤口,再用碘酒清洗和消毒即可。

生活中,有很多家长对发生在幼儿之间的咬伤事故非常担心,也十分关心是否应该给受伤的孩子注射狂犬疫苗。由于每年幼儿入园都会进行体检,所以是不会有小朋友携带狂犬病毒的。一般情况下,幼儿之间发生咬伤事故,没有必要注射狂犬疫苗。

二、生活中的事故

幼儿是一个特殊群体,他们一方面天性好奇、喜欢探索;另一方面由于其年龄小,动作不够协调,反应不够灵敏,而且缺乏生活经验,因此对生活中的很多危险事物缺乏必要的防范意识,从而容易引发意外事故。

一般情况下,幼儿园生活中经常引发幼儿伤害事故的因素包括小型异物、高温食品，还有教师和家长的疏忽等。

（一）小物品引发的异物伤害

幼儿被异物伤害的原因主要有：一是幼儿天生好奇，喜欢摆弄小珠子、小石子、小棋子、小发卡等好玩、有趣的东西，当这些小物品被幼儿以游戏的心态放入口中或塞入耳、鼻中时，很容易对器官造成伤害；二是幼儿在吃饭或进食时，如果着急吞咽或边吃饭边说话，也可能引起食物堵塞气管，甚至威胁生命。教师应该在生活中对此高度重视，避免类似事件发生。

【案例5-9】

午睡时间到了，孩子们都进入了梦乡。这时候，安静的寝室里突然传来了东东的哭泣声。肖老师赶紧走过去，询问发生了什么事情。东东小声地抽泣道："老师，我把硬币吞到肚子里去了。"原来，东东今天早晨偷偷从家里带来了一枚硬币，早晨晨检的时候，害怕被老师发现，就把硬币藏在了衣橱里。中午利用小便的时间，他把硬币偷偷拿出来，放进嘴里用舌头玩，可是不小心咽了下去。东东害怕自己中毒，就哭了起来。

肖老师问清了情况，说："没关系，硬币是圆圆的，过两天就会被你拉出来，没有什么危险。但是，如果你放在嘴里的是像钉子一样的东西，你的肚子就会被扎个大窟窿，那样就必须上医院做手术了。"听了肖老师的话，东东说："我以后再也不把这些东西放进嘴里了。"

（河北省保定市青年路幼儿园　夏文艳）

案例中发生在东东身上的事故在幼儿园是很常见的。虽然东东没有受到什么实质性的伤害，但是，将异物放入口中、鼻中、耳中的行为都是很危险的，如果异物带有棱角或尖角，无论放进哪个器官，都会对他们的身体造成伤害，留下痛苦的经历。

为保证幼儿生命安全，教师可以采取以下预防措施：

①生活中，提醒幼儿不要私藏小物品，如珠子、小石子、小棋子、小发卡、小豆子等，更不要将其放入口、鼻、耳中。

②要加强晨检和午检，重点排除幼儿携带的小物品和危险物品，并提醒幼儿不要携带小饰物。

③在进餐或吃午点时，提醒幼儿不要边吃饭边说话或打闹；在吃水果时，要将水果籽剔除干净，以免幼儿不慎将其吸入，造成窒息。

④在吃鱼肉时，教师要提醒幼儿慢慢嚼，如发现嘴里有鱼刺或碎骨，要立即吐出，以免误食。

万一幼儿发生异物伤害，教师和保健医可以采用以下方式处理：

（1）口腔异物

一般情况下，幼儿在进食鱼肉时，容易发生口腔异物伤害。如果幼儿被鱼刺卡住，可以让其张大嘴巴，用力发出"咔啊"的声音，用气流将鱼刺吐出；如果鱼刺位置较深，教师和保健医可以让其到光线充足的地方，一只手用饭勺轻轻平压其舌头，另一只手用镊子将鱼刺夹出；如果鱼刺无法顺利取出，教师和保健医要立即带其去医院救治。

教师和保健医在拔取鱼刺时，注意不要来回摇晃，以免鱼刺折断；不要让幼儿用吞咽米饭的方法将鱼刺带下去，这样可能使鱼刺折断或刺入更深，会对幼儿造成更严重的伤害。

（2）气管异物

如幼儿在吃东西的过程中被食物噎到或有少量食物呛入气管，教师和保健医可以让其身体前倾，用手轻轻拍打其肩胛骨部位，以辅助其咳出异物；或将手指伸入幼儿口腔，刺激其舌根，用催吐的方式使幼儿将异物吐出。

如吞入食物较大，幼儿不能自己吐出，教师和保健医可蹲在幼儿身后，将其轻轻夹在两腿间；然后用一只手轻托住幼儿前胸，帮助其稳住身体，另一只手握成拳，用大拇指关节突起部位顶住幼儿的胃部，有节奏地挤压，直至幼儿将异物吐出。另外，教师和保健医还可以用双手掐住幼儿的腰部，向其身体后上方有节奏地冲击，直至幼儿将异物吐出。如果幼儿不能在较短时间内将异物吐出，教师和保健医要立即将其送往医院救治。

在处理幼儿气管异物伤害的过程中，教师和保健医需要注意以下问题：

一是在不确定异物堵塞的是食管还是气管时，不要让幼儿饮水冲刷，万一异物堵塞的是气管,这样做非常危险,会造成更严重的后果;二是如果异物堵塞气管,教师和保健医要持续对其施救,不要将其搁置一边,以免错过最佳抢救时间导致幼儿窒息死亡;三是幼儿将异物吐出后,教师要引导幼儿适当休息并且喝一些凉白开,待幼儿情绪稳定后,再继续进食。

(3)食管异物

生活中,如果幼儿将无毒性、无伤害的硬质物品(如小珠子、小扣子等)吞入食道,那么教师和保健医可让其多喝凉白开或吃一些油性食物,安慰其不要担心,异物会随着食物自然排出体外。

如果幼儿误食的是比较尖锐的物品,如小钉子、小图钉等,教师和保健医要立即带其去医院救治,切勿拖延时间,以免给幼儿肠胃造成伤害。

(4)鼻腔异物

幼儿鼻腔中出现异物,一般情况下都是其自己觉得好玩,误将小豆子、小珠子等塞入鼻孔造成的;另外,还有一种情况,就是在孩子吃饭的时候,米粒或面条不小心呛入鼻道,造成鼻腔堵塞。

当幼儿出现这一情况时,教师可以询问幼儿异物在哪个鼻孔中,并引导幼儿用手指按住没有异物的鼻孔,使堵塞的鼻孔使劲往外呼气,用气流将异物推出。

如果幼儿的两只鼻孔都存有异物,教师要引导幼儿用嘴深吸一口气,再闭嘴、低头,同时两只鼻孔使劲往外呼气。反复几次,直至把异物排出。

在处理鼻腔异物时,如果幼儿年龄偏小,不能正确掌握向外呼气的方法,那么教师可以将自己的嘴对准幼儿堵塞的鼻孔,同时将另一侧鼻孔按住,教师可以用向内吸气的方法将幼儿鼻孔中的异物吸出。虽然这种方法不太卫生,但是可以帮助幼儿在关键时刻减轻痛苦,教师的付出也是有价值的。

当然,如果采用上述方法都不能将异物排出,教师应立即带领幼儿去医院,请医生用专业设备将异物取出。

(5)耳部异物

耳朵是另一处容易发生异物堵塞的器官,同鼻孔一样,有些幼儿在摆弄小豆子、小扣子的时候,往往由于好奇心,会误将这些小东西放进耳孔里,从而造成异物滞留。

教师和保健医发现幼儿发生如上情况后,首先要询问进入耳孔的物体是什么;然后带领其到光线充足的地方,看看异物在耳孔内的什么位置。

如果物体比较小而且能够看到,教师和保健医可以引导幼儿将头歪向有异物的一侧,让幼儿侧身蹦跳,以利于异物掉落;还可以用棉签蘸一些凡士林,将异物从里向外轻轻粘出来;如果这些方法无效,在确认幼儿耳部没有破损的情况下,教师和保健医还可以向有异物的耳孔内滴入一些低度酒精,片刻后,让幼儿将有异物的耳孔朝下,让异物随酒精流出来。

如果进入耳孔的物体比较大或进入比较深,使用以上方法都不能见效,那么,教师和保健医要及时带领幼儿去医院,让医生来做专业处理。

需要注意的是,无论幼儿出现哪种异物堵塞,都要提醒他们不要随意用手抠挖异物,以免其越陷越深,增加处理难度。

(6)眼部异物

幼儿眼部出现异物,一般情况下多是由于玩沙时不注意,沙粒误入眼中;或者在户外游戏中,由于小飞虫飞到幼儿眼中引起的。

如果幼儿眼内出现了异物,教师和保健医应立即用生理盐水或者矿泉水清洗有异物的眼睛。

如果异物不能被冲洗出来,教师和保健医应让幼儿弯身低头,教师和保健医将手洗干净,轻轻翻开幼儿的眼皮,对异物轻吹气或用干净的棉球将异物擦拭出来。

眼中的异物取出后,教师和保健医要询问幼儿眼中是否还有异物感,为防止感染,可以在幼儿眼中滴几滴眼药水。

教师和保健医在帮助幼儿取眼部异物的时候,需要注意以下问题:

①提醒幼儿不要用手揉眼睛,以免对幼儿的角膜造成伤害。

②教师和保健医在处理前一定要将手洗干净,以免造成幼儿眼睛感染。

③如果幼儿眼睛发生红肿或异物很难取出,教师和保健医应立即将其送往医院。

（二）高温食品引发的烫伤

烫伤对于幼儿来说是较为严重的意外伤害之一。由于学龄前的幼儿皮肤比较柔嫩，在遭受同样的烫伤时，其受伤程度和承受的痛苦都会比成人高出几倍。另外，由于幼儿的自身抵抗力较弱，遭遇烫伤后很容易引发感染，从而加重病情，甚至有引发败血症的危险，因此，幼儿教师应从源头做好预防工作，降低或避免烫伤事故发生。

【案例5-10】

清晨，赵老师像往常一样，为幼儿准备好了温度适宜的饮用水，并同时打了两壶开水，灌装到暖水瓶中。由于担心孩子们打翻暖水瓶被烫伤，她就把暖水瓶放到了班级门口旁边的橱柜上方。

户外活动时间到了，孩子们都到院子里去做游戏。豆豆和几个小朋友"玩捉迷藏"，豆豆跑到活动室关上门，躲了起来。毛毛来找豆豆，他觉得豆豆应该藏在活动室中，于是就用力推门；而豆豆则用力顶住门，不让毛毛进来。由于豆豆太用力，身体靠在了橱柜的旁边，造成橱柜摇晃，上面的暖水瓶掉下来，将豆豆颈部和肩膀严重烫伤。

虽然事发后赵老师立即对豆豆采取了急救措施，但是，豆豆的颈部和肩膀痊愈后还是留下了疤痕。

（河北省保定市青年路幼儿园　秦雯）

案例中，由于幼儿园管理不严谨，教师工作不细心，造成了对豆豆小朋友的伤害。如果管理者将管理工作做得更到位一些，教师对危险品的管理更尽心一些，豆豆的伤害可能就会避免。

如案例所述，在幼儿园中容易导致幼儿烫伤的物品，主要是热水、热菜、热汤和热粥。那么，教师应该怎样管理这些高温食品、物品呢？

①教师需格外重视班级中温度高的食品和物品，如汤菜和饮水要提前降到适宜的温度后，再让幼儿食用和饮用；另外，建议幼儿园班级中避免放开水，如教师需要饮用开水，可用自己的水杯存放，并将其放在固定、稳定、

幼儿取不到的地方。

②幼儿在盛饭菜或教师在为幼儿盛饭菜时，注意不要盛得太满，并要求幼儿慢慢进餐，如饭菜较热，要等凉了再进餐；进餐中要坐稳，也不要用手去推身边的小朋友，以免弄翻菜汤烫到自己或同伴。

在工作中，教师只有了解烫伤的原因以及幼儿的受伤程度，才能采取正确的应急措施，开展相应的应急护理。

（1）轻微烫伤

轻微烫伤表现为只损伤幼儿皮肤表面，皮肤呈淡红或苍白色，有轻微红肿，但没有水泡症状，幼儿虽然有疼痛感，但不是很严重。

如果幼儿发生轻微烫伤，教师和保健医应立即用冷水缓慢地、间歇性地冲洗幼儿患处，时间控制在15~30分钟，以达到局部降温的目的；待冲洗一段时间后，教师和保健医还需在患处涂上专用的药膏，以促进伤处愈合。

如果幼儿被烫伤时穿着衣物，教师和保健医千万不要直接将其衣物脱掉，而应第一时间将其患处浸入冷水中，然后再轻轻脱去衣物；另外，在冲洗过程中，教师和保健医千万不要用手揉搓烫伤部位，以免加重对皮肤的伤害。

（2）严重烫伤

如果幼儿发生严重烫伤，如出现水泡、严重红肿，教师和保健医应立即用冷水冲洗受伤部位，让其快速降温，时间必须保证在15分钟以上；因幼儿皮肤上已经出现水泡或溃烂，教师和保健医要在降温后，用消毒纱布包扎受伤部位周围，将烫伤部位露出来，并立即将幼儿送往医院。

如果幼儿身体发生大面积烫伤，教师和保健医千万不要擅自为其涂抹药物，只需用干净的布单将其包住并快速送往医院；同时，要注意给幼儿服用一些淡盐水，以免造成其脱水、休克。

第二节 公共区域中常见事故的预防与处理

幼儿园中的公共区域特指楼道、大厅、操场等开放性场所，幼儿在这些地方出入比较方便，相对来说活动也比较自由，容易发生意外伤害。

通常，在公共区域发生的幼儿伤害事故主要包括以下几种：一是楼道拥挤引发的踩踏事故，二是多层楼房引发的坠落事故，三是防护不当导致的溺水事故，四是大型玩具造成的骨折事故，五是野生动物引起的蛰咬伤。

一、楼道拥挤引发的踩踏

工作中，我们经常看到幼儿在楼道中站队、行走。由于很多教师对这一环节不太重视，如果楼道较窄或者通过人数较多，就很容易发生踩踏、压伤事故。压伤大多不能从外表准确判断受伤程度，轻者可能仅仅造成外表创伤，而重者会造成内脏受损，对于这样的事故，教师绝对不能掉以轻心。

【案例5-11】

2014年9月26日，云南省昆明市明通小学一二年级小学生从午休楼中走出。他们被楼梯中的一个海绵垫吸引，集体上前击打。结果海绵垫倒下，将一些学生压在下面，后续下楼的大量学生不明情况，继续向前挤压，造成踩踏事故，伤31人，其中6人最终死亡。

（案例来源于百度百科网，baike.baidu.com，题目为"9·26云南昆明小学踩踏事件"）

为避免案例中的情况发生，教师在引导幼儿上下楼梯时，应该注意以下几个方面：

①活动前，教师要提出安全要求，如统一靠右行走；要手扶栏杆，一个

跟着一个走；当前面的幼儿停步后，后面的幼儿要停下等待，不要推挤前面的同伴等。

②在行进中，教师要一前一后监督幼儿，提醒行为错误的幼儿，以保证活动顺利进行。

③在生活中，教师可以引导幼儿设计上下楼的安全标志，并带领值日生轮流当"监督员"，同时在楼梯上粘贴指示上下楼方向的小脚丫，通过这些方式提醒幼儿有序上下楼，保证其上下楼梯的安全。

④教师还可以在班级中定期举办上下楼的安全演练，教育幼儿靠右边行进，人多时不要拥挤、奔跑，通过这样的方法增强幼儿的自我保护能力。

如果幼儿在活动中不小心被同伴压伤，教师和保健医可以采用以下方法处置：

①要立刻强行制止更多的幼儿向发生事故的方向聚集，将危险降到最低；

②要逐一检查幼儿的身体并详细询问，让受伤的幼儿原地静坐或平躺，同时观察其他幼儿是否有被压伤的情况；

③对有可能受伤的幼儿进行初步诊断，必要时立即送医院救治。

在对幼儿进行初步诊断时，教师和保健医首先要观察幼儿身体的各个部位，看是否有红肿、淤血或水泡出现，通过这些外在表现来判断幼儿是否受伤。

另外，如果发现幼儿出现脸色苍白、出冷汗、口干、烦躁不安，或者幼儿告诉教师自己视觉模糊、恶心、想呕吐或者已经呕吐时，一定要高度重视，这些症状表明幼儿已经出现内伤，教师和保健医必须马上将其送到医院救治。

二、多层楼房引发的坠落

随着经济的发展，城市里的高楼大厦越来越多；幼儿园中的平房建筑越来越少，楼房建筑越来越多。这些硬件条件的改善在节约了用地的同时，也增加了幼儿从高空坠落或被高空坠物砸伤的几率。

【案例 5-12】

2016年,家住宜宾江安国际小区的袁女士外出打工,将两个儿子托付给婆婆照管。10月20日下午1点半左右,两个孩子在床上玩耍,奶奶在洗衣服。洗着洗着,突然听到楼下有人喊:"谁家的孩子掉下来啦!"奶奶赶紧到房间找孙子,发现其中一个孙子已经不见了。原来,两个孩子在玩耍的过程中,还不到2周岁的孙子从窗户爬出坠落,摔在三楼的平台上。所幸三楼业主在平台上堆土种菜,泥土的缓冲救了孩子一命。但是巨大的冲击仍造成孩子头部受伤,右臂和右腿骨折……

(案例改编自东方头条网,mini.eastday.com,题目为"四川2岁男童从25楼掉到3楼,因落入软土中暂获救")

如案例所述,高空坠落是引发幼儿意外死亡的重要原因之一。若坠落楼层不高,发现较早并及时送往医院抢救,有可能会保住幼儿生命;若坠落楼层较高,发现较晚或救助不及时,那么就很难控制伤情的恶化,其后果不堪设想。

那么,教师该如何避免类似事件的发生呢?

①幼儿园在建设中,一定要严格按照建筑标准施工,护栏一定要高于幼儿头部,护栏之间的间隔一定不能过大,以免幼儿将头、脚或身体伸出护栏外,发生危险。

②教师要留意班级阳台上的物品,不放置易于幼儿攀爬的东西;同时,教师还要告知幼儿,如果没有教师带领,自己不能独自去阳台活动;在班级中,教师要引导幼儿懂得哪些行为是不可以做的,如不要从高楼平台上向下张望,不要从较高的物体上往下跳;当看到有同伴做这样的事情时,要及时制止,告诉他这样做是危险的。

③幼儿园如有装修、建设等任务,一定要安排在幼儿不在园的时间进行,并在相应区域悬挂警示牌,避免幼儿被高空坠物砸伤。

万一幼儿在园发生了高空坠落事故,教师和保健医要第一时间紧急处理,尽自己最大的努力保证幼儿的生命安全。

（一）幼儿从高空坠落

当发现幼儿坠落后，教师要马上拨打急救电话，告知事故发生的地点、幼儿受伤情况等；同时，保健医要仔细查看幼儿受伤情况，判断其伤情，以便在等待救治的同时采取一些必要的急救措施。

如果幼儿口鼻中有血液流出且处于昏迷状态，可判断其头部受伤比较严重，保健医要根据幼儿受伤时的状态，将其头部轻轻偏向一侧，适当后仰，并迅速用手指将其口腔、鼻腔中的血丝、呕吐物清除出来，以免其堵塞气管造成幼儿窒息；另外，可以用干净的毛巾轻轻压迫其伤口，以便止血包扎。如幼儿有脑组织渗出，保健医可用消过毒的碗将脑组织罩住，并用绷带将容器固定，千万不可自行处置。

如幼儿身体下有硬质杂质，很可能使幼儿背部、肋骨和胸骨骨折，这时候，教师和保健医千万不要抱起幼儿，否则很容易造成受伤部位骨骼错位，加重幼儿的伤情。在将幼儿送往医院救治的过程中，为保证幼儿骨骼不错位，需要平移幼儿身体，不能来回摇晃；同时，可在幼儿颈后部、背部及下肢垫一些软质材料，如枕头、靠垫、毛巾等，以支撑幼儿的骨骼。

（二）被高空坠物砸伤

幼儿在园被坠物砸伤，主要由于处于高层的班级的阳台或窗台有杂物掉落。教师应该定期对班级阳台和窗台进行清理，避免事故的发生。

如果幼儿被高空坠物砸伤，其头部和肩部往往最先受伤，虽然这样的伤害比幼儿从高空坠落小一些，但也不能忽视。万一幼儿受伤较重，而又没有及时得到救治，也会导致严重的后果。

万一幼儿被坠物砸伤，教师和保健医可采取以下措施：

首先，仔细检查受伤幼儿，看看是否存在皮外伤和内伤。如果幼儿只是轻微伤，教师可用生理盐水清洗伤处周围；再用消毒纱布包扎伤口，并尽快将其送往医院做进一步的检查和治疗。如果幼儿的肩胛骨被砸伤，出现淤青、肿胀，教师和保健医可先用冷毛巾对患处冷敷，然后，将其送到医院检查救治。如果幼儿被坠物砸晕或发生窒息，教师和保健医要立即对其进行人工呼吸，以保证幼儿生命安全为第一要务。

三、防护不当导致的溺水

幼儿园虽然不像公园那样有大型湖泊或池塘，但是也存在一些会导致幼儿溺水的场所和容器，如游泳池、喷水池、戏水池、大鱼缸、下水道等。虽然在幼儿园中发生溺水事件并不常见，但一旦发生就会造成严重的后果。

【案例 5-13】

2008 年，广东增城市的钟某将两岁大的儿子送往新塘镇群星中英文幼儿园入托。该园开设有游泳班，钟某感觉自己孩子年龄小，不适合游泳，就没有缴纳游泳费用。但是班级教师仍擅自带其到幼儿泳池内玩耍，导致孩子溺水，后经广州市珠江医院治疗后才保住性命。

（案例来源于天涯社区网，wenda.tianya.cn，题目为"这可恶的幼儿园归哪个部门管"）

本案例中幼儿发生溺水事故，主要是幼儿园工作人员不了解幼儿的发展特点，缺乏对幼儿的监管造成的。当然，在幼儿园中，除了在泳池中容易发生溺水事故外，其他园所设施也不容忽视。

为了避免溺水事故发生，幼儿园管理者应定期检查，主要查看下水井盖是否松动、下水道是否堵塞，一旦发现隐患应立即维修或更换。另外，维修园内的下水道或井盖时，管理者应在周围设置防护栏，以免幼儿跌落，同时，要用图示在幼儿园中的戏水池、养鱼缸等场所设置警示标志，教师要对幼儿进行相应的安全教育，让幼儿不要私自在这些地方玩耍。

万一幼儿在园溺水，教师和保健医可采取以下措施救治：

幼儿溺水后，教师应立即拨打急救电话，保健医要在救助人员到来前立即对幼儿展开急救。

①如幼儿能自主呼吸，保健医可先平坐，将幼儿身体以俯卧姿势搭在自己

的一条腿上，使幼儿的小腹部正对教师平坐时的膝盖部位；用一只手平托幼儿身体，尽量让幼儿的头低垂；另一只手轻轻拍打幼儿背部，使其将水吐出。

②如果幼儿已停止呼吸，保健医应立即清理幼儿口、鼻中的残留物，然后即刻对其实施人工呼吸。

> 人工呼吸有很多种方法，其中，口对口呼吸法最为简便，效果也最好。首先使患儿平卧，肩背稍垫高，头后仰，以保持气道平直。保健医位于幼儿身体一侧，用一只手的拇指和食指捏紧幼儿鼻孔，另一只手将其下颌向前上方托起，以防舌根后坠阻塞咽部；保健医需深吸一口气，对准患儿口腔将吸入气体用力吹出，让患儿上胸部轻轻抬起；停止吹气，放开捏紧的鼻孔，幼儿胸部会弹性回缩，排出肺部气体。保健医需重复上述步骤，直至幼儿逐渐恢复面色、出现心跳为止。
>
> 在进行此种施救的过程中，保健医要注意：吹气要均匀，每次吹入气体时间约占1次呼吸周期的1/3；几次吹气后，可能会有部分气体由食道进入胃部，保健医应缓慢挤压患儿上腹部1次，以排出胃内积聚的气体。

③如幼儿出现严重昏迷状况，教师可将幼儿放在较为平坦的地面或宽大的硬板上，使其呈俯卧状，两腿合拢；将其头偏向一侧，两臂伸过头，一臂枕于头下，另一臂向外伸开，以使胸廓扩张；保健医屈膝跪在幼儿臀部或大腿两侧，把两手平放在其背部肩胛骨下角（大约相当于第七对肋骨）处，大拇指靠近脊柱骨，慢慢用力向下推压；当保健医的下巴正对幼儿的头后部时停止用力，恢复原状。每3秒钟重复一次，待反复进行3分钟后，再根据幼儿的反应采取新的急救措施。

④如幼儿心脏停止跳动，保健医要立即对其实施胸外心脏按压法。具体操作如下：首先，让幼儿仰卧在桌子或硬板上。教师站在幼儿的一侧，将自己的双手相互搭在幼儿胸骨中下1/3交界处，用双手掌重叠往下按压，力量应使胸骨下陷3～4厘米，松开双手（但不离开原位），每分钟按压80次左右，直至幼儿恢复呼吸为止。

需要提醒教师和保健医的是，如果在抢救幼儿的过程中，有多人在场，教师和保健医可以分别对幼儿实施胸外心脏按压和口对口人工呼吸急救，即每进行4次胸外按压后，紧接着做1次口对口人工呼吸，同时每分钟检查一次幼儿是否有呼吸反应。另外，在专业救护人员还没赶到时，教师和保健医一定要坚持对幼儿施救，直至幼儿脱离危险或专业医师到来。

四、大型玩具造成的骨折

纵观我国现有的幼儿园，户外大型玩具已成为每个园所必备的设施，通过不同的组合方式，它可以锻炼幼儿钻、爬、滑、荡、走、转、拍、跳、抓等动作，具有趣味性和挑战性，是最受幼儿喜欢的游乐器械之一。通过在大型玩具上练习，幼儿不仅能够发展自身的身体素质，而且能够培养团结合作、勇敢顽强及战胜困难的良好品质。

【案例 5-14】

  星期一上午，集体教育活动后，李老师像往常一样带领小朋友们来到操场。在组织完体育游戏后，李老师请小朋友们玩幼儿园最近刚刚购置来的大型玩具。小朋友们看到新玩具，特别兴奋，在李老师说完玩玩具的要求后，就兴高采烈地自由玩耍去了。

  烁烁也特别兴奋，他一会儿滑滑梯，一会儿荡秋千。当他和东东一起从滑梯往下滑的时候，手臂没有扶好滑梯旁的把手，从滑梯上端的平台上掉落下来。烁烁出于自我保护，在着地时用胳膊撑了一下，造成手臂骨折。

（河北省保定市青年路幼儿园　栗艺文）

本案例中，烁烁发生的骨折事故主要是由于其自身活动造成的。虽然教师在游戏之前已经向幼儿提出了相关的注意事项和要求，但是由于市面上的大型玩具种类繁多，其功能也各不相同，为避免发生本案例中的事故，幼儿在玩耍时，教师还需要注意以下几方面：

①在幼儿玩大型玩具之前,教师首先要对大型玩具进行严格的检查,一是查看其是否存在松动的情况,二是对班级幼儿是否能够胜任大型玩具的玩法进行评估,对不适于本班幼儿的大型玩具,最好选择不玩。

②对幼儿提出正确使用大型玩具的方法和注意事项;检查幼儿的穿着,对不符合玩耍要求的服饰进行筛查。

③有序地引导幼儿进行玩耍;幼儿在玩耍过程中,教师不能离开。

④科学掌握幼儿的活动强度和负荷量,动静交替,防止幼儿由于活动过量而出现意外。

⑤确保每位幼儿都能充分地玩耍,对于智障及身体缺陷的幼儿要给予更多的关爱。

一般情况下,幼儿的骨骼含钙量较少,含胶原蛋白比较多,骨质相对屈伸度大,与成人相比不容易发生骨折。但是,如果他们在玩耍的过程中,受到外界暴力发生了骨折伤害,就可以会导致其后期骨骼发育不健全或骨骼发育畸形,会对其一生的健康造成影响。

因此,当幼儿发生骨折事故时,教师和保健医一定要引起高度重视,要第一时间将幼儿送医就诊。

(1)对骨折的判断

如果幼儿从大型玩具上跌落,并且患处出现以下症状时,教师和保健医可初步对其伤情进行判断。一是患处出现肿胀,皮肤变色,有疼痛和压痛感,活动后疼痛有所加重;二是肢体出现畸形,如短缩、扭曲、旋转等,移动受伤部位可听到骨断端有摩擦的声音。如果出现上述状况,就可以初步判断其为骨折。

(2)对骨折的处理

如果怀疑幼儿肢体发生骨折,教师和保健医切忌按揉其肿胀部位,应尽可能避免和减少移动或伤肢活动,否则会给治疗带来麻烦,而且会增加孩子的痛楚。

①针对开放性骨折的处理。首先,要针对创口进行止血包扎。可以用消毒纱布覆盖创口,然后用布条包扎。布条的松紧要适度,过紧会压迫血管和

神经，影响远端血液循环，只要能够达到止血的目的即可。其次，将患处用夹板固定，可以在夹板中间垫上衣服或旧布等软物，以防幼儿皮肤受损；最后要尽快将患儿送到医院进行救治。

②针对闭合性骨折的处理。首先要用夹板对受伤部位进行固定，夹板的长度要超过固定两端的上下两个关节，以限制其活动。例如，固定小腿时，木板长度要超过踝关节和膝关节；固定大腿时，木板长度要超过膝关节和髋关节；固定前臂时，木板长度应超过腕关节和肘关节；固定上臂时，木板长度应超过肘关节和肩关节；在固定受伤部位时，要先绑骨折上端，然后绑骨折下端。固定好后要迅速将患儿送往医院进行检查、治疗。

如果怀疑幼儿脊柱受伤，教师和保健医切忌扶患儿行走或将患儿放在软床上，而是应妥善固定后，由专业人员实施搬动。教师和保健医可在患儿颈部用硬纸板、衣物等当作临时颈托固定，将沙袋、衣物等放置在其胸腰部两旁，再用布条将患儿固定在硬木板上，然后等待专业医务人员的到来。

五、野生动物引起的蜇咬伤

在幼儿园除了会发生被同伴咬伤的情况外，幼儿在户外活动，还会发生被滞留在园内的小动物咬伤或被草丛中的马蜂或蜜蜂蜇伤等情况。

【案例 5-15】

周五早晨，然然的妈妈板着脸找到班级的郭老师。她拉着然然的右手，将红肿的手指展示给郭老师看："郭老师，你看看。你们这么好的幼儿园，怎么会有马蜂呢？你看看，然然的手被蜇成了这样，又痛又痒，一晚上都没有睡好觉。"听了然然妈妈的话，郭老师仔细询问了事情的缘由。原来，昨天下午户外活动的时候，然然看到草丛中有一只很大的"蜜蜂"趴在小草上，她想抓住仔细看一看，结果被"蜜蜂"蜇了一下。因为害怕老师批评，然然忍着疼，没有吭声。到了晚上，她才告诉了妈妈。妈妈看到女儿受到伤害，很心疼，就找到郭老师，想要一个说法。

（河北省保定市青年路幼儿园　崔颖）

案例中，然然由于好奇心驱使，被马蜂蜇伤。虽然伤情并不严重，但是家长出于对孩子的疼爱，对这样的后果并不能接受。

另外，幼儿园里除了有各种小昆虫外，还可能有一些外来的"客人"，如流浪的小猫、小狗；饲养角里的小兔、小鸡等，这些小动物平时看起来好像很温顺，但是，遇到特殊情况时，也有可能对幼儿造成人身伤害。

因此，教师应该注意以下几个方面：

①幼儿园在绿化时，尽量不要种植向日葵、虞美人、串串红、紫云英等植物，这些植物更易招引蜜蜂；同时，饲养角不要饲养小狗、小猫等宠物，工作人员也不要将自己家的宠物带入幼儿园，因为它们的牙齿都很尖利，容易误伤幼儿。

②幼儿园要定期清理园内的"死角"，一方面防止外面的小动物进入幼儿园，另一方面要及时清除园内的蜂巢；另外，提醒值夜班的工作人员做好晚间的安全巡查工作，如发现流浪小动物，应立即驱赶出园所，以免伤害到幼儿。

③教师要提醒幼儿，在园内如碰到小猫、小狗等小动物，千万不要用手去摸，要尽量远离这些小动物，以免被误伤；如果不小心被小动物伤害，一定要立即告诉老师。

如果幼儿不小心被小动物咬伤或被蜜蜂等昆虫蜇伤，教师和保健医可以采取以下措施救治：

（1）被小动物咬伤

如果伤口比较小且伤势比较轻，教师可以用生理盐水或肥皂水长时间冲洗伤口；然后再用双氧水进一步清洗；最后用碘酒再次清洗和消毒，并由里向外轻轻将伤处的药液擦干净，再到医院为幼儿注射狂犬疫苗。

在带领幼儿进行户外活动时，如身边没有急救药品和工具，而幼儿又被小动物咬伤，教师和保健医可以用绳子或布带等将幼儿被咬伤处的上、下方用力扎住，控制被咬伤处的血液循环，同时尽力安慰幼儿，不要让其活动，并立即将其送往医院救治。在送医途中，教师和保健医要观察幼儿患处，如果皮肤及血液出现发紫的情况，要将扎带放松，之后再适当扎紧。

（2）被昆虫蜇伤

如幼儿被蜜蜂蜇伤，教师和保健医要提醒幼儿不要抓挠患处，可以用弱碱性液体（如肥皂水）涂抹幼儿患处，以中和酸性毒素。

如幼儿被马蜂或黄蜂蜇伤，可用弱酸性溶液（如醋）涂抹在患处，以中和浸入皮肤的毒素，同时用消过毒的镊子将毒刺拔出，或用经酒精消毒的细针将毒刺轻轻挑出，最后用药膏涂抹伤处。

无法为幼儿控制伤势或不能及时将毒刺取出时，教师应立即将其送往医院治疗并通知家长。

第三节 突发事件伤害的预防与处理

幼儿园属于人员密集的场所，加之在园幼儿年龄小，应变能力和逃生能力有限，而且幼儿园的工作人员多为女性，一旦发生突发事件，极有可能造成灾难性后果。

一、火电伤害——强化"安全意识"

近些年，由于火灾或电击导致的幼儿意外伤害事件呈逐年上升的趋势。这类事件一般引起的后果都比较严重。受伤的幼儿轻则致残，重则死亡。因此，要格外注意预防此类事故的发生。

（一）火灾防范

幼儿园中发生的火灾多是由夏季使用蚊香、电器短路、食堂油火喷射等原因造成的，如果幼儿教师和幼儿缺乏自救保护能力，就会导致危及生命的后果。

【案例5-16】
2010年4月19日上午，位于江西抚州市南城县天一山的金贝贝幼儿园发生火灾，快速赶到的消防官兵奋力将大火扑灭，疏散了160名小朋友，没有造成人员伤亡。经了解,这次大火是由于电器短路,导致该幼儿园教室内的一台电视机着火引起的。

(案例来源于慧聪消防网,info.fire.hc360.com,题目为"盘点近年幼儿园火灾事故 关注生命安全")

以上案例,引起火灾的主要原因是教师缺乏安全意识,没有尽到对所有物品监管的责任。"疏忽一时酿火灾,痛苦一生追悔迟",幼儿园管理者和教师只有从自身做起,真正树立防火、防电意识,才能避免由此引发的灾难。

由于本书第三章对消防安全管理有较为详细的介绍,故针对幼儿园火灾的预防工作这里不再赘述。

万一幼儿园发生了火灾事故,教师可以采取以下措施应对。

1. 防烟有措施

有生活经验的人都知道,发生火灾时,威胁教师和幼儿生命安全的罪魁祸首是物品燃烧产生的烟雾,其中不但含有大量的有毒气体,而且温度较高。尤其是年龄小的幼儿,其身体发育还不完全,一旦吸入一定量的浓烟,就会发生昏迷、窒息,甚至死亡。因此,当火灾发生时,教师首先要帮助幼儿做好防烟熏的工作。

①毛巾巧利用。教师可以引导幼儿将自己的小毛巾用水浸湿、拧干,用毛巾捂住口鼻;并弯腰、低头走出或爬出浓烟区,这样可以阻挡一部分有毒气体的吸入。

②衣物巧代替。如果火灾发生场所没有小毛巾,教师可以将枕巾、衣服或床单撕成小块,用水浸湿,发放给幼儿,再带领幼儿逃离火灾现场。

2. 逃生有路径

在发生火灾时,教师只有选择正确的逃生路径,才能保证幼儿的生命安全。因此,在紧要关头,教师首先要冷静,根据自己对园所的了解,带领幼儿从正确的方向逃生。

①教师可以想一想平常演习时的逃生路径,在辨清着火点和方位的基础上,选择正确的逃生方向。

②现在幼儿园的建筑多分为两种类型：一种是平房，多为乡镇幼儿园；一种是楼房，多为城市幼儿园。如果园所是平房，发生火灾时，教师可尽快找到出口带离幼儿；如果园所是楼房，教师应设法向下层逃生。在通道还没有被大火封锁前，教师要立即带领幼儿冲出烟雾，逃离火区。

③当逃生路径已充满浓烟，而室内可利用的救助工具无法满足所有幼儿时，教师应立即关闭紧挨烟火方向的门窗，打开所有背火的窗户，并用湿床单堵住迎火门窗及缝隙，并通过不断浇水来防烟。同时，教师和幼儿要在窗口大声呼叫，等待救援人员到来；如浓烟和火势增大，教师不要继续等待，可以用窗帘、床单等连接成绳索，一头牢固系在窗框上，另一头绑在教师腰部，让一名教师先下去，然后再逐一将楼上的幼儿慢慢放下，楼下的教师负责接应幼儿，并将其放到安全地点。

3. 受伤有办法

如果幼儿身上着火面积较小，教师可用拍打的方式扑灭火苗；如果幼儿身上着火面积较大，教师可让其在无火的地面躺下，来回滚动以压灭火苗；同时教师也可以往幼儿身上泼水浇灭火苗；如果急救人员较多，教师也可以用棉被、毯子包裹幼儿身体，压灭火苗。

如果幼儿身体已被烧伤，教师千万不要直接用手拍打火苗，这样会使伤势加重；也不要直接撕掉幼儿被烧坏的衣物碎片，以免其皮肉受伤；不可直接拿灭火器往幼儿身上喷，这样容易引起幼儿伤口感染，也可能伤到幼儿眼睛。

（二）防触电

人们常用"老虎"来形容电，不仅表明电的危险性，而且很形象地描述了其"会咬人"的特性。幼儿园日常生活中的防触电工作很重要。

【案例 5-17】

2012年4月16日，家住海口市琼山区三门坡镇红明农场的何先生向南海网反映，他6岁的侄子一早进入当地红黄蓝幼儿园，没想到几个小时后，突然接到了侄子死亡的噩耗。经警方初步调查，男童系触电身亡。

据家属介绍,当日早上6点多,孩子的爷爷把孙子送上了幼儿园的校车,但到9点多,孙子离世的噩耗就传了过来。事发后,警方迅速出警,封锁现场展开调查,经初步调查,男童的死亡原因为触电身亡,疑是插座漏电造成。

(案例来源于南海网,www.hinews.cn,题目为"海口:6岁男童幼儿园触电身亡 疑是插座漏电")

如案例中所述,幼儿园发生的触电事故多是由于常用电器出现故障、受潮漏电,或者幼儿玩弄电源插头和插座所致。因此,教师一定要从根源做起,杜绝触电事故。

1. 用电安全要注意

日常生活中的安全用电常识有很多,对于幼儿教师来说,主要有以下几个方面:一是各场所的电源插座一定要安装在幼儿接触不到的地方,各种线路要隐藏布置;那些无法更改或暗藏的电源插座或线路,应用绝缘胶带缠上,并贴上醒目的危险标志。二是幼儿园要选择检测合格的电源插座和开关器材,同时,电源插座要配备充分,不要将所有的线都集中在一个电源插座上,避免插座超负荷使用。

2. 电器使用要注意

(1)避免发生电器触电

随着幼儿教师教育理念的更新,很多家庭中常用的电器也逐步走进幼儿园,这就要求教师在使用的过程中,避免容易引起触电的行为,保证幼儿的安全。

①工作中,教师不要让幼儿自行接触电源、操作电器。

②教师在使用电器的过程中,注意不要用湿抹布擦拭电源插头或插座,不要用湿手开关灯、插拔插座,以防触电。

③不要给幼儿使用电热毯或小型电暖器,这些物品都存在安全隐患。

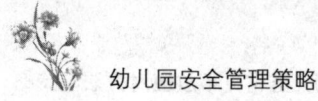

④要定期检查幼儿园的排风扇、吊扇等电器，及时清除扇叶和电源插头上的附着物，避免线路因长时间使用而漏电。

（2）发生电器触电时采取的紧急措施

如果幼儿在园发生了触电，教师和保健医要第一时间采取紧急措施，以保证幼儿的生命安全。

①切断电源为首要任务。当教师发现幼儿触电后，要马上关闭总电闸，以切断电流。如电线在幼儿身上，教师可用绝缘物质，如塑料玩具、干木棒等，将电线挑开，或自己站在塑料凳子、干木板等绝缘体上，戴上干塑胶手套，用手拉住幼儿的衣角，将其拽离触电区域。

②立即施救。幼儿被带到安全区域后，如其触电时间较短，只出现心慌、头晕、四肢麻木等症状，教师可看护好幼儿，不让其走动，将其安置成复原卧式（一腿伸直，另一腿屈曲，一手九十度角摆放在身旁，另一手则屈在面及胸前，头部侧向一边以防止舌头倒后阻塞气），观察呼吸及心跳情况；如皮肤有灼伤，可用盐水棉球洗净创口或暂时涂抹凡士林进行消炎处理，等待救治人员到来。如幼儿触电时间较长，面色苍白或呈青紫色，昏迷不醒或停止呼吸，教师和保健医要立即采用口对口人工呼吸和胸外心脏按压法来现场抢救，直至幼儿恢复正常呼吸或专业救护人员到来。

③要避免不当处理。工作中，如果班级中有幼儿触电，很多教师会焦虑不安，不知所措，如果采取了错误的处理方式，很可能会对幼儿造成更严重的伤害。一是当电源被切断后，教师一定要第一时间检查幼儿是否有呼吸能力，千万不要随意移动幼儿，也不要摇晃幼儿身体，更不要用喝水的办法促使其清醒，否则容易导致幼儿被呛或窒息；二是就算幼儿能正常呼吸，教师也不要将幼儿抱起或随意移动其位置，以免加重幼儿体内的伤势；三是在做人工呼吸的过程中，即使幼儿没有反应，也要坚持到专业救护人员到来为止。

二、食物中毒——做到"预防为主"

幼儿生活的世界被各种不同的、可能存在安全隐患的物质包围着，如那些隐藏在食品中的、玩具中的、衣物中的有害物质等，会对幼儿的身体健康造成极大威胁。

【案例 5-18】

　　2015年7月22日，银川市某中心幼儿园因食堂卫生问题，导致182名儿童感染细菌性痢疾。

　　2013年4月24日，河北省石家庄市平山县两河村，两名女童由于食用上学路上捡来的酸奶饮料，导致中毒身亡。警方调查后发现酸奶中含有毒鼠强成分。

（案例来源于中国婴幼儿教育网，www.baby-edu.com，题目为"幼儿园安全健康管理案例分析及对策"）

（1）避免食物中毒采取的措施

　　以上案例是由于食品不安全而造成的恶劣后果。案例中这样的中毒事件具有一定的隐蔽性，事故发生前通常不易察觉。因此，教师在日常生活中应该做个有心人，对幼儿的食品、午点及玩具认真检查，对班级中的化学物品妥善保管，以避免中毒事件的发生。

　　①规范食堂管理，避免食物中毒。一是食堂人员要对幼儿使用的餐具进行清洗和消毒，并定期对冰箱等储存设备仔细进行清洗和消毒；二是幼儿园所有食品的进货渠道要严格，要符合《中华人民共和国食品卫生法》的要求，严禁购买腐烂、变质食品，限制购买熟食制品；三是食堂人员在操作过程中严禁接触腐蚀性或含毒物品，其他人严禁进入食品加工间和操作间；四是负责制定幼儿食谱的保健医要了解不同食材的特性，要懂得不同食物在搭配时是否会产生毒性；五是严格执行《食品留样制度》，食堂人员要做到每日食品留样处理，以便遇到问题进行排查。

　　②严格饮品管理，避免饮料中毒。一是教师要教育幼儿不将饮料带到幼儿园里，同时不喝来历不明的饮料；二是在郊游活动中需要为幼儿准备饮料时，或者在生活中为幼儿准备豆浆或牛奶等饮品时，一定要到正规超市购买，要检查其生产地址、生产日期及是否在保质期内等，以保证饮料的安全。

（2）发生食物中毒时采取的应急措施

如幼儿发生了食物中毒，教师和保健医可以采取以下方法应急处理：

①轻微中毒。轻微中毒的症状主要有肚子痛、呕吐和腹泻。教师和保健医应及时给幼儿补充水分，并为他们催吐。具体方法如下：教师和保健医将自己的手洗干净，让幼儿将嘴张开，将食指慢慢放入幼儿口中，刺激其咽喉部位，促使幼儿形成反射性呕吐，将胃中食物吐出，以减轻毒素对其身体的伤害；同时，教师和保健医要用另一只手轻轻拍打幼儿背部，以辅助其尽快将胃中食物吐出；幼儿呕吐结束后，让其休息15分钟，饮用一些凉白开，以免脱水。

②严重中毒。严重中毒的幼儿脸色苍白，表现为极度虚弱，还有可能会脱水、昏迷甚至死亡。教师和保健医如发现幼儿有如上症状，应立即送幼儿到医院治疗；同时，要将幼儿当日用餐留样的食品、中毒幼儿吃剩的食物和呕吐物分别用容器妥善保管，以便为医生化验和解毒提供依据。

（3）采取紧急措施时要注意的问题

教师和保健医对幼儿采取紧急措施时，应避免以下问题：

①催吐前没有给幼儿饮水，这样不仅食物难以吐出，而且很有可能因为幼儿用力过猛造成其脸部涨红、眼泪流出、头部供血不足等，甚至造成窒息。

②幼儿中毒后，教师没有第一时间通知医护人员，而是自己采取急救措施，导致延误最佳救治时间，幼儿中毒加深。

另外，如果引起幼儿中毒的不是食品，而是班级的消毒液或漂白剂，教师应先给幼儿喝一些豆浆或牛奶，以稀释幼儿胃中的毒液，保护食道及胃黏膜；然后，再实施催吐。

三、暴力入侵——强调"临危不乱"

幼儿园暴力入侵案件，是指发生在幼儿园内或门口，以在园幼儿为施害目标，以暴力行凶为作案特征的各种杀人、伤人、绑架案件。这类案件的行凶者既可能来自校内，如本园教职工或临聘人员；也可能来自校外，如与幼儿园或其领导、职工、幼儿发生纠纷的校外人员；甚至还可能是与幼儿园及其师生没有任何纠纷，仅仅为了报复社会、发泄不满而将目标对准无辜的儿童，并试图借助犯罪活动实现制造轰动、扩大影响之目的的社会失意者。

【案例5-19】

2006年5月6日，河南省巩义市河洛镇石关村人白宁阳因琐事与本村村民白宪民、张华宾发生矛盾，受到家人及村民的指责，遂心生怨气，决定用汽油焚烧本村幼儿园。同年5月8日，白宁阳携带菜刀、汽油和打火机等作案工具来到幼儿园，持菜刀将教师李理想和幼儿白某、刘某等20余人威逼至教室后侧，将汽油泼洒到教室地面、课桌及教师和幼儿身上，用打火机点燃后逃离现场，造成12名幼儿被烧死，教师李理想和4名幼儿被烧成重伤。

（案例来源于新浪新闻中心网，news.sina.com.cn，题目为"河南幼儿园放火案被告人终审被判死刑"）

近年来，社会上暴力伤害幼儿事件时有发生，对幼儿安全构成严重威胁。其主要原因是社会上一些极端的个体出于制造影响、引发关注、发泄仇恨、报复社会等目的，把施暴的目标对准了反抗和自护能力欠缺的学童。幼儿园是学童的集中区，一旦发生社会不法分子伤害幼儿事件，就会造成严重的后果，社会影响极坏。幼儿园管理者应从日常工作的细节入手，加强全园教职工的安全意识，做到园所有防护、人员有教育、安保有措施。

（一）园所有防护

笔者在查阅资料中发现，社会上发生的暴力入侵案件中，大多数幼儿园没有安保人员或者虽有安保人员，但是其数量少、年纪较大、安全防范能力不强。如果普通教师也欠缺应对突发暴力伤害案件的技能，不法分子就会在园内肆意实施犯罪，对幼儿生命安全构成严重的威胁。因此，预防、遏制幼儿园暴力入侵犯罪最直接、最有效的手段就是增强园内的安保力量。

①设置治安保卫机构，配备专职的安保人员。幼儿园可以在园内设置安

全保卫小组，聘请专业的安保人员做门卫；同时，可以在园内组织年富力强、有一定防范能力的男教师成立"安全巡逻队"，负责园内日常安全巡查工作，如轮流在幼儿园门口执勤、协助维持园门口及周边的治安秩序等。这样的方式可以对不法分子起到心理威慑的作用，促使其打消犯罪念头，从而减少暴力入侵案件的发生。

②设立严格的门卫制度，杜绝可疑人员进入。实施暴力入侵案件的罪犯大多数为外来人员。因此，门卫是保护幼儿园安全的第一道防线。幼儿园应当建立、健全门卫制度，如所有人员要刷卡入园、来访人员要登记入园。同时要对陌生人做好盘问、检查、验证等工作，准确了解其入园的事由；门卫还要对进入园内的车辆和物品严格检查、核对，严禁将非教学用途的化学品、管制刀具等危险物品带入幼儿园；如发现幼儿园门口有可疑人员，如精神病患者、无关人员、不明身份人员等，要及时劝离，必要时应报告公安部门。

③加强园内巡逻，保证师幼活动正常进行。幼儿园要建立"24小时值班制度"，尤其在幼儿入园、离园的高峰阶段，幼儿园门口最少应配备4人值班；安全管理人员应组织巡逻队成员对园所各处进行巡查，尤其要加强对幼儿活动室、寝室、操场等重点场所的安全巡查。一旦发现可疑人员，巡逻人员应及时处理并向幼儿园领导汇报。

④完善硬件管理，增强门卫防护能力。首先，幼儿园应争取得到当地公安部门的支持，在幼儿园门口设立校园警务室并喷涂醒目的外观，悬挂标识、标牌，以警示试图犯罪的人；其次，幼儿园应当有选择地为安保人员配备橡胶棍棒（丁字棍或伸缩棍）、警用钢叉、自卫喷雾器（辣椒喷剂）、防割手套、防暴头盔、防刺背心、强光手电筒、防暴抓捕网（保安专用系列）等防暴装备，以增强安保人员处置突发恶性案件的能力；再次，幼儿园还应当为门卫配备必要的通信工具，如对讲机等，以便其在紧急情况下可以及时向领导报告、报警；最后，幼儿园还需要在园所的各处安装视频监控，对园内重点部位、复杂场所、交通出入口等进行全方位、多角度、全时空监控，安保人员在门卫室就能看到全园各处的情况，以便及时发现问题，采取措施。

（二）人员有教育

虽然暴力入侵案件的发生具有不可预测性，但是有针对性的防暴安全教育能够切实提高师幼的应对及处置能力，从而有效避免或减少恶性事件造成的伤害。

针对幼儿的安全教育包括以下内容：一是教师要告诉幼儿，面对歹徒时不要惊慌，而要大声呼救，引起周边大人的注意，以便尽早救援；二是看到歹徒，要向其反方向奔跑，尽量与歹徒拉开距离，争取救援时间；三是在奔跑的时候，如果看到成人，要及时躲到其背后并寻求帮助。

针对入园、离园时家长的安全教育包括以下内容：一是不要挤在同一时间点接送幼儿，以免人员拥挤，让歹徒有可乘之机；二是接送幼儿时一定要进入幼儿园内部，不要让孩子在园外单独行走，更不要让孩子独自回家，以免孩子发生意外；三是要多观察附近情况，遇到可疑人员要带领幼儿远离。

另外，需要引起教师注意的是，一般情况下，预谋实施犯罪的可疑人员存在害怕被他人识破的心理，或在生活中处于非常窘迫的状态，故其具有以下一些特点：进校园时不愿意接受检查，或者不停地督促并且态度蛮横，甚至要强行入园；神情紧张、恐慌，说话前言不搭后语，行为举止非常诡异；衣服以及携带的物品和其身份不符或者是与季节不协调；身体某个部位有突起（可能是凶器）；一直在园所周边徘徊，或者总在门口出没，喜欢打听园内情况；园所周边突然出现很多社会闲杂人员或可疑车辆等。幼儿园工作人员如发现可疑人员，要高度警惕，并以合适的方式和语言劝其远离幼儿园。

（三）安保有措施

虽然就某一所幼儿园来说，遇到暴力入侵的概率相对来说比较低，但是也不能完全杜绝这种严重伤害事故的发生。那么，针对这样的事件，幼儿园管理者和安保人员应该怎样做呢？

①门卫和保安应立即手持器械，上前阻止歹徒进入园内，并与之展开周

旋,以拖延时间等待其他人员的支援;同时,保安应立即摁动紧急报警按钮,报警并通知幼儿园指挥调度组。

②指挥调度组立即通过广播或按响警铃的方式通知全校师幼,全面启动应急程序,各个职能小组迅速到位进入应急状态,各司其职。

③通信联络组立即向上级教育行政部门报告,与警方进一步联络,并拨打"120"急救电话。

④防暴行动组(由保安、教师等组成)立即领取防暴装备赶到事发现场,把歹徒包围起来,将其控制在局部区域,伺机将其制服,同时门卫将校门封闭,防止歹徒逃跑。

⑤疏散引导组(由事发时各个班级的保教人员、园领导等组成)立即将幼儿所在教室的门窗关好、锁好,防止歹徒闯入,如幼儿正在室外活动或歹徒已进入教室,疏散引导组应立即按照既定的疏散线路,将幼儿疏散到安全场所。

⑥如有师幼受伤情况,医疗救治组要及时赶到受伤的地点,对伤员采取紧急救助措施,如有必要及时将其送往医院救治,同时通信联络组立即通知受伤幼儿的家长。

⑦警方赶到园所后,各职能小组配合警察处置现场。

总之,幼儿是祖国的未来和希望。幼儿教师有责任也有义务为他们创设安全的生存环境,建立健康的生活空间。无论是幼儿园管理者还是教师、保健医,都应该树立强烈的安全意识,重视幼儿园的安全管理,从细节出发,为幼儿的生命安全护航;从自身做起,掌握各种安全急救常识,为减轻、减少幼儿活动中的意外伤害做好准备。

学前教育类书目

书号	书名	著、译者	定价(元)
幼儿园教师专业成长指导			
2547	认识婴幼儿的游戏图式	张晖 等译	48.00
2113	做会沟通的幼儿教师	胡剑红 等主编	38.00
2236	幼儿园文案撰写规范与技巧	刘敏 等著	52.00
2311	幼儿园探究性环境创设（四色）	康丹 等译	48.00
2056	小脑袋，大问题（四色）	孟晨译	48.00
2309	破解幼儿园教师的90个工作难题	杜长娥 徐钧 主编	52.00
2112	幼儿园优质教研活动设计方案	朱清 等著	38.00
1781	给青年幼儿教师的建议	吴邵萍 著	40.00
8470	答新手幼儿教师120问	刘洪霞 主编	28.00
1798	幼儿园新手教师指导手册	王芳 等著	48.00
1783	从新手到骨干——幼儿教师专业成长故事	尹坚勤 编著	42.00
1780	幼儿教师追求幸福的方法	余胜兰 著	42.00
9111	做个幸福快乐的幼儿教师——为你的专业成长支招	莫源秋 著	28.00

编号	书名	作者	定价
9047	幼儿教师临场应变技巧60例	冯伟群 著	25.00
8930	幼儿教师易犯的150个错误	伍香平 编著	32.00
0070	幼儿教师必知的礼仪规范	向多佳 编著	38.00
9611	幼儿园教师必知的60条教育政策与法规	洪秀敏 编著	34.00
幼儿园教师专业成长指导系列合计			**681.00**
幼儿园教师教学技能与活动指导			
2727	从头到脚玩绘本（全彩）	董旭花 张海豫 主编	78.00
2253	理解儿童心理从绘画开始（全彩）	陈侃 著	38.00
0760	幼儿园备课·说课·听课·评课	俞春晓 等 著	42.00
9499	幼儿教师必须修炼的10项教学技能	俞春晓 著	25.00
9454	幼儿园教学诊断技巧与对策58例	王春燕 等 著	38.00
9612	幼儿园综合主题活动 ——设计技巧与优秀案例	赵旭莹 等 主编	42.00
1235	幼儿园绘本美术活动创意设计（全彩）	郭莉萍 赵福云 主编	68.00
9323	幼儿园美术活动创意设计（全彩）	罗梅 赵福云 主编	56.00
0180	给幼儿教师和家长的81条美术教育建议（全彩）	李力加 著	62.00
9150	幼儿园节日活动精彩设计方案	刘洪霞 主编	35.00
9590	幼儿园语言活动创新设计	郭咏梅 著	32.00

……
欲了解更多图书信息，请登录：www.wqedu.com
联系地址：北京市西城区三里河路6号院2号楼213室　万千教育
咨询电话：010-65181109，65262933
*本目录定价如有错误或变动，以实际出书为准。